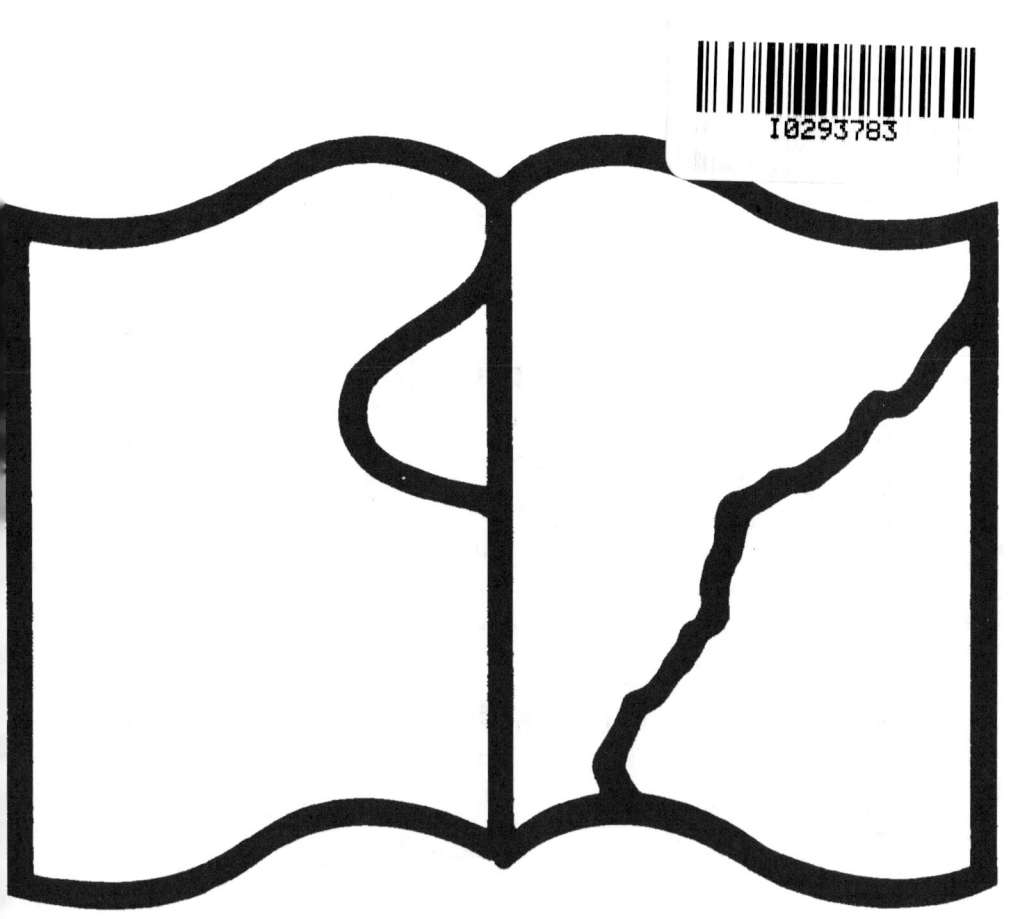

Texte détérioré — reliure défectueuse

NF Z 43-120-11

LES
VOYAGES MERVEILLEUX
DE
LAZARE POBAN

MARSEILLAIS

EN PORTUGAL, AU ROYAUME DE SIAM
ET EN CHINE

PAR

EUGÈNE MOUTON

OUVRAGE ILLUSTRÉ DE 54 VIGNETTES DESSINÉES
Par ED. ZIER

PARIS
LIBRAIRIE HACHETTE ET Cie
79, BOULEVARD SAINT-GERMAIN, 79

L·Y?
S113

LES
VOYAGES MERVEILLEUX
DE
LAZARE POBAN
MARSEILLAIS

OUVRAGES DU MÊME AUTEUR

QUI SE TROUVENT A LA MÊME LIBRAIRIE

Voyages et Aventures du capitaine Marius Cougourdan, *commandant le trois-mâts la Bonne-Mère, du port de Marseille*, avec le portrait du capitaine, dessiné par l'auteur; ouvrage illustré de 66 gravures d'après Édouard ZIER. 1 volume.

Aventures et Mésaventures de Joel Kerbabu, *Breton de Landerneau en Bretagne, dans ses voyages en Portugal, aux Indes-Orientales, en Arabie, en Éthiopie, en Chine, au Japon, au Tonkin et en France;* ouvrage illustré de 61 gravures d'après Alfred PARIS.
Ouvrage couronné par l'Académie française.

Contes, ornés du portrait de l'*Invalide à la tête de bois*, dessiné et gravé à l'eau-forte par l'auteur. 1 volume.

Nouvelles, ornées du *Canot de l'Amiral*, dessiné et gravé à l'eau-forte par l'auteur. 1 volume.

Fantaisies, ornées d'un *Précepte d'Horace*, dessiné et gravé à l'eau-forte par l'auteur. 1 volume.

Zoologie morale, études humoristiques, sentimentales et anthropologiques à propos des bêtes, ornées d'une eau-forte, par Henri GRENIER. 2 volumes.

Fusil chargé, récit militaire. 1 volume.

Chimère, roman philosophique. 1 volume.

Histoire de l'Invalide à la tête de bois, suivie de trois Nouvelles, illustration en couleurs par Georges CLAIRIN.

La Physionomie comparée, traité de l'Expression dans l'homme, dans la nature et dans l'art. 1 volume.

L'Affaire Scapin, suivie de *Cydalise, le Squelette homogène* et *Un transport de justice*. 1 volume.

François Ranchin, *premier consul et viguier de la ville de Montpellier pendant la peste de 1629*. 1 volume.

Une Actualité de l'an 1803, *Journal de voyage d'un officier français* (le colonel Louis Mouton).

Les Lois pénales de la France *en toutes matières et devant toutes les juridictions, exposées dans leur ordre naturel, avec leurs motifs*. 2 volumes grand in-8.

Le Devoir de punir, introduction à l'étude et à la théorie du droit de punir. 1 volume.

LES

VOYAGES MERVEILLEUX

DE

LAZARE POBAN

MARSEILLAIS

EN PORTUGAL, AU ROYAUME DE SIAM
ET EN CHINE

PAR

EUGÈNE MOUTON

OUVRAGE ILLUSTRÉ DE 51 VIGNETTES DESSINÉES
Par ED. ZIER

PARIS
LIBRAIRIE HACHETTE ET Cie
79, BOULEVARD SAINT-GERMAIN, 79
1893

Droits de traduction et de reproduction réservés.

AVERTISSEMENT

L'auteur ne peut que remercier les critiques trop bienveillants qui, à propos des Aventures et Mésaventures de Joel Kerbabu, publiées l'année dernière, l'ont loué de la fécondité de son imagination. Il ne demanderait certes pas mieux que d'avoir mérité le compliment : car celui qui aurait tiré de son cerveau, tant d'événements plus dramatiques et plus extraordinaires les uns que les autres, et aurait encore trouvé le moyen de les rendre vraisemblables, celui-là serait un maître inventeur.

Mais hélas! le compliment tombe à vide, car tout est vrai dans les aventures de Joel Kerbabu, et ce qu'on y peut lire est, non pas un roman fait à plaisir, mais une histoire, où la destinée d'un aventurier de hasard se déroule au milieu des entreprises et des conquêtes des Portugais sur les rivages de l'Inde, de la Chine et du Japon, au seizième siècle.

L'auteur est donc obligé en conscience de rendre le bon point qu'on lui avait décerné. Mais il se console en pensant que pour être vrai et réel, le livre en vaut infiniment plus, car quiconque tient une plume sait que le plus ingénieux, le plus hardi des romanciers, ne saurait jamais rien imaginer qui approche de ce que produit la réalité de la vie.

Or, comme Joel Kerbabu, Lazare Poban représente un homme qui a vécu, qui a souffert, dans le même temps et dans les mêmes contrées : toute la différence est qu'il est parti d'une boutique de salaisons sur le Port-Vieux de Marseille; et si le cours de ses infortunes l'a roulé à travers d'autres tempêtes et promené devant des spectacles d'une étrangeté différente, son histoire n'est pas moins vraie, car elle a été puisée aux mêmes sources, c'est-à-dire dans les documents écrits par les héros des conquêtes portugaises dans l'Extrême-Orient.

Si le présent livre peut intéresser le lecteur, ce sera par le caractère du héros, par sa bonne humeur et par son espérance indomptable au milieu des souffrances qu'il a eu à supporter; ce sera aussi par la peinture vraie et juste des mœurs, des idées et des travaux de ces races mal connues, plus mal jugées encore, et qui, en dépit de leur peau jaune, de leur accoutrement bizarre, de leur idolâtrie éperdue, travaillent plus que nous, supportent plus humblement les maux de la vie, croient plus sincèrement aux vérités suprêmes, et pratiquent mieux la plus haute vertu qu'il soit donné à l'homme d'exercer ici-bas : la charité. Et pour conclusion, ce qui est bien fait pour nous donner à réfléchir, ils sont gais, ils sont heureux.

CAVAIS POUR PRATIQUE LES MATELOTS DES NAVIRES A BORD DU QUAI.

I

MODESTES COMMENCEMENTS. — MON PARAPLUIE PHILOSOPHIQUE. — CE QU'ON RIS-QUAIT, EN L'AN DE GRACE 1815, A ALLER DINER DANS UNE BASTIDE DE LA BANLIEUE DE MARSEILLE. — DES CONVIVES INATTENDUS. — ILS EMPORTENT LE COUVERT, L'ARGENTERIE, LE LINGE, ET LES HABITANTS! — ILS NOUS FONT EMBARQUER AVEC EUX ET METTENT A LA VOILE.

Quand le soir, après avoir bien dîné, je suis assis sur la terrasse de ma bastide d'Arenc, et que je prends mon café tranquillement en regardant la mer et en me racontant ma vie à moi-même, je me dis souvent :

« Lazare, mon bon, je ne sais pas ce que le bon Dieu te réserve là-haut, mais ce qui est bien sûr, en attendant, c'est qu'il faut qu'il estime ta peau joliment cher, avec ce qu'il y a dedans, pour t'avoir protégé dans des dangers et des aventures à faire périr plus de cent hommes, et t'en avoir tiré à tout coup sans qu'il y manque un poil ! »

Non, ce que j'ai eu de fatigues, de faim, de soif, de mauvais coups, de batailles, de naufrages, sans compter les menaces, et la peur, qui fait plus de mal que le mal lui-même, vous ne pourriez vous l'imaginer si je ne vous le racontais pas ; et je parie que vous ne le croirez pas, même quand je vous l'aurai raconté, tant c'est extraordinaire ! Et pourtant c'est la pure vérité.

Eh bien ! ce qui va vous étonner encore davantage, c'est quand je vous aurai dit que tout ça a glissé comme sur de la toile cirée, ou plutôt, tenez, comme si j'avais eu un parapluie pour me préserver des averses qui me tombaient sur la tête à tout moment.

Et savez-vous ce que c'est que ce parapluie?

C'est la bonne humeur, qui me revenait tout de suite dès que le danger était passé, parce que, vous comprenez, j'étais content de m'en être tiré, et alors je riais, je sautais de joie de me retrouver en vie.

Quand j'ai vu qu'une première fois, une seconde, une troisième, je m'en tirais toujours, j'ai fini par me dire :

« Pas possible, Lazare, y a quelqu'un là-haut qui te veut du bien, sans quoi tu aurais déjà cassé ta pipe en mille morceaux, mon bon ! »

Et alors, sitôt que je voyais arriver un danger ou un malheur, crac! je me mettais tout de suite à espérer, mais là, dur comme fer, et aussi sûr de mon salut que si je le tenais.

Vous voyez bien que j'avais raison, puisque me voilà devant vous avec mes bras, mes jambes et tout, et que, sauf quelques dents cassées et quelques cheveux restés accrochés aux épines du chemin, j'ai encore bon pied, bon œil, et je ne reste pas plus en affront devant une bouteille de vin de Lamalgue que devant une bouillabaisse, bien que j'aie mes soixante-douze ans sonnés depuis plus de onze mois!

Si on m'avait dit que je deviendrais tour à tour esclave, matelot, soldat, naufragé, mendiant, prisonnier, capitaine, ambassadeur; qu'il me faudrait faire plus de dix mille lieues sur terre et sur mer, par beau ou mauvais temps, pour me retrouver à la fin propriétaire d'une bastide magnifique au quartier de Gratte-Semelle, avec plus de quatre mille livres de rente et une vue magnifique sur la mer et le port de Marseille, j'aurais bien ri, car le commencement de ma vie n'était pas pour annoncer tant de grandeur.

En effet ce commencement fut bien modeste : j'étais tout bonnement marchand de salaisons sur le Port-Vieux ; c'est une position sûre, mais qui n'a rien de brillant, comme vous voyez.

Avec trois cents livres de ma légitime, que j'avais héritées de mon père, j'avais acheté un fonds de commerce d'une vieille femme qui le tenait depuis vingt ans, et qui se retirait, après fortune faite, dans un hôpital où on était très bien.

J'avais une boutique à six pans, deux fois grande comme une guérite de soldat, tout en vitrages, avec des étagères pour la marchandise. Je vendais de la morue, des harengs, des sardines, du saucisson, du lard, de l'ail, de l'oignon, et quand la saison venait, des poivrons et des pommes d'amour.

J'avais pour pratiques, naturellement, les matelots des navires à bord du quai, gens de tous les pays, qui me racontaient toute sorte d'histoires sur ce qu'ils avaient vu dans leurs voyages et sur l'argent qu'on gagnait là-bas.

Mais ça ne me rendait pas ambitieux, parce que, moi, je n'ai jamais eu d'orgueil, et j'avais toujours pensé qu'il vaut mieux vivre tranquillement dans son pays avec des gens qu'on connaît, que d'aller courir les aventures dans des pays de sauvages, sans savoir ce qui vous en reviendra : tandis que, le soir quand je faisais mes comptes, je pouvais me dire :

« Eh ben, voilà : tu as gagné trois francs, quatre francs, plus ou moins, mais tu es sûr de ne pas les perdre, et c'est autant de plus pour ton magot, jusqu'à ce que tu en aies assez pour acheter ta bastide et vivre tranquille à rien faire. »

Car j'avais toujours mon idée fixe, celle d'acheter un jour une bastide et de ne plus travailler.

Les autres peuvent dire ce qu'ils voudront, mais plus je vais, plus je trouve que le pire pour un homme est qu'il ne lui arrive rien ; que si, après avoir sué sang et eau dans le rude chemin de la vie, il se retrouve à la fin sur ses jambes, tout est pour le mieux dans le meilleur des mondes possible.

Et puis autre chose : si personne ne voulait quitter le coin de son feu pour aller sur mer ou en pays étranger, pourriez-vous me dire où en seraient le commerce et la navigation ? Il n'y aurait pas plus de navires dans le port de Marseille que dans mon œil : Marseille sans navires, ce serait la fin du monde !

Mettez-vous donc dans la tête, comme je me le suis mis, que le bon Dieu sait ce qu'il fait quand il nous envoie rouler notre bosse à travers les tempêtes, les naufrages, les fatigues, les maladies, les misères et les batailles ; si ce n'est pas pour notre plaisir, c'est pour notre profit ou pour celui des autres, soit que notre réussite les encourage à nous imiter, soit que nos malheurs leur servent de leçon pour ne pas se montrer aussi bêtes que nous.

Pourtant je puis dire, pour ce qui me concerne, que si je me suis trouvé lancé dans une telle pétarade d'aventures plus incroyables les unes que les autres, il n'y a pas eu de ma faute. Car au moment où je sortais de chez moi pour aller passer mon dimanche à Arenc, à la campagne de maître Pierrugues, qui m'avait invité, je ne me doutais pas que deux heures après je serais enchaîné en qualité d'esclave au banc d'une galère algérienne, et qu'au lieu de manger la bouillabaisse et le pilau, je ramerais avec accompagnement de grands coups de nerf de bœuf sur le dos !

Et c'est pourtant ce qui me pendait au nez ; mais je ne le savais pas, car si je l'avais su !...

Si je l'avais su, ou je me serais armé pour défendre mon ami, ou je n'y serais pas allé ! Peut-être bien que je n'y serais pas allé, mais j'aurais averti l'autorité : ça, bien sûr.

Mais je ne le savais pas ! et c'est ce qui fit que ces gredins de Turcs me prirent comme une caille sous le chapeau, ainsi que vous allez voir.

Je ne sais si ça doit durer toujours, et si nos arrière-petits-neveux ne se décideront pas quelque jour à écraser ces nids de pirates qui désolent la Méditerranée, mais il faut convenir qu'en cet an de grâce 1545, sous le règne de notre bon roi François Ier, que Dieu garde et nous aussi, les pirates d'Alger, Maroc et Tunis, sont plus maîtres de la mer que les rois de France ou d'Espagne.

S'ils ne faisaient leurs voleries qu'au large, encore, on pourrait du moins naviguer en sécurité sans perdre la terre de vue : mais ces misérables se sont peu à peu tellement enhardis par l'impunité qu'ils ont parfois le front de débarquer sur la côte, et s'il y a quelque campagne isolée où les gens ne se gardent pas, ils s'y jettent, pillent tout, et emmènent les habitants, sans distinction d'âge ni de sexe, pour les faire ramer sur leurs galères ou les vendre comme esclaves aux uns et aux autres, jusqu'en Turquie, en Arabie et en Égypte.

Cependant, malgré tous les coups de main de ce genre dont le bruit vous arrive continuellement, jamais on n'aurait pu supposer que ces brigands-là pussent pousser l'audace jusqu'à venir, en plein jour, à quatre pas du port de Marseille, sous le canon des forts Saint-Jean et Saint-Nicolas, en vue du sémaphore de Notre-Dame de la Garde, prendre d'assaut une maison de campagne, piller l'argenterie, les bijoux, le linge, la cave, et emmener huit personnes, dont trois hommes en état de porter les armes, deux femmes, deux enfants et une cuisinière, sans compter le chien et le perroquet, qu'ils emportèrent avec sa cage, malgré ses cris.

Eh bien, n'importe : ils le firent !

Donc nous étions là huit. Il y avait maître et maîtresse Pierrugues, naturellement, leur fille avec son mari Cabantous, et leurs deux enfants, une fillette de huit ans et un petit de cinq ans.

Maître Pierrugues avait tenu pendant vingt-cinq ans un magasin de voiles et cordages sur le quai du Port-Vieux, porte à porte avec la boutique de mon père, de sorte qu'il m'avait vu naître et que, m'aimant beaucoup, il m'invitait souvent à aller passer la journée à sa campagne, où il s'était retiré.

En mariant sa fille à Cabantous, il lui avait donné en dot son fonds de voilier.

Comme ils passaient leur temps à rien faire depuis leur retraite et qu'ils se nourrissaient richement, maître et maîtresse Pierrugues avaient beaucoup profité, et ils étaient devenus tellement gras, surtout madame, qu'ils ne pouvaient faire quatre pas sans souffler. Miette, la cuisinière, n'était pas moins puissante, ne bougeant jamais de sa cuisine et mangeant encore plus que ses deux maîtres ensemble.

Tout ça est pour vous faire voir combien ces braves gens étaient peu faits pour être emmenés en esclavage.

Mais le plus affreux, c'était pour Mme Cabantous : elle était jolie comme un cœur, grande, découplée, brune avec les yeux bleus, une bouche comme une rose, et vous pensez ce qui devait lui arriver entre les mains de ces écumeurs de mer qui vendent une femme d'autant plus cher qu'elle est plus jolie. Ces monstres allaient lui arracher ses deux pauvres petits enfants, et quant à son mari, naturellement, elle n'en entendrait plus parler.

Pour moi, j'étais le moins à plaindre, mais ce moins-là était beaucoup, et même trop, comme vous pensez bien : car aller ramer, la chaîne au pied, sur une galère, au moment où on vient se mettre à table pour manger la bouillabaisse avec des amis, vous conviendrez que quand on serait le plus patient des hommes. il y a de quoi crever de rage !

Donc nous venions de nous mettre à table et maîtresse Pierrugues commençait à verser le bouillon sur les tranches de pain, quand nous entendîmes un bruit de pas et de ferraille, et avant que nous eussions le temps de nous lever pour voir ce que c'était, douze brigands, armés jusqu'aux dents, avec des turbans ou des calottes rouges, entrèrent dans la salle à manger, entourèrent la table, et nous couchant en joue avec leurs pistolets, nous firent signe de nous taire et de ne pas bouger.

A cette vue les cuillères nous tombèrent des mains, et pas un de nous ne fut en état de prononcer une parole, sauf la petite fille qui, ne comprenant pas ce qui se passait, demanda à sa mère d'un air de curiosité :

« Maman, ce sont des masques, dis ? »

En effet nous étions en carnaval, et la petite, ayant vu la veille des jeunes gens habillés en Turcs venir faire des farces devant la boutique de son père, croyait que c'était de même.

La pauvre mère, pâle comme une morte, ne lui répondit qu'en lui mettant la main sur la bouche, et en la serrant entre ses bras, elle et le petit garçon.

Alors, j'en ai la chair de poule quand j'y pense, commença une scène tellement abominable, qu'elle en aurait été ridicule

ILS NOUS FORCÈRENT A LES SERVIR

si l'on pouvait avoir envie de rire dans une pareille situation.

Sans dire un mot, nous prenant par les épaules, les brigands nous firent lever, et s'étant assis à notre place, nous marquèrent par signes qu'ils voulaient dîner et que nous eussions à les servir.

Ils posèrent deux sentinelles pour veiller dehors, en envoyèrent deux autres monter la garde auprès de la cuisinière, et frappant la table de la crosse de son pistolet, le chef ordonna de servir.

Et imaginez que, pendant plus d'une heure, avec autant d'aplomb que si maître Pierrugues les avait invités à sa table, ces effroyables gourmands dévorèrent sous nos yeux une bouillabaisse, un pilau, une oie rôtie qui embaumait, deux melons, une salade de gousses d'ail, une pompe à l'huile, un fromage de chèvre, quatre livres de figues sèches, une assiettée d'amandes, sans compter dix ou douze livres de pain, se faisant servir par nous, forçant Cabantous à découper l'oie, Mme Cabantous à leur verser à boire, et tout ça sans nous offrir une bouchée de pain ni une goutte d'eau !

Et encore il fallut leur faire du café et le leur servir respectueusement sur un plateau avec des petits verres de liqueur pour leur faire du bien à l'estomac !

Le dîner fini, les voyant l'air si content, se taper le ventre et faire claquer leur langue d'un air de bonne humeur, j'eus un élan d'espérance, et m'approchant de Mme Cabantous qui était toute tremblante, je ne pus m'empêcher de lui dire à mi-voix :

« Té ! madame Cabantous, ne vous faites pas tant de peur :

des hommes qui mangent si bien ne sont pas si féroces; ils ne nous ont pas maltraités. Ils voulaient un bon dîner, ils l'ont eu; nous les avons reçus avec civilité : vous verrez qu'ils vont s'en aller comme ils sont venus, sans nous faire d'autre mal que de nous laisser coucher sans souper. »

LE PISTOLET AU POING ILS NOUS FIRENT DESCENDRE AU BORD DE LA MER.

II

A BORD DU CORSAIRE. — L'ENFER DE LA CHIOURME. — UN VIEUX COMPAGNON DE MISÈRE. — COMPLOT D'ÉVASION. — LES ENFANTS ONT FAIM. — SCÈNE DE SAUVAGERIE. — LA PATÉE DU GALÉRIEN. — LE SUPPLICE DE LA RAME. — NOUS SOMMES SAUVÉS !

Le chef des brigands était un grand diable à figure ronde, avec un nez camard, une barbe épouvantable et des yeux flamboyants. Il portait un gros turban vert, il était armé de deux pistolets et d'un poignard passés dans une ceinture écarlate; il avait, pendu à son côté, un sabre turc qui faisait presque le tour de son corps.

En m'entendant parler à Mme Cabantous, il me jeta un regard, se mit à rire en montrant une double rangée de dents pointues comme celles d'un chien, haussa les épaules et dit, en pur patois de Marseille :

« Dité li qué vengué ! ¹

— Vous êtes Provençal ! monsieur le capitaine, m'écriai-je en le regardant d'un air stupéfait.

— Oui, Provençal, répondit-il d'un air de défi, mais je ne suis pas resté un chien de chrétien comme toi !

— Miséricorde ! me dis-je en moi-même, c'est un renégat : nous sommes perdus ! »

Il mit ses mains sur ses hanches en tournant sur lui-même comme pour se demander par où il allait commencer, après quoi il donna, en turc, un ordre à ses hommes.

Ceux-ci commencèrent par ramasser les serviettes, et y ayant enveloppé l'argenterie, allèrent au buffet, prirent tout ce qu'il y avait de nappes et de linge, et nous en ayant donné à chacun une ou deux pièces, nous menèrent tour à tour devant les armoires, coffres, malles et autres meubles de la maison, à commencer par la cave pour ne finir qu'au grenier, et choisissant tout ce qui leur convenait, nous forcèrent à en faire des paquets comme si nous avions déménagé la maison.

On nous fit porter ça sur la terrasse, et quand le tas leur parut assez gros, ils nous chargèrent de tout ce que nous pouvions porter, jusqu'aux enfants à qui ils donnèrent le soufflet, les pincettes et une petite casserole, prirent le reste sur leur dos, armèrent leurs pistolets, et les tenant braqués

---

1. *Dites-lui qu'il vienne,* locution familière qui marque la moquerie ou le défi ; en français nous disons : « Qu'il y vienne ! »

sur nous, nous firent signe de marcher, et de nous taire, sans quoi ils nous brûleraient la cervelle.

Vous me croirez si vous voulez, mais il y avait dans cette scène épouvantable quelque chose de plus épouvantable encore, c'était le silence !

Tout le temps qu'avait duré ce pillage, pas un de ces bandits n'avait soufflé mot, nous non plus ; on aurait entendu voler une mouche, si bien que parfois, à voir ces espèces d'automates impassibles envelopper tranquillement chaque chose à mesure qu'ils pillaient, je me demandais si je ne faisais pas un mauvais rêve !

Toujours le pistolet au poing, ils nous firent descendre au bord de la mer à un endroit où nous allions pêcher bien souvent ; c'était un banc de rocaille à une vingtaine de pas de la plage, et où l'on arrivait par une plaque de rocher couverte d'un pied d'eau à peine ; à l'autre bord de ce banc leur chaloupe était accostée, gardée par quatre hommes.

On embarqua les paquets, ce qui remplissait déjà la chaloupe aux trois quarts, et six ou sept des bandits y entrèrent tandis que les autres se disposaient à les suivre.

J'eus alors un vrai mouvement de joie.

« Vous voyez, dis-je à ma maîtresse Pierrugues qui, tout en sueur, soufflait comme un bœuf de la peine qu'elle avait eue avec son paquet à porter, ils nous laissent, ils s'en retournent à leur navire. »

Mais hélas ! mon illusion ne devait pas durer longtemps. Sur un signe du chef, la chaloupe fut abordée par l'arrière, on mit deux planches pour passer, on nous poussa à bord, les matelots hissèrent la voile, et nous partîmes par une jolie petite brise du nord, qui justement venait de se lever comme un fait exprès pour favoriser le monstrueux attentat dont nous étions victimes.

Nous étions comme des imbéciles, hébétés, ne pouvant même pas parler; il n'y avait que Mme Cabantous, qui, elle, pleurait en regardant ses deux enfants, qu'on avait assis à l'autre bout du bateau et qui s'amusaient à battre l'eau avec leurs mains et à s'en jeter l'un l'autre à la figure pour se faire une niche.

Cependant la brise fraîchissait, la chaloupe commençait à tanguer ferme, et on voyait la mer moutonner déjà au large. Comme nous étions chargés à couler bas, ça nous donnait bien, d'un côté, un peu d'aplomb, mais notre voilure était si haute, comme c'est l'habitude chez ces écumeurs de mer, qu'un souffle pouvait nous faire capoter.

C'était d'autant plus effrayant que rien ne disait jusqu'où on allait nous mener comme ça, car j'avais beau regarder, je ne voyais aucun navire turc qui fût à croiser par là pour nous attendre.

« Pas possible qu'ils nous mènent comme ça jusqu'en Alger, me disais-je, d'ailleurs ils n'ont dans cette chaloupe ni eau ni vivres; leur navire les attend certainement quelque part pas loin d'ici. »

En attendant ils continuaient à marcher droit au vent; à mesure que nous avancions, la mer devenait de plus en plus menaçante, et à tout coup nous embarquions de gros paquets de mer dont une partie nous entrait dans le collet et dans les bottes, et dont le reste tombait dans la chaloupe et l'alourdissait de plus en plus.

La situation devenait dangereuse, et je m'attendais à nous voir sombrer d'un moment à l'autre, lorsque tout à coup je vis tomber les voiles, le patron donna un grand coup de barre; nous virâmes de bord, on leva les voiles, et nous courûmes vers l'ouest, où, peu de temps après, je vis démasquer de derrière une pointe de terre une grande barque à voiles latines, telle que les Barbaresques ont coutume d'en mener dans le port de Marseille, et qui devait être le navire de nos corsaires.

Au bout de quelque temps il devint évident que nous allions à sa rencontre. Je compris alors pourquoi notre chaloupe avait dû s'avancer tellement au large : c'était pour se rendre visible au navire, qui se tenait caché dans l'anse de la Madrague de façon à ce qu'on ne pût le voir de Marseille, et pour ça, naturellement, il fallait que la chaloupe fût très loin en mer.

En effet, après avoir couru pendant environ une demi-heure, nous arrivions à portée de la voix, et quelques minutes plus tard, ayant accosté le navire par l'arrière, nous nous trouvions sur le pont, les uns montés par l'échelle, les autres hissés avec des cordes, et, je le dirai tout de même quoique ce ne soit pas moins extraordinaire que le reste de l'histoire, enchantés de nous sentir en vie, car si ç'avait duré encore un peu plus, c'était fini de nous.

Vous voyez qu'au milieu des plus grands malheurs on peut toujours, au moment où on s'y attend le moins, trouver quelque chose d'heureux.

Certainement la mer est bien désagréable, surtout quand on y est mené malgré soi, par un temps pareil, et pour aller ramer sur la galère d'un pirate, mais enfin vous conviendrez que ça vaut encore mieux que de se noyer.

Eh bien, ne pas se noyer, ce n'est pas un plaisir quand on est à terre, mais je vous certifie que, pour celui qui est sur la mer et se sent couler à fond, il n'y a pas de plaisir au monde qui vaille une bonne planche sous le pied, ou même un bout de corde à portée de la main.

Vous dire que notre plaisir dura longtemps, ce serait vous tromper : car à peine le navire, la chaloupe hissée à bord et remise en place, eut-il repris sa route, que nous commençâmes d'éprouver ce qu'il en coûte à se voir passer en quelques heures d'une position honorable, comme celle de marchand de salaisons sur le Vieux-Port de Marseille, à la condition pénible et humiliante de forçat sur une galère d'Alger.

Vous me direz qu'on peut se sauver. Bien entendu j'y pensais, mais ce n'était pas en pleine mer que je pouvais avoir la prétention d'essayer, n'est-ce pas ? et en attendant, ces monstres nous faisaient sentir toute l'étendue de notre misère.

Pour commencer, ils n'eurent rien de plus pressé que de nous dépouiller de tout ce que nous avions sur le corps, Pierrugues, Cabantous et moi, ne nous donnant en échange pour vêtement qu'un méchant caleçon de toile, et pas même une paire de savates pour nos pauvres pieds.

C'était déjà bien, comme vous voyez, et comme s'ils eussent trouvé que c'était de trop, ils nous rasèrent la barbe et les cheveux sans en laisser un poil; ils n'eurent pas grand'peine

LES UNS MONTÉS PAR L'ÉCHELLE, LES AUTRES HISSÉS AVEC DES CORDES.

avec ce bon Pierrugues, qui était chauve, Dieu me pardonne, comme une pastèque ; mais quoique ça, quand nous le vîmes, le pauvre, avec son gros ventre, sa tête rose, ses jambes courtes, et un caleçon pour tout ornement, j'eus beau faire, je ne pus m'empêcher de rire en moi-même : mais je me retins, parce que je vis sa femme et sa fille qui pleuraient, et je pleurai aussi.

Pour conclusion, ils nous amenèrent le long d'un banc, et nous ayant enchaînés par un pied, nous attachèrent à la place où, jusqu'à la fin de nos jours peut-être, nous devions rester jour et nuit à manœuvrer, avec nos compagnons de misère, des rames tellement énormes qu'il fallait six hommes à chacune pour les mouvoir.

Les bancs des rameurs étaient sous le pont; il y en avait dix rangées, avec six malheureux à chacun; en travers, et occupant toute la largeur du bâtiment, une rame était posée à leurs pieds, et pour la mettre à l'eau on la faisait sortir par une ouverture pratiquée dans le flanc du navire.

Comme nous étions toutes voiles dehors, on ne ramait pas, et je pus alors me rendre compte de notre situation. Elle était effroyable.

Le pauvre Pierrugues, enchaîné à quatre bancs de distance de moi, pleurait à chaudes larmes en grelottant de se trouver ainsi presque nu.

Au fond, à l'arrière, par une porte ouverte, j'apercevais dans une espèce de réduit les trois malheureuses femmes pelotonnées les unes sur les autres comme un paquet de linge, et ne remuant pas plus que si elles eussent été mortes, tandis que les deux enfants, grimpant sur elles, les tiraient par les jupes en criant et pleurant tour à tour.

A deux pas, mais retenu par sa chaîne et leur tendant les bras, Cabantous se tordait de rage de ne pouvoir se jeter au secours de sa femme, qu'il voyait évanouie, près d'expirer peut-être, et de ses enfants, qui ne criaient comme ça que parce qu'ils mouraient de faim et de soif!

Je me souvins alors que depuis le matin nous n'avions nous-mêmes ni bu ni mangé, et à mesure que le temps marchait, je sentais venir la faim.

La nuit se faisait; un des brigands descendit par une échelle et suspendit au plafond une lanterne en corne qui éclaira d'une lueur trouble l'affreux spectacle de ces soixante malheureux assis sur leurs bancs.

Les uns, accotés d'une main, avaient la tête pendant sur la poitrine ou renversée en arrière, la bouche ouverte, bavant; les autres, les mains sur les deux genoux et le front sur leurs poignets croisés, restaient comme écrasés sur eux-mêmes; quelques-uns s'étaient mis à cheval sur le banc, la poitrine et le menton appliqués contre la planche, ou, assis à terre de côté et un bras accroché au banc, soutenaient leur épaule et leur tête : c'était leur sommeil; il n'y en avait pas d'autre pour eux dans cet enfer, car jamais, ni jour ni nuit, on ne les détachait de l'anneau où ils étaient rivés pour toujours !

Et voilà la vie qui m'attendait.

Il y avait à côté de moi un vieillard dont le visage, sous sa maigreur et ses rides, me semblait différer de celui des

Orientaux. Il tournait de temps en temps la tête vers moi, et finit par me faire un signe de compassion en me montrant les pauvres femmes, qui demeuraient toujours immobiles et comme anéanties sous leur désespoir.

Je lui répondis d'abord par signes, ne voyant pas d'apparence de pouvoir communiquer autrement avec lui, faute de parler la même langue.

Mais heureusement, comme il prononçait certains mots ressemblant un peu à notre patois, j'eus l'idée de me servir de la langue franque, qu'on appelle aussi le *sabir*, et qui, baragouinée dans tous les ports de la Méditerranée par les marins et les commerçants, est pour eux une espèce de langue universelle.

A ma grande satisfaction, nous nous comprîmes parfaitement.

Il me dit qu'il était Vénitien, esclave depuis vingt-quatre ans, sans espoir d'être jamais délivré, parce que les Turcs refusaient de laisser racheter, à quelque prix que ce fût, aucun esclave pris sur les navires vénitiens.

Je lui demandai s'il n'avait jamais songé à s'enfuir.

« Hélas! me dit-il, je n'ai pas cessé une minute d'y penser, mais pour avoir deux fois essayé de le faire seul, j'ai été roué de coups, on m'a coupé les oreilles, aussi j'ai résolu de ne m'y plus risquer qu'avec l'aide d'un compagnon de misère.

« Jusqu'ici je n'ai trouvé personne d'assez hardi pour tenter l'aventure, mais jamais je ne renoncerai à cette espérance, car la mort vaut mieux mille fois que le supplice d'une pareille vie.

« Vous êtes jeune, vigoureux, vous ne paraissez pas timide, et pendant que vous n'êtes pas encore démoralisé par la souffrance, c'est le moment d'employer vos forces à reconquérir votre liberté. Eh bien, le cœur vous en dit-il, ou êtes-vous résigné à ramer jusqu'à la fin de vos jours, avec des coups de nerf de bœuf pour toute distraction ?

— C'est entre nous à la vie, à la mort, lui répondis-je en lui serrant la main à la lui briser, vous pouvez compter sur moi comme je compte sur vous, et quand je devrais me faire tuer dans cette entreprise, rien ne m'arrêtera !

— C'est bien, me dit-il, avec un compagnon tel que vous, je ne doute pas du succès.

— Mais croyez-vous que ce soit possible ?

— Tout est possible à qui sait vouloir. Pour commencer, tenez, voyez-vous sous le banc, près du pied, cet éclat de bois qui a l'air d'un simple accroc fait par le choc d'une chaîne ? C'est l'entrée d'une cachette où j'ai une lime, un briquet et une bougie, qui pourront nous servir à l'occasion pour couper nos fers et nous éclairer la nuit lorsque le moment sera venu. »

Je ne saurais dire combien cette proposition me remonta le cœur : déjà l'espérance m'allégeait le poids de ma chaîne, et je me voyais libre !

Nous continuâmes à causer une partie de la nuit. Il me donna toute sorte de détails sur les dispositions et l'armement du navire, ainsi que sur la troupe des corsaires et sur le capitaine qui les commandait.

Il me confirma que c'était en effet un affreux renégat, natif de Marseille, d'où il était parti pour éviter d'être pendu pour un assassinat et plusieurs vols qu'il y avait commis, et qu'il était allé se jeter aux pirates d'Alger, qui l'avaient reçu à bras ouverts.

Après avoir commencé par se faire mahométan, il les avait suivis dans leurs courses, d'abord comme matelot, puis comme janissaire, et à force d'audace et de férocité, avait fini par s'emparer d'une galère où il était embarqué en qualité de simple soldat. Une fois le maître, il avait mis le capitaine aux fers, et étant parti en course, avait pris l'un après l'autre quatre gros navires vénitiens et les avait emmenés au port d'Alger.

En voyant quel homme c'était, le dey d'Alger lui-même n'avait rien osé lui dire, et le misérable, depuis ce temps-là, était resté capitaine de corsaires, mais avec la réputation du plus terrible des pirates de la Méditerranée, car il ne faisait jamais de quartier, et il était toujours vainqueur. Aussi nul navire ne lui avait résisté jusque-là, et dès qu'on voyait son pavillon, on se rendait.

« Si vous pouviez visiter le navire, continua mon vieux compagnon, vous ne vous étonneriez plus de l'audace et des victoires de cet homme.

« Tout le pont est garni d'armes et de munitions toujours prêtes, mais que des planches ou des toiles adroitement disposées dissimulent aux regards des indiscrets. Ce ne sont pas seulement des sabres, des poignards, des haches, des grappins d'abordage; il y a six caronades toujours chargées, et qui, ordinairement cachées dans la chambre du capitaine, peuvent être roulées en quelques instants sur le pont et braquées par des sabords.

« Outre un équipage de vingt matelots qu'on emploie au besoin comme combattants, il y a cinquante janissaires ou soldats recrutés parmi les plus dangereux aventuriers de la mer. Tous ces gens de sac et de corde, qui n'ont rien à perdre et ne vivent que de rapines, se jettent au carnage avec une ivresse furieuse; quand ils sautent sur un navire, on dirait une bande de tigres, et leur seul aspect a déjà démoralisé l'ennemi avant même que le combat soit engagé.

« Le coup de main incroyable qu'il vient de réussir contre vous n'a pas dû manquer d'exalter l'orgueil et l'audace de leur chef, et je serais bien étonné si, avant de rentrer au port, il laissait passer sans les attaquer les navires qu'il pourra rencontrer.

« Et maintenant bonsoir, mon pauvre camarade; je vais tâcher de dormir si je puis, car j'en ai grand besoin. J'ai ramé hier presque toute la journée, et, ou je me trompe fort, ou demain ne se passera pas sans que nous ayons à peiner beaucoup sur notre banc de misère. »

Sur ce, s'étendant tout de son long sur le plancher, il ferma les yeux et s'endormit profondément.

Je me retrouvai alors seul avec mes pensées, pensées si cruelles que, je dois l'avouer, je ne songeais plus à mes compagnons d'infortune. A la vue de ces corps inertes et comme écrasés sous le poids de leur épouvantable destinée, le vain souffle d'espérance qui m'avait un moment caressé se dissipa pour me laisser tomber dans un désespoir fou; à chacun de mes mouvements, je me sentais mordu par la froide étreinte de la chaîne rivée à mon pied ; parfois, dans un élan de rage, je la secouais comme si j'eusse pu m'en délivrer, puis aussitôt, meurtri, ensanglanté, je retombais anéanti, invoquant Dieu à mon aide.

Tout à coup, du côté où étaient reléguées les femmes, j'entendis s'élever des cris : c'étaient les enfants qui se réveillaient et demandaient à manger.

Les pauvres femmes, arrachées à leur accablement, se mirent sur leur séant, et comme sortant d'un rêve, parurent pour la première fois se rendre compte de leur situation. Mme Cabantous, se jetant sur ses deux enfants, les étreignit sur sa poitrine en poussant des cris de détresse, sa mère et la vieille servante se précipitèrent en trébuchant pour aller demander du secours, tandis que Cabantous, à moitié fou de désespoir, bondissait au bout de sa chaîne, les bras ouverts, avec des hurlements.

A ce bruit, tous les rameurs s'étant réveillés et mis debout pour regarder ce qui se passait, un horrible fracas de chaînes roula d'un bout à l'autre de l'entrepont, et aussitôt, par l'échelle d'entrée, descendirent quatre janissaires, le sabre d'une main, un nerf de bœuf de l'autre, et qui se mirent à sauter de banc en banc en déchirant de coups le visage et les épaules des rameurs.

J'eus le bonheur de ne pas être atteint, ayant eu la présence d'esprit de m'accroupir lorsque je les vis arriver, mais mon pauvre voisin reçut en travers de la bouche un coup de nerf de bœuf qui lui fendit la lèvre et lui gonfla la figure d'une manière affreuse. Mais à la vue de cette scène, les femmes, déjà affolées par les cris des deux enfants, furent prises de crises de nerfs et tombèrent l'une après l'autre, tandis que les enfants, épouvantés de ces convulsions, allaient se cacher au fond du réduit.

Ces malheureuses restèrent ainsi à se rouler et à se débattre jusqu'à ce qu'enfin un des janissaires, ayant épuisé sa fureur contre nous, s'avisa de les regarder.

Il s'approcha d'elles, les considéra un moment, les mains sur les genoux, avec une curiosité de bête, puis, étant monté sur le pont pour demander des ordres, revint accompagné de cinq hommes, qui prirent dans leurs bras les femmes et les enfants et les emportèrent, tandis que l'infortuné Cabantous, s'agitant toujours comme s'il eût perdu la raison, continuait à pousser des cris de désespoir.

Quant à Pierrugues, il était caché par les rangs de rameurs, de façon que je ne pouvais savoir ce qu'il était devenu; d'ailleurs, dans l'état où on l'avait mis, je me demandais si le lendemain je le retrouverais en vie.

Cependant peu à peu le calme s'était rétabli; la plupart des rameurs se remettaient à dormir, et j'espérais qu'ayant emmené les femmes et les enfants sur le pont, on leur donnait quelques soins et un peu de nourriture, en quoi je ne me trompais pas.

Car, ainsi que je devais bientôt l'apprendre, ces pirates, par l'expérience même des crimes auxquels ils se livrent, savent très bien donner aux femmes et aux enfants qu'ils enlèvent les secours nécessaires pour les empêcher de mourir :

comme ce sont pour eux des valeurs, ils mettent à les tenir en bon état, sinon de l'humanité, au moins l'âpre intérêt du commerçant qui ne veut pas laisser s'avarier sa marchandise.

Mon vieux compagnon ne dormait pas; l'émotion de cette scène de douleur avait ramené en lui le sentiment, depuis longtemps énervé par son long supplice, et puis, à me voir si résolu à tout faire pour reconquérir notre liberté, il avait repris courage.

« Quelque chose me dit que nos maux vont finir, me dit-il d'un air presque joyeux : je l'ai rêvé, et c'est la première fois que cela m'arrive. Pauvre raison, me direz-vous, mais dans notre pays on croit aux rêves, et pour ce qui est de moi, les miens, dans les circonstances les plus graves de ma vie, m'ont toujours annoncé mes malheurs, à commencer par l'esclavage où je vis depuis vingt-quatre ans.

« Car trois jours avant le combat où je fus fait prisonnier par un pirate d'Alger, je m'étais vu, dans un rêve aussi clair que la réalité même, enchaîné, tel que me voilà, au banc d'une galère turque.

— Que Dieu vous entende, mon pauvre compagnon; mais d'après ce que vous me dites de notre maître, je crains que nous n'ayons longtemps à souffrir avant de trouver une occasion de nous évader....

— Hé! qui sait? Pourquoi ne serions-nous pas délivrés? Comme il nous a pris, d'autres peuvent nous reprendre : personne en ce monde n'est invincible, et comme tous les méchants, ce monstre-là aura bien son jour.

« Pourquoi ne serait-ce pas bientôt? Est-ce que la mesure

de ses crimes n'est pas assez comble? Est-ce que Dieu ne doit pas trouver que j'aie assez souffert? Je ne puis croire qu'il laisse longtemps encore ce renégat accumuler crimes sur crimes; j'ai confiance dans sa justice, et j'attends : tôt ou tard, elle arrive toujours ! »

Fut-ce la majesté de ce vieillard chargé de douleur, fut-ce je ne sais quel souffle de prophétie qui semblait respirer dans ses paroles, il m'avait presque convaincu, et encore une fois je sentis l'espérance me relever le cœur.

Nous causâmes ainsi jusqu'au jour. Le vieillard, avec l'effusion navrante qu'un malheureux met à raconter ses peines, me faisait l'histoire de cette vie, ou plutôt de ce supplice, qui durait pour lui depuis vingt-quatre ans.

A quoi bon vous raconter toutes ces horreurs? Ne suffit-il pas d'avoir une âme et un cœur pour deviner ce que peut être l'existence d'un homme enchaîné à un banc sans pouvoir s'en arracher ni jour ni nuit, et qui, presque nu, à peine nourri, continuellement assommé ou déchiré de coups, est condamné à ramer du matin au soir et du soir au matin, sans un seul instant de relâche?

Qu'est-ce que la torture, qu'est-ce que les supplices, les martyres et les massacres de peuples entiers, à côté des galères, sans oublier les pontons anglais, leurs dignes émules?

Si lente, si raffinée que les bourreaux pussent la distiller, la mort, au bout de quelques heures tout au plus, finissait par leur arracher le patient; il était délivré. Mais sur les bancs des galères, comme dans la cale des pontons, on était torturé, empoisonné, assassiné, à chaque minute, à chaque seconde du jour et de la nuit, et si quelques-uns succombaient parfois, la plupart ne pouvaient pas mourir !

Au milieu des détails qu'il me donnait sur « cette vie de galères », que ce dicton seul résumait d'une façon si terrible, un surtout me frappa, parce que c'était celui auquel j'avais le moins pensé : c'est que, toujours enfermé dans l'entrepont obscur du navire, sans autre ouverture que les trous où passaient les avirons, le rameur n'avait aucune connaissance de ce qui se passait à bord ; il ne pouvait savoir si l'on était en pleine mer ou près d'une côte, sur une rade ou dans un port ; la notion même du temps, à travers ce désordre de fatigues, d'oisiveté, de lourds sommeils et de réveils subits, lui échappait comme toutes les idées de la vie réelle, et c'était seulement par le bruit du tumulte, des voix ou des armes, qu'il pouvait deviner que le navire abordait, combattait ou se brisait sur un écueil.

Ceci, plus vivement que tout le reste, me fit comprendre comment un galérien était rayé de la liste des vivants.

Le soleil était levé ; toute la nuit, avec mon caleçon de toile pour seul vêtement et ma pauvre tête rasée, j'avais frissonné de froid ; une chaleur délicieuse se répandait dans tout mon corps.

Ce mouvement de bien-être, en me ranimant un peu, réveilla en moi l'appétit, que les émotions de cette nuit terrible avaient supprimé : je m'aperçus que je mourais de faim et de soif, n'ayant rien bu ni mangé depuis près de ving-tquatre heures. Je demandai à mon vieux compagnon si on n'allait pas bientôt nous donner à manger.

« Quand il leur en prendra fantaisie, me répondit-il en haussant les épaules, car si vous espériez manger toutes les fois que vous aurez faim, vous vous feriez une grande illusion : ils nous donnent à manger quand ils n'ont rien de mieux à faire. Mais d'abord, tant qu'on marche à la rame, il n'est pas question de repas ; si le temps est mauvais et qu'on ait besoin de tout le monde sur le pont, on ne s'occupe de nous servir que quand la manœuvre est terminée.

« Les jours de bataille c'est bien pis, et il m'est arrivé plus d'une fois, dans ces occasions, de rester vingt-quatre heures sans manger ni même boire, car ils ne nous rationnent pas moins chichement l'eau que le pain.

« Au reste, quand vous verrez ce qu'ils nous donnent !... Une pâtée de fèves et de pain noir nageant dans une eau grise mêlée de suif, à peine la moitié de ce qu'il en faudrait pour nous nourrir ; et après que vous en aurez goûté, vous direz comme moi : la soupe que les chrétiens donnent à leurs porcs est plus appétissante que celle que ces porcs donnent à des chrétiens ! »

Peu de temps après, une odeur abominable nous avertit qu'on nous apportait la pitance du matin.

Je me jetai sur un biscuit qu'on m'avait donné avec l'écuelle de soupe, mais c'était dur comme un caillou, et après en avoir raclé quelques miettes, je vis qu'il me faudrait plus d'une heure pour en venir à bout ; sur le conseil de mon compagnon, je le mis tremper dans la soupe pendant quelques minutes, après quoi, le voyant un peu ramolli, je le portai à ma bouche.

Non, de ma vie je n'aurais cru qu'un mets fait pour nourrir des créatures humaines pût être mixturé d'une façon aussi scélérate ! Un haut-le-cœur me fit rejeter aussitôt la matière nauséabonde dont j'avais rempli ma bouche.

Je voulus recommencer, parce que j'avais faim, me disant que d'ailleurs il me faudrait bien me soumettre à ce régime.

« Vous trouvez cela bien mauvais ? me dit alors mon compagnon.

— Exécrable ! répondis-je, je ne pourrai jamais l'avaler, quoique je tombe d'inanition.

— Hélas ! mon pauvre ami, vous n'êtes pas au bout de vos peines, alors ; si je vous disais que, comparé à ce qu'on nous sert ordinairement, je le trouve excellent ! Jugez de ce que vous aurez à vomir avant d'avoir dompté la révolte de votre estomac !

« Enfin, pour aujourd'hui prenez ce morceau de biscuit que je vous laisse, écrasez-le en morceaux entre les anneaux de votre chaîne, et laissez-le s'amollir miette à miette dans votre bouche jusqu'à ce que tout ait passé. Ce soir peut-être, quand vous aurez encore plus faim et que vous vous serez fait une raison, vous pourrez essayer de vous y reprendre. Ah ! s'il n'y avait que ça !

— Ma foi, lui dis-je, je ne sais si la faim ne vaut pas mieux qu'un dégoût aussi horrible. Le cuisinier capable de commettre un brouet infernal comme celui-là est une bête non moins féroce que ses maîtres, car il est impossible qu'il ne le fasse pas exprès, pour nous réduire au désespoir et nous démoraliser par le vomissement ! »

Laissant de côté l'abominable potage, je pris le biscuit, et après l'avoir tourné et retourné mélancoliquement, je l'écrasai entre deux anneaux de ma chaîne, je mâchai tant bien que mal ce gravier, tout en me disant, non sans amertume, que pendant ce temps-là nos bourreaux digéraient joyeusement notre bouillabaisse et notre oie rôtie qui sentait si bon....

Pourtant, à force de me démantibuler la mâchoire, j'en étais venu presque à bout, lorsque j'entendis au-dessus de ma tête un remue-ménage accompagné de cris et de piétinements.

« Attention ! me dit mon compagnon en me saisissant le bras, quelque chose se prépare ; ou je me trompe fort, ou ils ont aperçu un navire, et ils se disposent pour l'attaquer. »

Un roulement prolongé fit trembler le pont.

« Entendez-vous ? me dit-il, j'en étais bien sûr : ils mettent leurs canons en batterie ; vous n'avez qu'à tenir vos bras prêts. on va mettre les rames à l'eau. »

Il avait à peine achevé, que, dégringolant de l'échelle, le gardien de la chiourme, un nerf de bœuf à la main, sauta de banc en banc en ordonnant de prendre les rames, et en réveillant à grands coups ceux qui étaient encore couchés ou endormis.

En quelques minutes la manœuvre était exécutée, et au tumulte que nous entendions sur le pont se joignit le clapotement des rames battant l'eau en cadence.

Ainsi commençait mon apprentissage.

L'effort à dépenser pour ce travail était au-dessus de tout ce que j'aurais pu imaginer : au bout de quelques minutes j'étais déjà haletant, et des tiraillements douloureux me passaient par tout le corps.

« Que c'est dur! ne pus-je m'empêcher de soupirer.

— Hélas! mon pauvre ami, me répondit mon compagnon, si vous sentez déjà la fatigue, que sera-ce dans une heure, que sera-ce à la fin de la journée? Car nous en avons peut-être pour jusqu'à ce soir avant de nous reposer! »

Il se tut, et comme un animal rompu à son labeur, continua de ramer, la tête basse, la mâchoire pendante, et les paupières à demi closes comme un homme qui sommeille.

Ce qu'il s'écoula de temps, ce que je souffris et ce que je pensai après avoir entendu ces paroles, je ne saurais le dire; peut-être, dans le délire où me jetait mon désespoir, n'ai-je ni pensé ni souffert, mais en tout cas je ne me souviens de rien.

C'est au milieu de cette espèce d'évanouissement que j'entendis tout à coup une formidable décharge d'artillerie, aussitôt suivie d'une fusillade continue.

Au même instant, se penchant du haut de l'échelle, le maître de la chiourme ordonna de rentrer les rames, et presque aussitôt un choc violent, qui renversa la moitié des rameurs, nous avertit qu'un abordage venait de nous jeter contre un navire.

A peine ouvrions-nous la bouche pour nous demander ce qui allait arriver, qu'un boulet rouge, défonçant l'avant du navire, traversa comme la foudre toute la longueur de l'entrepont, et allant s'arrêter dans le fond du réduit de l'arrière, s'y logea et y mit le feu.

Enchaînés à nos bancs, nous voyions les flammes s'étendre, et le moment venir où elles seraient sur nous.

Nos cris s'élevèrent si affreux que des matelots accoururent, et ayant appelé du secours, s'élancèrent, avec quelques seaux d'eau, pour éteindre l'incendie.

Pendant ce temps la fusillade et les cris continuaient, et aux piétinements qui retentissaient sur le pont, nous pouvions juger que le fort de la lutte se passait là.

« Il y a certainement cent hommes au moins sur le pont, me dit mon compagnon : nous ne sommes pas cent à bord ; les corsaires sont repoussés, c'est impossible autrement : s'ils avaient sauté à l'abordage de l'autre navire, nous n'entendrions pas dix hommes marcher sur le pont. Je vous dis qu'ils sont battus, et peut-être même l'équipage qu'ils attaquaient les a refoulés et envahi leur pont.

« Seigneur mon Dieu ! s'écria-t-il en se jetant à genoux et en levant les bras au ciel, ayez pitié de moi, faites périr les monstres qui me tiennent enchaîné depuis vingt-quatre ans, et rendez-moi la liberté ! »

Cependant, malgré les efforts des matelots, l'incendie du réduit, sans s'étendre beaucoup, n'était pas éteint, et les rameurs, debout sur leurs bancs et s'efforçant de rompre leurs chaînes, continuaient à crier d'une voix désespérée, lorsqu'au bruit d'une décharge qui éclatait évidemment sur le pont, nous vîmes une foule de nos corsaires se précipiter dans l'entrepont.

Ils jetaient des cris de terreur, ils fuyaient. Après eux, et les poussant à coups de piques, de haches et de poignards, des soldats et des matelots, portant le costume vénitien, se ruèrent sur eux et en firent un horrible carnage.

Rien ne saurait donner une idée de ce massacre à travers les cris de rage des vaincus, les imprécations des vainqueurs, tandis que les esclaves, montrant leurs chaînes ou joignant les mains, criaient pour implorer leur délivrance.

Enfin, tous les corsaires étant tués ou hors de combat, nos libérateurs parurent songer à nous et, à coups de haches et de piques, brisèrent nos chaînes.

Il était temps : criblé de boulets, le navire menaçait de couler bas.

Au moment où, mêlés à nos sauveurs, nous sortions de l'entrepont, un cri de victoire s'éleva, et nous vîmes alors, bord à bord avec la felouque du corsaire, un superbe navire ayant à la poupe la bannière de Saint-Marc !

A cette vue mon vieux compagnon se jeta à genoux pour remercier Dieu, et tous, sans distinction de religion ni de patrie, nous fîmes comme lui.

Les pirates étaient anéantis ! De tout leur équipage il ne restait que dix hommes, y compris le chef, qu'on pendit à la grande vergue : tous les autres étaient tués ou noyés.

On eut encore le temps de prendre tout ce que contenait leur felouque en armes, munitions et marchandises, après quoi on la saborda, et nous eûmes la joie de la voir couler, entraînant au fond de la mer jusqu'à la dernière trace des crimes dont elle avait été le théâtre, tandis que dans l'eau noire glissaient les requins, accourus pour se repaître de la proie qu'on leur avait jetée.

Je n'essayerai pas de décrire la scène d'attendrissement et de reconnaissance qui signala notre arrivée à bord du navire : tout le monde pleurait.

Accueillis comme des frères, nous fûmes embrassés, fêtés, consolés, avec tant d'élan et de générosité, qu'au bout de quelques heures nos misères ne nous paraissaient plus qu'un rêve lointain.

Pendant qu'on nous rendait nos vêtements et tout ce qui nous avait été enlevé chez Pierrugues, on habillait nos compagnons de misère avec les dépouilles des pirates, et aussitôt on nous faisait asseoir à un plantureux banquet, où nos pauvres corps épuisés se réconfortaient avec les délices qu'on peut croire. Sous l'influence de cet excellent repas et des vins exquis dont il était arrosé, j'eus le plaisir de voir mes amis revenir à la vie et même à la gaîté.

Pierrugues, Cabantous, les femmes et les enfants, étaient déjà presque remis des émotions horribles par lesquelles ils venaient de passer, et bien qu'il y eût encore à courir bien des aventures avant de nous retrouver tels que nous étions partis, nous nous donnâmes rendez-vous, le verre en main, à la bastide d'Arenc pour y manger une bouillabaisse et une oie rôtie, et nous invitâmes mon vieux compagnon de chaîne à passer par Marseille, lorsqu'il retournerait à Venise, pour prendre part à ce grand acte de réparation.

Enfin, après avoir passé toute la soirée à raconter nos aventures et à nous réjouir de notre délivrance, il fallut songer à dormir, de quoi nous avions grand besoin les uns et les autres.

Une fois seul dans ma cabine, je commençai par faire une prière d'actions de grâces à Dieu, chose dont j'avais depuis longtemps perdu l'habitude, mais que depuis ce jour-là je n'ai pas oubliée une seule fois.

Quand on vend tranquillement des salaisons sur le Port-Vieux, on se dit que le bon Dieu est loin et qu'il ne s'occupe pas tant que cela de vos affaires ; mais quand on est en pleine mer, roulant à travers la tempête, ou devant l'ennemi avec la mort ou l'esclavage pour perspective, on pense à lui, on se rappelle qu'il a le bras long pour nous châtier ou pour nous tirer de peine, et on fait sa prière.

C'est pour cela que le soldat, le matelot, croit en Dieu comme à sa propre vie.

Lorsque, ma prière achevée, je m'étendis sur ma couchette, il me sembla que jamais de ma vie je n'avais éprouvé de pareilles jouissances, et pourtant le réveil fut encore plus délicieux. Pendant quelques instants ce fut une joie si folle que, croyant être le jouet d'un rêve, je n'osais pas ouvrir les yeux.

On pense si je fus long à me rassurer !

Je sautai à bas du lit, je fis ma toilette, chose non moins délicieuse après tant d'heures passées dans la sentine de la chiourme sans avoir eu une goutte d'eau pour me laver, et je me hâtai de monter sur le pont, où je trouvai mes compagnons de délivrance levés depuis l'aurore et aspirant de toute leur poitrine l'air et la liberté. Des officiers du bord, mêlés parmi eux, leur racontaient la défaite du corsaire, dont nous n'avions pu, de l'entrepont où nous étions enchaînés, qu'entendre le bruit sans en voir le spectacle.

Comme l'avait deviné mon vieux compagnon, notre corsaire, dont l'orgueil et l'audace ne connaissaient pas de bornes, et d'ailleurs excité jusqu'à la folie par la bonne chère et le vin dont il s'était gorgé à nos dépens, n'avait pas hésité, dès qu'il avait vu le navire vénitien, à lui courir sus, le considérant déjà comme sa proie. Or, si folle que pût être sa témérité, il est à croire qu'il ne s'y fût pas risqué avec une pareille désinvolture s'il avait su à qui il allait avoir affaire.

Ce bâtiment, envoyé par le sénat de Venise au roi de Portugal et armé en conséquence, ne portait rien moins qu'un ambassadeur, le prince Pietro Contarini, grand amiral des galères de la Sérénissime République, avec son état-major, sa suite et ses gardes, et qui allait à Lisbonne offrir un traité d'alliance entre les deux puissances contre le Grand Turc et les États Barbaresques de la Méditerranée.

Outre des approvisionnements considérables d'armes et de munitions, on y avait embarqué cent soldats d'élite pour former la garde d'honneur qui devait escorter l'ambassadeur à son débarquement et dans sa visite d'audience au roi.

Les conquêtes des Portugais, en étendant à l'Inde, à la Chine et à l'Afrique méridionale, le commerce de l'Europe avec l'Orient, faisaient décliner de jour en jour la prospérité de Venise et sa suprématie dans la Méditerranée.

L'alliance que le Sénat allait offrir ou plutôt, demander au roi de Portugal, était désirée comme le dernier moyen de salut pour une puissance naguère si redoutable et maintenant près de sombrer.

Le Sénat avait donc pris toutes les dispositions propres à

dissimuler, sous la pompe et l'éclat dont il entourait cette mission, la décadence qui menaçait la reine de l'Adriatique; on pense s'il avait pu oublier d'embarquer, sur le navire portant une telle ambassade, les forces nécessaires pour en assurer l'arrivée à bon port.

LE CAPITAINE COMMANDA LE FEU.

III

UNE AMBASSADE VÉNITIENNE. — LES JOYEUSETÉS DE PAPA PIERRUGUES. — RELÂCHES A PALMA, A CARTHAGÈNE, ALGÉSIRAS, CADIX. — ARRIVÉE A LISBONNE. — LES QUAIS DE LISBONNE. — RÊVES DE GLOIRE ET DE FORTUNE. — UN FRANÇAIS! — JOEL KERBABU. — BONS CONSEILS D'UN CHAT ÉCHAUDÉ. — NATURELLEMENT, JE NE LES SUIS PAS. — KERBABU ME PROCURE UNE COMMISSION POUR LES INDES ORIENTALES.

En s'attaquant donc au *Sacrifice d'Abraham*, ainsi se nommait le navire, notre corsaire, avec sa felouque légère et ses quelque cinquante ou soixante malandrins, allait se heurter à plus de cent cinquante soldats, officiers ou matelots formidablement armés, et d'une habileté supérieure au tir des bouches à feu.

A la façon dont ils voyaient le corsaire gouverner sur eux, les officiers du navire vénitien avaient reconnu, à n'en pas douter, à quoi il en voulait venir, et en moins d'une demi-heure les armes étaient prêtes, les canons chargés et tout le monde à son poste.

On laissa approcher le corsaire jusqu'à portée de canon, et alors, feignant de vouloir lui échapper, le capitaine fit changer de route, ce qui ralentit d'abord la marche.

Le corsaire, encore enhardi par cette ruse, gouverna sur le navire vénitien, et quand le capitaine vit la felouque à demi-portée, il démasqua trois canons, fit virer de bord, présentant le flanc, et au moment où le corsaire, avec tout son monde à découvert rassemblé à l'avant, allait l'aborder par la poupe, il commanda le feu.

Un boulet rouge, traversant de part en part, alla, comme je l'ai raconté, se loger à l'arrière de la felouque, y mettant le feu, tandis que douze pierriers, vingt tromblons et plus de cent arquebuses, éclatant à la fois, vomissaient sur la troupe serrée des corsaires une nappe de mitraille, de balles et de biscaïens.

Douze hommes à peine, échappés comme par miracle, s'enfuirent pour chercher un abri dans l'entrepont, et c'étaient ceux que nous avions vus s'y précipiter.

La felouque, obéissant à son impulsion, arrivait en ce moment près du navire; à l'aide des grappins d'abordage, on saisit le bout de son beaupré, pendant que par un coup de barre on esquivait le choc, et l'ayant attirée à portée, le capitaine y lança une compagnie de matelots qui, le poignard aux dents, la hache d'une main et le pistolet de l'autre, sautèrent sur l'avant du corsaire, et vinrent sous nos yeux achever ou faire prisonniers les derniers survivants de la bande.

C'était alors qu'on nous avait délivrés, pris tout ce qu'on pouvait prendre, coulé la felouque, et pour conclusion de la victoire, pendu le corsaire avec ses dignes acolytes.

Cette première journée se passa en réjouissances et en actions de grâces.

Dès le matin une messe en musique suivie d'un *Te Deum* fut célébrée sur le pont. L'ambassadeur, entouré des personnages de sa suite, était agenouillé devant l'autel sur un prie-Dieu doré couvert de velours cramoisi à crépines d'or; les seigneurs, revêtus de leurs habits de gala, se tenaient debout sur deux rangs, et des files de soldats et de matelots s'alignaient d'un bout à l'autre du pont.

Mais le plus imposant de la cérémonie fut de nous voir, nous tous qui venions d'être délivrés par le courage de nos sauveurs et la miséricorde de Dieu, nous avancer deux par deux, un cierge en main, venir nous agenouiller devant l'autel, et baiser aux pieds, aux mains et à la poitrine, un christ que le prêtre nous présentait.

Le reste de la journée se passa en musique et en jeux de toute sorte, pendant que les officiers, nous appelant tour à tour devant eux, consignaient sur les registres du bord nos noms, notre origine, notre profession, et préparaient, d'après nos renseignements, les moyens de nous rapatrier ou de nous secourir.

Jusque-là, dans l'ivresse de notre joie, nous n'avions pas beaucoup songé aux suites de notre enlèvement : nous étions libres, sans doute, mais libres sur un navire qui nous emportait vers le Portugal, à plus de cinq cents lieues de notre pays, sans ressources, sans communication avec nos familles.

Lorsque nos libérateurs nous auraient débarqués à Lisbonne, comment ferions-nous pour vivre en attendant des nouvelles de France?

Et à supposer que nous en pussions recevoir, comment, étrangers, sans argent ni crédit, trouverions-nous les moyens de regagner Marseille?

Telles étaient les tristes pensées où je trouvai mes amis, lorsque le lendemain matin nous nous rencontrâmes sur le pont.

Pour moi, toujours incorrigible et ne voulant voir de notre situation que le bonheur présent, je fis de mon mieux pour les réconforter, les assurant que nous allions trouver en arrivant un travail qui nous permettrait de vivre; que nos lettres ne manqueraient pas de parvenir en peu de temps à Marseille; que de là on nous enverrait aussitôt tout l'argent nécessaire, et que nous n'aurions plus qu'à nous embarquer.

« Nous embarquer! s'écria Pierrugues en faisant un haut-le-corps, nous embarquer! pour qu'un autre corsaire nous tombe dessus, nous remette de nouveau une chaîne à la patte, et nous fasse ramer à fond de cale jusqu'à ce qu'il se trouve, s'il s'en trouve, un navire vénitien pour nous délivrer de nouveau? Jamais!

« Quand il me faudrait marcher sur les genoux, sur la tête, et dussé-je attendre dix ans pour m'en retourner, je ne m'en retournerai que par la voie de terre.

— Et les brigands? lui dis-je.

— Les brigands? Je m'en moque : si j'en rencontre, c'est

bien simple, je leur demanderai l'aumône, comme a fait... té pardi! vous ne connaissez que lui, Arsène Ligauban, le marchand de tambours de basque et de castagnettes de la rue Pavé-d'Amour... vous savez bien, au coin de la Cannebière, qui a traversé toute l'Espagne, aller et retour, sans avoir à dépenser un liard de sa poche, grâce à la charité de ces braves scélérats.

« Vous me direz qu'ils n'ont pas grand mérite, pour ce que ça leur coûte, mais ils le font pour racheter leurs péchés, ce qui prouve qu'il y a de la ressource; et puis ils le font non seulement avec onction, mais avec courtoisie. En tout cas il n'y a pas d'indiscrétion, et même on leur rend service pour le salut de leur âme.

— Allons, allons, papa Pierrugues, lui dis-je en lui tapant sur le ventre, ça va bien, voilà la gaîté marseillaise qui vous revient. Croyez-moi, ne vous tourmentez pas de ce qui peut nous arriver quand nous serons là-bas ; ne pensez qu'à jouir des bons traitements qu'on nous fait sur ce navire solide, où nous ne craignons rien pour notre liberté, et dites-vous que les braves gens qui nous ont sauvés et recueillis sont trop généreux pour nous planter là nus comme des petits saint Jean, quand ils nous auront débarqués à Lisbonne.

« Et celui-là là-haut, ajoutai-je en montrant le ciel, croyez-vous qu'il passe son temps à laisser battre la misère à ses créatures? Que non pas! Seulement il ne peut pas tout faire à la fois: pendant qu'il en tire un de peine, un autre y tombe, et dix autres, et cent, et des milliers, car quand il s'agit de courir après un pauvre diable, le mal est plus leste que le bien, comme vous savez.

« Mais chacun est sauvé à son tour : quand ce n'est pas dans ce monde, c'est dans l'autre : mettez-vous bien ça dans la tête pour vous donner de l'espérance pendant le péril ou du courage pendant la peur. »

C'est ainsi que, jusqu'à la fin du voyage, tantôt riant, tantôt parlant sérieusement, nous pûmes passer le temps sans trop nous inquiéter. Et puis, ce qui ne contribua pas peu à nous faire prendre patience, nous nous fîmes beaucoup d'amis parmi les officiers de l'ambassade, qui, étant mariés pour la plupart, ne pouvaient s'empêcher de s'intéresser à la femme et aux enfants de Cabantous.

Nous relâchâmes à Palma, dans l'île de Majorque, où on débarqua douze Maltais, délivrés avec nous, qui comptaient de là retourner dans leur pays.

Nous allâmes ensuite à Carthagène, où l'on mit à terre les Espagnols, au nombre d'une vingtaine.

Enfin, ayant touché successivement à Algésiras, à Cadix, à Sagre et à Villanova de Milfontes, nous entrâmes dans l'embouchure du Tage, et le 13 avril à midi, nous débarquions sur le quai de Lisbonne.

Aussitôt installés dans une auberge la plus modeste que nous pûmes trouver, notre premier soin fut de nous mettre en quête de travail pour gagner notre vie, car bien que l'ambassadeur vénitien nous eût donné une petite somme pour parer aux premières nécessités, ce faible secours ne pouvait nous mener bien loin.

Or nous pouvions être retenus longtemps avant de regagner la France, car d'une part, la correspondance, qui se faisait tantôt par des bâtiments, tantôt par des messagers partant à intervalles irréguliers, n'arrivait que lentement, souvent pas du tout; et d'autre part, un voyage de terre à travers le Portugal, l'Espagne et la Navarre, était une entreprise des plus difficiles à réaliser, sans parler des frais considérables qu'il y fallait faire, et des dangers de toute sorte auxquels on y serait exposé.

Comme il arrive ordinairement en ce bas monde, où il est rare que les alouettes vous tombent toutes rôties, nos débuts ne furent pas encourageants. Notre qualité de Français, jointe à notre ignorance de la langue du pays, nous valut partout un accueil aussi froid que poli, et au bout de huit jours de vaines démarches, nous n'étions pas plus avancés.

Enfin un jour le hasard, comme il arrive la plupart du temps dans les évolutions de la destinée, nous ayant conduits devant le magasin d'un marchand de voiles et de cordages, Cabantous, qui s'était un peu mieux débrouillé que nous à écorcher le portugais, entra en conversation avec le marchand; comme il était de première force dans son métier, ayant même inventé plusieurs perfectionnements très ingénieux dans l'installation des voiles et des poulies, le marchand l'écouta avec tant d'intérêt que finalement, de lui-même, il lui proposa d'entrer dans la maison en qualité de commis, promettant de l'associer plus tard s'il était content de ses services.

C'était le pain assuré pour toute la famille et même pour moi, car on vivait pour rien à Lisbonne dans ce temps-là, et les salaires, grâce à l'afflux continuel des marchandises de l'Inde, y étaient fort élevés. Mais j'aurais eu honte de me mettre ainsi à la charge de mes amis, quand mon devoir était au contraire de les aider.

Je continuai donc à chercher du travail. C'est sur le port que poursuivais mes recherches.

A voir les montagnes de marchandises dont il était couvert, et le travail énorme que ce commerce exigeait, je ne pouvais admettre qu'un homme de bonne volonté comme moi, qui de plus était au courant du commerce, ne trouvât pas à s'employer.

Je ne me lassais pas de parcourir les dépôts de marchandises, à quoi je finissais par apprendre peu à peu le portugais et faire quelques connaissances; or on sait que, dans tous les temps et dans tous les pays du monde, rien ne peut se faire pour celui qui n'a pas de connaissances, et que tout se fait pour celui qui en a : c'est ce que je ne tardai pas à éprouver, mais autrement que je ne l'aurais cru.

Car, comme chacun sait, il arrive souvent de ne pas trouver ce qu'on cherche, et de trouver ce qu'on ne cherchait pas.

Un jour donc que, très découragé et ne sachant plus à quel saint me vouer pour me procurer du travail, je me promenais sur le quai, je vis arriver de loin un groupe de cavaliers de si haute mine et si richement vêtus que je m'arrêtai pour les voir passer.

Comme plusieurs autres personnes s'étaient arrêtées aussi, je demandai à mon voisin qui étaient ces personnages.

« Ces seigneurs, me répondit-il, sont des conquérants qui reviennent des Indes, où il n'en est pas un qui ne se soit signalé par ses exploits. Ils arrivèrent dernièrement à Lisbonne

« CES SEIGNEURS SONT DES CONQUÉRANTS QUI REVIENNENT DES INDES. »

sur un navire chargé d'or, de pierreries et de marchandises précieuses, envoyé par Pedro de Faria, gouverneur de Malacca. La plupart d'entre eux étaient partis pauvres et inconnus : ils reviennent comblés de gloire, d'honneurs et de richesses ; ils sortent d'être reçus par le roi, qui les avait mandés près de sa personne pour se faire rendre compte par eux de leurs merveilleuses aventures ».

Ils passèrent, l'air superbe, à travers la foule qui s'écartait respectueuse en les saluant; et moi, saisi d'un trouble inconnu, je voyais s'ouvrir devant mes yeux, comme dans un mirage, la perspective d'une vie triomphale avec des tempêtes, des victoires, des trésors.

Quand je comparais ma situation présente à celle de ces hommes partis peut-être de plus bas que moi, je sentais comme une folie de tout quitter, de tout oublier, pour aller chercher fortune dans ces pays de merveilles.

Sans doute, depuis mon arrivée à Lisbonne, j'avais eu plus d'une fois lieu de m'extasier sur les richesses que je voyais déborder sans relâche des navires ; mais il ne m'était pas encore arrivé de voir d'aussi près, en chair et en os, ceux-là même qui venaient de les conquérir.

Ce n'était plus un rêve, c'était une vision vivante de ce qui pouvait m'attendre si je me sentais assez de cœur pour faire comme eux. De ce qu'il ne faut pas grand courage pour oser vendre des salaisons sur le Port-Vieux, s'ensuivait-il que je ne pouvais pas faire un bon héros tout comme un autre ?

Avais-je jamais essayé ? Qui me disait qu'une fois devant l'ennemi je lâcherais pied ?

D'ailleurs, dans les conquêtes, on ne se bat pas tout le temps ; tout le monde ne se bat pas. On a besoin d'infirmiers pour soigner les blessés ; je m'y mettrais bien s'il le fallait ; de comptables pour tenir les livres, et là-dessus je serais un soldat sans pareil !

Et puis, décidément, qui ne risque rien n'a rien, me disais-je, et ce ne serait pas la peine d'être Marseillais, pour reculer quand il s'agit de gagner honnêtement sa vie à la force du poignet !

Toutes ces pensées me tourmentèrent si fort que je ne pus dormir de la nuit, et dans les jours qui suivirent, je passais tout mon temps sur le port à me rassasier du spectacle de ces marchandises, au point d'oublier que je venais là pour tâcher de trouver du travail.

Je ne sais combien cela aurait duré si, un jour que j'étais à regarder décharger un navire magnifique, je n'avais vu s'approcher de moi un cavalier superbement vêtu et qui, occupé à surveiller le déchargement, m'avait plusieurs fois regardé avec une attention extrême. Je le reconnus pour un des gentilshommes que j'avais vus passer revenant de l'audience du roi. Ayant pris son parti, il vint droit à moi, et me regardant du haut en bas, se recula un peu, et tendant les deux mains, me dit :

« Est-ce que vous n'êtes pas Français ? »

On peut juger de ce que j'éprouvai !

« Je suis de Marseille ! criai-je en lui saisissant les mains, et vous ?

— Je suis de Landerneau en Bretagne, répondit-il, et

fondant en larmes, il se jeta dans mes bras. Voilà quatre ans que, sauf avec un de mes amis qui m'avait suivi là-bas, je n'ai pas entendu d'autre langage que le portugais. »

Me prenant par le bras, il m'entraîna sur le bâtiment et m'y offrit une collation pendant laquelle nous fîmes connaissance.

Lorsque je lui eus raconté comment nous nous trouvions à Lisbonne, et dans quelle pénible situation, il me dit qu'il se chargeait de nous faire rapatrier, et qu'en attendant il allait pourvoir à nos besoins. Cela dit, à son tour il me raconta son histoire.

Il se nommait Joel Kerbabu.

Il était fils d'un pêcheur de Recouvrance, qui, à force d'avoir vu périr à la mer tous ceux de sa famille, avait fini par abandonner le métier de marin pour s'établir jardinier à Landerneau, défendant à son fils d'aller même regarder la mer. Joel Kerbabu avait désobéi, et la première fois que, cédant aux mauvais conseils d'un camarade nommé Yvonnec, il était allé faire une promenade en rade de Brest, le bateau avait chaviré.

Il avait été recueilli avec son camarade par un navire portugais, et emmené à Lisbonne où, après avoir séjourné un an chez la sœur de Dom Vasco de Gama, les deux jeunes gens, ne trouvant pas moyen de retourner en France, étaient partis pour chercher fortune aux Indes.

Il faudrait un volume pour rapporter les choses merveilleuses et presque incroyables qu'il me raconta.

Il avait été matelot, soldat, ambassadeur, esclave, capitaine, marchand, prisonnier; il avait naufragé deux ou trois fois, avait été condamné à mort, s'était enrichi et ruiné à plusieurs reprises, et de tant de dangers et de fatigues, il rapportait, avec une mince fortune à peine suffisante pour vivre, un dégoût abominable pour la vie qu'il avait menée dans ces pays barbares, et un remords cuisant de toutes les horreurs auxquelles il avait participé.

Il faut bien que je l'avoue : s'il avait commencé son histoire par la fin, j'en serais resté peut-être sur cette dernière impression : mais ce qu'il avait raconté d'abord me mit dans un tel état d'exaltation, que là même, et malgré tout ce qu'il put faire pour m'en détourner, je lui dis que depuis plusieurs jours, à force de voir affluer tant de richesses, je ne pouvais plus résister au désir fou qui me poussait à aller chercher fortune aux Indes ; que si je ne me donnais pas satisfaction, je serais malheureux toute ma vie ; qu'étant garçon et orphelin de père et de mère, je ne laissais personne derrière moi ; que j'étais résolu à ne faire là-bas que du commerce, sans prendre aucune part aux coups de main des aventuriers portugais ; qu'en conséquence je le suppliais de faire ce qui dépendrait de lui pour me procurer les moyens de passer aux Indes, sur un navire où je ne fusse pas exposé à être capturé par des pirates et de nouveau enchaîné aux bancs d'une galère.

« Hélas ! mon pauvre ami, me dit Kerbabu en me regardant d'un air pensif, je vous vois tel que j'étais lorsque, ébloui comme vous par les tentations que la vue de ces trésors me présentait ici à chaque pas, je fis la folie d'aller chercher aux Indes un bonheur imaginaire.

« Mais moi du moins, personne n'était là pour m'avertir.

Que voulez-vous que je vous dise? Il suffit d'entendre comme vous déraisonnez pour voir que rien ne pourra vous dissuader de vous lancer dans cette folle entreprise.

« Vous dites que vous ne ferez que du commerce : c'est impossible.

« Vous imaginez-vous que les affaires se font là-bas comme à Marseille? Ce ne sont pas des transactions, ce sont des campagnes, où il faut aussi souvent se battre que trafiquer; les négociations se font à coups d'arquebuse et de canon.

« Même quand vous réussiriez à ne jamais vous compromettre dans des aventures de cette sorte, il faudra pourtant bien vous embarquer avec vos marchandises pour les conduire aux ports où vous voudrez les vendre ; ce serait un miracle si un jour ou l'autre vous n'aviez pas affaire aux pirates.

« Je veux que vous leur échapperez : mais qu'un naufrage vous jette sur une côte inhospitalière, et elles le sont toutes, faut-il vous répéter ce que je viens de vous raconter? Autant vous en arrivera.

« Je dois vous dire tout cela pour l'acquit de ma conscience, mais je sais trop que l'expérience d'autrui ne nous sert à rien, et que pour se garder d'une sottise il faut en avoir fait d'abord une autre et en avoir souffert.

« Votre silence me montre que je ne vous ai pas convaincu ; j'en suis désolé pour vous, mais maintenant que je vous ai averti, je n'ai pas besoin de vous dire que si vous persistez à partir pour les Indes, je ferai tout ce qui dépendra de moi pour vous préparer un bon accueil et des chances de réussite. »

Il disait vrai. Malgré les terribles témoignages qu'il me

présentait à l'appui de ses conseils, rien ne put me détourner de mon dessein, et après avoir continué pendant plusieurs jours les rêves fous que je prenais pour des réflexions, je lui dis que j'étais résolu, et que je le suppliais de m'aider de ses relations et de son crédit. Il y mit tout le dévouement du meilleur ami. Il commença par me procurer un passage pour Malacca, avec un emploi de comptable à bord du navire, ce qui m'assurait la nourriture, un logement à part, et des appointements que, tout modestes qu'ils fussent, je pouvais économiser pendant un voyage de huit mois.

De plus, il me fit confier par un riche négociant de Lisbonne la surveillance et la vente aux Indes d'une pacotille d'armes, de bijoux, d'instruments de musique, de livres et d'objets de piété, avec une commission très avantageuse sur le profit de l'opération.

Enfin, ce qui me devait être plus utile que ces bénéfices, il me donna des lettres pour deux de ses amis, nommés Boralho et Zeimoto, négociants à Malacca. Il y joignit les recommandations les plus chaleureuses pour Dom Pedro de Faria, gouverneur de Malacca, pour Antonio de Faria frère de celui-ci, pour les autorités de Liampoo, et même pour le Nautaquin de Tanixumaa, au Japon, au cas où j'aurais occasion d'aller faire le commerce dans ces deux derniers ports.

Il ne mit pas moins de dévouement à faciliter le retour en France de la famille Pierrugues, et j'eus la satisfaction, avant mon départ, de les voir se mettre en route, avec une compagnie nombreuse de marchands de mulets, pour Oviedo, dans les Asturies, d'où il leur serait facile de regagner la France.

En me séparant de Kerbabu, j'eus le premier chagrin que me réservait la carrière où je m'engageais.

Pour n'en avoir pas été le plus cruel, il n'en fut pas le moins sensible.

J'ai fini par oublier les autres, car, comme on dit, mal passé n'est que songe, et même le souvenir de ce qu'on a souffert n'est pas sans charme pour qui jouit du repos après les agitations de la vie : mais le regret de n'avoir plus jamais trouvé l'occasion de revoir cet ami me reste toujours, et bien que je l'aie laissé prêt à quitter Lisbonne pour retourner dans son pays, je ne sais s'il y est arrivé, je ne sais même pas, hélas ! s'il existe encore.

Mon voyage dura quatorze mois. Nous nous arrêtâmes successivement à tous les comptoirs portugais de l'Afrique, embarquant et débarquant partout des passagers et des marchandises.

Dans les parages du cap de Bonne-Espérance, nous eûmes, comme il arrive toujours dans cette région, de fortes bourrasques à subir ; mais enfin, somme toute, à part quelques avaries inévitables dans une si longue campagne, notre voyage fut heureux.

Je profitai de mon séjour à bord pour apprendre à parler couramment le portugais, ce qui ne me fut pas trop difficile grâce à l'analogie de cette langue avec le français, et aussi avec le patois.

Le soin de la pacotille dont j'étais chargé, et les échanges auxquels j'avais occasion d'assister dans les comptoirs où nous abordions, me donnaient des occasions continuelles de « connaître la marchandise », comme nous disons à Marseille, et c'est là ce qu'il y a de plus important et de plus difficile dans le commerce.

De plus, causant continuellement affaires avec les marchands qui naviguaient avec nous, j'apprenais chaque jour quelque chose, je le retenais, j'en prenais note au besoin, si bien que j'arrivai à Malacca tout préparé à ma nouvelle situation : je pouvais donc espérer, quand je connaîtrais la place et ses relations avec les autres ports de ces mers, n'y pas faire de moins bonnes affaires que les négociants portugais.

J'allais donc m'enrichir, je n'en doutais pas ; aussi quand nous fûmes arrivés en vue du port de Malacca, je ressentis autant de joie que si j'y avais salué une nouvelle patrie.

« SEIGNEUR, VEUILLEZ PRENDRE CONNAISSANCE DE CETTE LETTRE. »

IV

L'ARRIVÉE A MALACCA. — PEDRO DE FARIA M'ENVOIE EN AMBASSADE PRÈS LE ROI DE SIAM. — JE PARS AVEC LUI. — LANÇAROT GUERREYRA. — L'ILE DE PINSANDURÉ. — CADAVRES ET TRÉSORS. — L'ILE DE POULO HINNOR. — LE ROITELET DÉGUENILLÉ. — UN BON MOUVEMENT. — NOUS PARTONS POUR LA GLOIRE.

La vue du port de Malacca, avec les nombreux navires dont il était rempli, acheva de donner à mes espérances l'illusion de la certitude. Je fus reçu comme un frère par Boralho et Zeimoto.

Ils me présentèrent à Dom Pedro de Faria, avec lequel ils étaient liés de la plus étroite amitié, pour avoir fait avec lui ou avec son frère nombre d'expéditions aventureuses.

A la façon dont il me parla de Kerbabu, je pus voir que le brave Breton, en me racontant son histoire, y avait mis plus de modestie encore que de vérité, car il ne m'en avait pas assez dit. Au très grand honneur de la France, il laissait dans les colonies portugaises aussi bien qu'en Chine, dans l'Inde et au Japon, le renom d'un des hommes les plus braves, les plus honnêtes et les plus intelligents, qui se fussent montrés depuis longtemps dans l'Extrême-Orient, et Pedro de Faria ne se lassait pas de marquer en toute occasion ses regrets de n'avoir pu le retenir au service du Portugal.

Sous le patronage d'un nom aussi honoré, je me trouvai placé de plain-pied dans l'intimité du gouverneur de Malacca, mes deux amis en faisant partie depuis longtemps.

L'arrivée d'Antonio de Faria, de retour d'un voyage qu'il venait de faire à Liampoo et à Tanixumaa, vint étendre et resserrer encore ces relations, dont le premier effet fut de me poser tout de suite comme un des notables de la colonie.

Pour commencer, je vendis en très peu de jours les marchandises dont mon commettant de Lisbonne m'avait chargé.

Les armes à feu furent enlevées en bloc par un capitaine de navire japonais; les armes de main trouvèrent preneurs à Malacca même parmi les officiers de la garnison et les seigneurs de la ville; un Chinois acheta les objets de piété et les instruments de musique pour les revendre aux chrétiens et aux missionnaires de son pays; les bijoux furent vendus dans la ville.

Tout cela se fit à des prix si élevés que j'eus à toucher pour ma commission 1200 ducats sur les bénéfices énormes de cette vente.

Avec cette somme, les économies que j'avais faites sur

mon traitement à bord, et le crédit pour ainsi dire illimité que me valait le patronage du gouvernement et de mes amis, je pus tout de suite entreprendre quelques affaires.

Bien que j'eusse beaucoup appris, comme je l'ai dit, pendant la traversée, je comprenais qu'avant de me lancer dans des affaires de haut vol comme celles qui s'organisaient chaque jour sous mes yeux, il me fallait un peu plus d'expérience, et surtout d'argent ; car prétendre faire, avec l'argent d'autrui, un commerce auquel on n'entend rien, c'est travailler pour les huissiers et les procureurs, mais ce n'est pas le moyen de faire fortune pour son propre compte.

Pendant les cinq ou six premiers mois de mon séjour à Malacca, je me contentai donc de m'intéresser, souvent de compte à demi avec Boralho et Zeimoto, à des achats ou expéditions de marchandises, et en même temps que je me rendais de mieux en mieux compte des conditions et des ressources de la place, je gagnais là plus en un mois qu'à Marseille en un an avec le même chiffre d'affaires.

Pourquoi ne m'en suis-je pas tenu là, et que de malheurs je me serais épargnés si j'en avais eu la sagesse!

Mais la fortune est comme la gloire, elle rend l'homme insatiable à proportion qu'elle le comble davantage ; elle en fait un de ces enfants gâtés qui, ne sachant plus quel caprice imaginer, demandent la lune!

Heureux et tranquille comme j'étais là, je n'avais qu'à me laisser aller: en moins de dix ans j'aurais fait une fortune énorme, je me serais marié comme j'aurais voulu avec une de ces héritières, riches comme Crésus et belles comme le jour, dont la ville était pleine, et je serais revenu à Marseille avec une nichée d'enfants et autant de millions que d'enfants !

Mais si large que fût ma prospérité, elle me semblait une misère en comparaison des coups de fortune que je voyais se réaliser chaque fois qu'un navire, arrivant de quelque campagne aventureuse dans l'archipel Indien ou dans les mers de la Chine, déchargeait sur les quais de Malacca les trésors et les merveilles qui souvent n'avaient coûté que la peine de les prendre.

Tout en encaissant les bénéfices plus qu'honnêtes que j'avais réalisés à acheter de tout cela pour le revendre, je ne pouvais m'empêcher de soupirer en pensant combien c'était peu de chose au prix de ce qu'avaient dû gagner les maîtres de ce précieux butin ; je me demandais pourquoi, au lieu de rester claquemuré dans mon comptoir à vivre des miettes de ces banquets de conquérants, je ne m'en ferais pas le convive, ayant maintenant assez d'argent pour m'associer à la mise de fonds que comportent ces grandes entreprises.

D'ailleurs, outre l'influence de cette cupidité maudite dont sont possédés tous les hommes, surtout ceux dont la profession consiste à gagner de l'argent, il y a, dans les pays d'aventures où tout le monde est là pour faire fortune, un entraînement sans cesse ranimé par ces continuels départs et arrivées de marins et de voyageurs qui, en même temps qu'ils étalent les dépouilles opimes de leurs expéditions, racontent des histoires merveilleuses.

Mon existence sédentaire arrivait peu à peu à me peser comme un esclavage, au point que parfois, dans mes moments d'humeur noire, j'en venais à comparer ma vie, sur ma chaise au fond de ce comptoir, à celle de ces rameurs dont j'avais partagé pendant un jour l'horrible travail.

Même en dehors de ces moments de folie, je me faisais une honte de mes profits comme d'une espèce de lâcheté quand ceux à qui je les devais couraient les mers et les batailles pour m'enrichir.

C'est ainsi que l'homme qui, las d'être sage, éprouve le besoin de faire quelque folie, croyant raisonner déraisonne.

Cependant, comme le bon sens ne perd jamais ses droits même au milieu de nos détraquements les plus absurdes, je sentais au fond de mon cœur une espèce de remords de ce que je voulais faire, si bien que je n'osais en parler à mes amis.

Mais mon trouble ne leur avait pas échappé, et me voyant triste et rêveur contre mon ordinaire, ils me demandèrent ce que j'avais; si j'étais malade ou si mes affaires n'auraient pas pris une mauvaise tournure.

Je m'ouvris franchement à eux. Zeimoto prit la chose en plaisanterie, et me dit simplement que je n'avais pas le sens commun, que je serais bien fou de quitter une bonne situation pour aller courir après la fortune quand je n'avais qu'à l'attendre dans mon lit.

C'était le conseil de la sagesse, et l'événement ne devait que trop lui donner raison.

Mais Boralho, dont le caractère était plus tempéré par l'expérience des hommes et des choses, après avoir appuyé d'abord l'avis de Zeimoto, me dit que si vraiment j'étais tellement tourmenté, je ferais peut-être mieux de me laisser aller, parce que tant que je n'en aurais pas fait l'expérience, l'idée de cette vie aventureuse me rendrait malheureux, et que mes intérêts n'en souffriraient pas moins que ma santé. Pour conclusion, il m'engagea à réfléchir quelques jours, me promettant, si je me décidais à partir, de m'aider et de me diriger de son mieux dans mon entreprise.

Au bout d'une semaine, me sentant plus confirmé que jamais dans ma résolution, je lui demandai de réaliser ses promesses.

« Je n'ai pas attendu, me dit-il, pour m'informer des occasions qui pourraient vous convenir, car je ne doutais pas que votre parti ne fût déjà pris. Il ne manque pas d'entreprises ou d'expéditions à choisir pour votre début : vous en trouverez pour ainsi dire autant que vous voyez là de navires en partance.

« Si c'est le commerce seul qui vous tente, je n'aurai pas de peine à vous indiquer celui qui conviendrait le mieux; mais n'aimeriez-vous pas quelque entreprise plus intéressante, qui ne vous empêcherait pas de vous occuper de vos intérêts, et qui, vous conduisant dans quelque région jusqu'ici peu exploitée, vous donnerait l'avantage d'y arriver le premier, et de plus, l'honneur peut-être de rendre service à la religion catholique et au roi de Portugal ?

— Eh! mon ami, lui répondis-je tout confus, vous oubliez le mince personnage que je suis! Voyez-vous Lazare Poban, petit marchand de salaisons sur le Port-Vieux, protégeant les missions catholiques et rendant des services au roi de Portugal!

— Et vous oubliez, vous, que vous êtes Marseillais, et que partout où bat le pavillon de ses navires, votre race est renommée pour l'énergique intelligence de ses marins et pour le génie commercial de ses armateurs et de ses négociants.

« Un Marseillais n'a pas le droit d'être modeste ; il fait injure à son pays !

« Quand on s'embarque sur un bâtiment pour aller, comme vous et moi, conquérir la fortune et la puissance aux dépens des peuples étrangers, il faut laisser la modestie sur le rivage, et ne songer qu'à ce dont on est capable.

« Ici chacun est propre à tout et prêt à tout faire, aujourd'hui marchand, demain soldat, après-demain ambassadeur ; s'il est dit que vous devez être ambassadeur, vous le serez, et vous verrez qu'il n'est pas plus difficile de négocier avec ces rois barbares que de leur acheter ou de leur prendre l'or et les marchandises qui se perdent entre leurs mains. »

Je le remerciai beaucoup de la bonne opinion qu'il avait de mes compatriotes et de moi, et je ne pus que me confier aux bons soins de son amitié, convaincu qu'il ne me ferait rien entreprendre dont je ne pusse me tirer à mon honneur.

« Voilà comme il faut parler ! me dit-il. Demain nous irons ensemble voir Pedro de Faria qui, dans sa haute situation de gouverneur, a la haute main sur tout ce qui se fait ici de grandes affaires, et certainement nous ne le quitterons pas sans rapporter de cette entrevue un bon conseil et peut-être mieux. »

Lorsque, le lendemain, j'entrai avec Boralho chez le gouverneur, j'étais convaincu qu'il avait déjà quelque vue sur ce que ce dernier pourrait faire pour moi. Il n'en était rien, et Boralho fut beaucoup plus surpris que moi lorsque Pedro de

Faria, après nous avoir écoutés en souriant, dit sans préambule à Boralho :

« Ma foi, Boralho, vous ne pouviez arriver plus à propos. Depuis quelques jours je songe aux moyens d'entrer en négociations avec le Chaubainhaa, roi de Siam ; j'avais songé à vous pour cette ambassade, et comme vous ne pouvez y aller seul, la première personne que je désigne pour vous accompagner, c'est vous, me dit-il en se tournant vers moi.

— Mais... mais... balbutiait Boralho, ne revenant pas de sa surprise et de sa joie.

— Mais, mais, il n'y a pas de mais, répliqua vivement Faria en prenant les mains de Boralho ; je ne vous demande pas si vous acceptez, je vous nomme ambassadeur auprès du roi de Siam, et vous allez partir.

« Il s'agit d'une affaire où notre commerce n'est pas moins intéressé que la sécurité même de notre établissement ici. Les jonques de Martaban sont le seul moyen de transport sur lequel nous puissions compter pour l'approvisionnement de notre citadelle de Malacca, et c'est par là aussi que nous pouvons attirer à nous le commerce de ce pays.

« La guerre avec le roi des Achems de l'île de Java menace de rompre sans retour ces relations si nous ne réussissons pas à mettre le roi de Siam de notre côté, et c'est pourquoi il faut que nous fassions avec lui un traité de paix et d'alliance.

« Outre cette très importante négociation, je vous chargerai encore de ramener sous mon autorité Lançarot Guerreyra, qui, après avoir entraîné cent hommes dans sa rébellion, fait la guerre pour son compte, avec quatre goélettes, sur la côte de

Tenassérim. Il faut absolument le décider à venir avec ses navires et ses hommes dans le port de Malacca pour nous aider à défendre la place contre le roi des Achems, dont nous attendons l'attaque de jour en jour.

« Enfin vous devrez faire avertir nos navires, en ce moment ancrés dans les ports du Bengale, d'avoir à se réunir pour naviguer de conserve et revenir à Malacca sans s'exposer à être attaqués isolément par les corsaires du roi d'Achem, qui croisent continuellement dans le golfe du Bengale. »

Après plusieurs conférences où il nous donna ses instructions, Pedro de Faria choisit pour nous conduire un capitaine mahométan nommé Necoda Mahmoud, établi depuis longues années à Malacca, où il avait femme et enfants; marin consommé, d'un caractère énergique et sage, et tout dévoué aux Portugais.

Car ce n'était pas la moindre des singularités de ces pays extraordinaires, que de voir, mêlés aux aventuriers portugais, des Chinois, des Indiens, des Turcs, des Malais, des Japonais, qui tout en conservant leurs préjugés et leur haine contre les chrétiens, prenaient parti avec eux et se battaient comme des enragés contre leurs compatriotes.

Mais aucun d'eux ne reniait sa religion, tandis qu'il se trouvait parmi nos ennemis un grand nombre de renégats portugais qui, pour échapper au mépris que leur trahison inspirait aux Orientaux, se faisaient mahométans et nous combattaient avec non moins de zèle.

La société des colonies portugaises n'était donc pas moins bigarrée que les batailles où des aventuriers de tous les pays s'entr'égorgeaient avec tant de fureur et de confusion, que plus d'une fois, dans la chaleur du combat, il leur arrivait de ne plus se souvenir pour qui ils se battaient, et de donner des coups de sabre à tort et à travers sur les amis aussi bien que sur les ennemis.

La jonque de Mahmoud était un excellent bâtiment, qui nous conduisit en peu de temps, à travers l'archipel de Mergui, près des côtes de Siam, et le neuvième jour nous allâmes mouiller à une petite île nommée Pinsanduré, où Mahmoud avait besoin de s'arrêter pour faire un câble et provision d'eau et de bois.

Les provisions faites, et n'ayant plus qu'à attendre que Mahmoud eût achevé son câble, son fils me proposa d'entrer dans le bois pour voir si nous ne trouverions pas à tuer des cerfs, très nombreux dans l'île.

Nous n'eûmes pas fait cent pas que nous aperçûmes une troupe de sangliers qui s'en allaient fouillant la terre près d'une mare. Nous en étant approchés avec précaution, nous les tirâmes en travers avec nos arquebuses, nous eûmes le plaisir d'en abattre deux, et courant avec des cris de joie, nous allâmes à l'endroit où ils venaient de fouiller.

Quelle ne fut pas notre horreur en découvrant douze cadavres que ces animaux venaient de déterrer, et à côté de ceux-là un pareil nombre d'autres corps à demi dévorés !

Ce spectacle, et la puanteur horrible qui s'exhalait de ces corps en décomposition, nous troublèrent tellement que nous restâmes pendant quelques instants incapables de parler.

Enfin, nous étant éloignés de ce lieu sinistre, nous résolûmes d'aller avertir Mahmoud, car d'après cet indice il y avait

QUELLE NE FUT PAS NOTRE HORREUR EN DÉCOUVRANT LES DOUZE CADAVRES.

lieu de craindre qu'il n'y eût des corsaires cachés derrière une pointe que nous apercevions, et il fallait sans tarder faire une ronde dans toute l'île pour nous assurer de ce qui en pouvait être.

En entendant notre rapport, Mahmoud, qui était un homme sage et savait par expérience ce qu'on peut risquer à ne se pas garder des corsaires malais, fit à l'instant partir une ronde de vingt hommes pour explorer l'île; il fit en même temps rentrer à bord de la jonque les femmes et les enfants, sans même permettre qu'on achevât de laver le linge, et s'étant mis lui-même à la tête de quarante hommes armés de lances et d'arquebuses, se rendit au lieu où nous avions trouvé les cadavres.

A la vue de ces pauvres corps, ému d'une compassion que tout marin éprouve devant les restes d'un matelot mort à la peine, il ordonna de faire une grande fosse pour les mettre à l'abri de la dent des bêtes.

Mais en les retournant pour les déplacer, on trouva aux uns des poignards garnis d'or, aux autres, des bracelets du même métal.

« Vous allez, dit-il à Boralho et à moi, faire partir tout de suite notre pirogue à rames pour Malacca, et vous avertirez Pedro de Faria qu'il vient d'y avoir une grande bataille à Tenassérim, où les Achems ont été taillés en pièces par le roi de Siam, avec lequel ils étaient en guerre; que leur flotte s'en retourne en débandade à Sumatra, et que nous venons de découvrir ici les cadavres d'au moins une quarantaine des principaux officiers du roi des Achems, qu'ils ont ensevelis, suivant leur usage, avec leurs armes et leurs bijoux.

« Il n'y a pas le moindre doute que l'événement ne soit tout récent, car ces cadavres ne peuvent être là depuis plus de deux ou trois jours, autrement les fourmis et les crabes, sans compter les bêtes carnassières, les auraient fait déjà disparaître. »

Là-dessus on ensevelit les morts, mais après avoir recueilli seize énormes bracelets d'or, douze poignards du même métal enrichis de pierres précieuses, et un grand nombre de bagues, agrafes, boucles et autres bijoux, si bien que nous en emportâmes pour plus de mille ducats, sans compter tout ce que les matelots et les soldats purent prendre à la dérobée.

Nous fîmes ainsi un butin que plus d'un combat ne nous aurait pas valu, mais tout ne fut pas bénéfice, car la plupart d'entre nous furent pris de vomissements et de dysenterie pendant plusieurs jours, par suite de l'infection qu'ils avaient respirée.

De retour à la jonque, nous nous empressâmes de faire partir la pirogue pour aller porter à Pedro de Faria le rapport de ce que nous venions de découvrir, et nous fîmes voile vers Tenassérim, où j'avais ordre, comme je l'ai dit, de mettre pied à terre afin de tâcher d'amener Lançarot Guerreyra à venir avec ses Portugais au secours de Malacca menacé d'un siège par les Achems.

Mais étant arrivés près d'une petite île nommée Poulo Hinnor, qui n'a guère qu'une lieue de tour, nous vîmes venir à nous une barque portant six hommes basanés, misérablement vêtus, et coiffés de bonnets rouges.

Au moment où ils allaient accoster notre jonque, qui marchait à la voile, ils nous saluèrent avec toute sorte de démonstrations pacifiques auxquelles nous répondîmes de la même façon.

Ils nous demandèrent alors si nous étions Portugais, à quoi Mahmoud leur répondit affirmativement.

Mais se méfiant à voir le costume oriental de notre capitaine, ils le prièrent de leur faire voir des Portugais : « parce que, dirent-ils d'un air discret, il importait que cela fût ainsi ».

A la prière du capitaine, je me tirai de mon lit, où j'étais encore malade des suites de notre aventure avec les cadavres des Achems, et je me montrai sur le tillac.

Ils ne m'eurent pas plus tôt aperçu que, poussant des cris de joie et battant des mains, ils accostèrent à l'échelle et grimpèrent sur le pont.

Alors celui qui à sa mine paraissait être leur chef, dit à Boralho :

« Seigneur, avant que je vous demande la permission de parler, veuillez prendre connaissance de cette lettre. »

Là-dessus, ayant pris dans sa poche un haillon fort sale, il le défit et en tira une lettre aussi curieuse que surprenante, comme on va voir, et qui était conçue dans les termes suivants :

« Seigneurs Portugais, qui êtes vrais chrétiens, l'homme honorable qui vous remettra cette lettre est roi de cette île. Il est nouvellement converti à la vraie foi, et on lui a donné au baptême le nom de Dom Lançarot.

« Il a rendu beaucoup de services aux soussignés ainsi qu'à plusieurs de nous qui ont navigué avec lui, et grâce à ses bons avis nous avons plusieurs fois été avertis à temps pour éviter, avec les Turcs ou les Achems, des rencontres où nous aurions succombé à cause de notre petit nombre.

« C'est pourquoi nous vous prions, par les plaies de notre Seigneur Jésus-Christ et par les mérites de sa sainte Passion, d'empêcher qu'on lui fasse aucun tort, mais plutôt de l'aider de tout votre possible, comme c'est la coutume des bons Portugais, afin que cela serve d'exemple à ceux qui le sauront, et qu'ils fassent à votre imitation.

« Nous vous baisons les mains.

« Ce troisième jour de novembre 1554. »

Cette lettre était signée de plus de cinquante Portugais, entre autres par Lançarot Guerreyra, que nous cherchions pour lui faire le message de Pedro de Faria, et par trois de ses capitaines, nommés Antonio Gomez, Pedro Ferreyra et Cosmo Bernaldès.

On pense quel fut notre étonnement de voir en si piteux équipage ce pauvre monarque; mais Mahmoud, qui connaissait mieux que nous les mœurs des peuples de ces îles, nous dit que les gens y étaient si présomptueux et si vains, qu'on trouvait à chaque instant quelque pauvre diable comme celui-ci, se disant roi parce qu'il possède un lopin de terre autour d'une méchante cabane.

Nous fîmes de notre mieux pour lui témoigner notre bonne volonté, en nous excusant de ne pouvoir le secourir faute de moyens suffisants.

Nous lui fîmes faire un mauvais dîner qu'il trouva délicieux, n'ayant pas un service de bouche en rapport avec sa majesté ; et en attendant que le Portugal trouvât une occasion de lui rendre sa couronne, je lui offris mon bonnet rouge, qui était loin d'être neuf, mais moins usé que le sien.

Bien que les infortunes des rois soient faites pour inspirer le respect, étant majestueuses, la sienne avait quelque chose de ridicule, car il avait été détrôné par un de ses esclaves, qui encore était mahométan !

C'était, proportion gardée, le cas très irritant d'un maître que son domestique aurait obligé à lui servir de valet de chambre.

Il était bon chrétien, et très sensible, car ce fut en versant des torrents de larmes qu'il nous conta ses misères.

« Notre Seigneur Jésus-Christ, dit-il en levant les yeux et les bras au ciel, et sa sainte Mère, de qui je suis serviteur, savent combien j'aurais besoin maintenant du secours de quelques chrétiens : car c'est à cause de ma foi, c'est à cause de mon amitié pour les Portugais, que cet esclave mahométan m'a mis dans l'état où je suis maintenant sans me laisser autre chose que les yeux pour pleurer mon infortune !

« Si, comme il me semble trop vrai, vous n'êtes pas en mesure de me prêter l'assistance dont j'ai besoin, je vous supplie de me prendre avec vous et de m'emmener comme esclave, car au moins je pourrai vivre. »

Nous nous regardions tous, vraiment émus, car il avait l'air d'un excellent homme ; c'était un frère en Jésus-Christ, un ami des Portugais, et il nous en coûtait de penser que nous allions l'abandonner ainsi à son triste sort.

Mais enfin nous étions bien obligés de reconnaître que pour restaurer un roi sur son trône, nous ne disposions pas de forces suffisantes, et que le temps, en tout cas, nous manquait, puisque nous avions une mission pressante à remplir auprès du roi de Siam.

Mais Mahmoud, qui, étant du pays, connaissait mieux la proportion des choses de l'Orient, et d'ailleurs avait très bon cœur, se sentit pris de compassion, et après l'avoir fait un peu causer, lui demanda où était son ennemi et quelles étaient ses forces.

A la réponse du pauvre monarque, nous vîmes Mahmoud le regarder avec le sourire attendri de l'homme généreux qui voit devant lui quelque chose de faible et de touchant à la fois.

Se tournant vers moi, qu'il voyait plus triste que les autres de ne pouvoir rien faire pour ce pauvre chrétien :

« Seigneur, me dit-il, si tu étais à ma place capitaine de cette jonque, que voudrais-tu faire pour ce malheureux, dont je te vois partager la douleur ? »

Je ne savais que lui répondre. Mais le fils de Mahmoud, jeune homme d'un excellent naturel, et qui, élevé parmi les Portugais, avait pris beaucoup de leurs sentiments, intervint avec élan, et dit à son père que s'il voulait lui donner vingt hommes de l'équipage, il irait chasser l'usurpateur de cette île et rétablirait l'autorité du pauvre roi.

« Vraiment, me dit Mahmoud d'un air de bonhomie charmante, vous croyez qu'il faut rétablir ce monarque sur son trône ? Allons, puisque vous vous intéressez tellement à lui, il faut bien faire quelque chose pour vous être agréable.

« Mais savez-vous que ce n'est pas une petite affaire, et qu'il nous faudra au moins,... mais au moins... cent hommes pour cette expédition ! Jugez : les rebelles ne sont pas moins de trente, tous armés d'excellents bâtons, et fortement retranchés dans une case de terre battue couverte d'un toit de branches très épais ! Il faudra peut-être cinq ou six assauts pour nous emparer de cette position formidable !

« Je compte néanmoins sur le courage de tous pour l'enlever, et je vais donner immédiatement l'ordre de mettre l'armée en marche. »

Nous remerciâmes avec effusion le bon Mahmoud, et tandis qu'il prenait ses mesures pour organiser notre expédition, nous préparâmes nos armes.

Pour moi, tout en riant comme les autres, je me sentais passer des frissons, non pas de peur, mais de pitié, ou plutôt d'épouvante, à l'idée de la scène dont j'allais être un des acteurs. Dans quelques minutes, les misérables que nous allions attraper avec des moyens irrésistibles de destruction ne seraient plus que des cadavres, et pour la première fois de ma vie j'allais apprendre à égorger des hommes. Et cependant, tant est féroce dans le cœur humain l'instinct du carnage, de seconde en seconde je sentais s'exalter en moi une joie affreuse qui me faisait horreur !

Quant au roi, après avoir, dans le premier transport de sa reconnaissance, embrassé les genoux de Mahmoud et finalement baisé la plupart de nos pieds, il reprit contenance, se redressa peu à peu, mit son bonnet de travers, et demanda des armes, voulant naturellement combattre au premier rang, et espérant trouver un joint pour passer son sabre au travers du corps de son usurpateur.

On ne put pas lui confier une arquebuse, de crainte que, dans son inexpérience, il ne vînt à tirer sur nous, mais on lui mit en main, outre le sabre, une lance terminée par un fer si effroyable qu'il y avait de quoi embrocher d'un coup la moitié de l'armée ennemie.

À SON NAVIRE FLOTTAIT LA BANNIÈRE ORNÉE D'UNE CROIX.

V

VICTOIRE MICROSCOPIQUE. — LES PRÉMICES DE LA CONQUÊTE. — UNE EMBARCATION EN VUE. — RÉUNION AVEC GUERBEYGAN. — PRISE DE DEUX NAVIRES. — PRISE DE DEUX AUTRES. — AVEUGLEMENT FOU DU GÉNÉRAL TURC. — NOUS DÉCIDONS DE LUI ENVOYER UN DÉFI.

Les préparatifs étant achevés, Mahmoud fit aborder la jonque près du rivage, on jeta l'ancre, et nous nous embarquâmes dans trois canots avec un fauconneau, six couleuvrines, soixante Javanais ou Malais bien armés, dont trente avaient des arquebuses, les autres des lances ou des arcs, sans compter des grenades et autres artifices dont nous pourrions avoir besoin.

Il pouvait être deux heures après midi lorsque nous débarquâmes, et quand nous nous vîmes rangés en bataille avec un tel déploiement de forces, nous ne pûmes nous empêcher de rire en songeant à notre air terrible.

Car il ne faut pas oublier que l'île n'avait qu'une lieue de tour, que les ennemis se trouvaient à quelques centaines de pas, qu'ils étaient cinquante tout au plus, à supposer que la moitié n'eût pas déjà déserté en nous voyant approcher.

Néanmoins, comme on ne sait jamais ce qui peut arriver quand on attaque, Mahmoud nous disposa avec autant de prudence que si nous eussions eu affaire à des ennemis aguerris.

Son fils formait l'avant-garde, à la tête de quarante hommes, dont vingt armés d'arquebuses et vingt, de lances et d'arcs. Lui se mit à l'arrière-garde avec trente soldats, portant une bannière que Pedro de Faria lui avait donnée, et qui était marquée d'une croix afin qu'il pût se faire reconnaître pour sujet portugais au cas où il rencontrerait de nos navires. Boralho et moi nous commandions la colonne, formée du reste de la troupe. C'est dans cet ordre que nous arrivâmes devant la cabane où l'usurpateur était retranché avec son armée.

Ils pouvaient bien être quarante-cinq, mais tous de si pauvre mine que c'était à faire pitié. Plus maigres et plus déguenillés les uns que les autres, ils avaient pour eux tous dix ou douze lances et une arquebuse, et le reste n'était armé que de bâtons.

A notre vue ils poussèrent de grands cris en faisant des grimaces horribles pour nous épouvanter, tandis que l'usurpateur, juché sur une grosse pierre, gesticulait en leur adressant une harangue afin de leur inspirer de l'enthousiasme.

Pour toute réponse nous leur envoyâmes une volée de notre artillerie, et aussitôt, une décharge de vingt arquebuses.

La moitié tomba ; le reste, avec l'usurpateur en tête, se sauva vers une butte à quelques pas de là, où nous n'eûmes qu'à faire une autre décharge pour les tuer tous, à l'exception de trois, à qui nous laissâmes la vie parce qu'ils se déclarèrent chrétiens.

Cela fait, nous nous en allâmes au village, à la fois capitale et unique centre de population du royaume, où nous trouvâmes soixante-quatre femmes et beaucoup d'enfants. A notre vue tous se mirent à pleurer en criant :

« Chrétiens ! chrétiens ! Jésus, Jésus, sainte Marie ! *Pater noster !* »

En entendant ces mots, nous demandâmes à Mahmoud de faire retirer son fils et d'épargner ces malheureuses, à quoi il consentit. Mais le village n'en fut pas moins pillé.

La chose me sembla si dure que je ne pus m'empêcher d'en faire l'observation à Boralho.

« Comment ! lui dis-je, nous venons ici en libérateurs, et nous pillons ces pauvres gens comme pour nous payer du bien que nous leur avons fait !

— Ce n'est pas cela, me dit-il, ce pillage est un droit que nous ne pouvons ôter aux soldats et aux matelots, sans quoi nous n'en trouverions pas pour nous servir : car c'est principalement en vue de ce qu'ils peuvent gagner par le pillage qu'ils n'hésitent pas à nous suivre dans des expéditions où beaucoup d'entre eux sont tués, blessés, ou estropiés pour le reste de leur vie.

« Ce sont tout simplement des bandits, qui trouvent, en se mettant à notre service, le moyen de voler à peu près impunément, et dans de bien autres proportions que s'ils s'en tenaient à détrousser par-ci par-là quelque pauvre marchand ou une barque de pêcheurs. De notre côté, nous n'avons pas le choix : il faut nous servir d'eux ou abandonner nos conquêtes.

« Car de tous les Portugais qui sont aux Indes, il n'y en a pas un qui n'y vienne pour faire fortune par la guerre ou le commerce, mais il n'y en a pas un non plus qui consentirait à servir comme soldat ou matelot : il faut donc bien que nous nous adressions aux gens du pays; ce n'est pas la fleur, c'est plutôt, comme sur tous les rivages des pays pauvres, l'écume de la population. D'ailleurs ils nous servent avec un enthousiasme et une fidélité dont nous sommes assurés par leur misère même.

« Comme vous pouvez en juger par ce que nous venons de faire ici, vous voyez que les rois, petits et grands, trouvent aussi leur compte à notre alliance : quand ils font campagne avec nous, ils pillent sous notre drapeau; quand ils guerroient seuls contre leurs ennemis, ils pillent sous notre protection.

« C'est ainsi que nous arrivons de proche en proche, d'abord à subjuguer les premiers à l'aide de leurs propres bandits, puis à dominer les autres en les faisant battre entre eux et leur prenant la part du lion dans leurs conquêtes.

— Mais, lui dis-je, comment faites-vous pour leur persuader que cela doit être ainsi ?

— Parce que nous combattons toujours avec eux.

A NOTRE VUE ELLES SE MIRENT A PLEURER EN CRIANT.

— Cependant, peu nombreux comme vous êtes, vous devez parfois être bien embarrassés pour leur fournir des troupes.

— Des troupes? Nous leur envoyons cinq ou six Portugais, et la plupart du temps c'est plus qu'il n'en faut pour mettre en déroute des milliers d'hommes.

« Il ne faut pas juger de l'état militaire de ces prétendus royaumes d'après les pirates turcs ou chinois qui parcourent les mers de l'Inde : ceux-là sont très braves et armés jusqu'aux dents : mais si vous aviez vu les troupeaux de misérables que les rois de ces contrées barbares appellent leurs armées, vous comprendriez que cent et mille de ces pauvres diables ne valent pas un Européen armé d'une arquebuse. »

Je prenais là ma première leçon de colonisation.

De loin, la conquête de l'Inde m'avait fait l'effet d'une sorte d'épopée : de près, depuis ce jour-là, si le prestige des héros a un peu perdu de son lustre à mes yeux, j'ai vu à leur juste valeur ce que représentent réellement les entreprises lointaines. Tout en déplorant le peu de poésie et de moralité des moyens que les aventuriers emploient, j'ai dû reconnaître que ces moyens-là sont les seuls praticables, et j'ai pris mon parti de faire comme eux tant que je suis resté attaché à leurs entreprises.

Maintenant, pour être juste, il ne faut pas oublier que les Portugais, en propageant le christianisme parmi ces peuples barbares, rendaient à la civilisation et à l'humanité des services incalculables.

On verra se produire des traits mémorables d'humanité, de fraternité chrétienne, partis de l'âme des nouveaux convertis, et dont l'honneur et la gloire doivent être justement rendus aux conquérants qui leur ont apporté la foi.

Au reste j'eus à l'instant même lieu de voir avec quel zèle les Portugais saisissaient toute occasion de protéger et d'assister les chrétiens en détresse.

Car après avoir, comme ils ne pouvaient du reste s'y opposer, laissé leurs soldats piller le village, ils s'empressèrent, à l'aide de ces mêmes soldats qui s'y prêtèrent avec beaucoup de bonne grâce, de tout remettre en ordre dans la petite capitale, et de plus, d'y installer une façon d'église où les pauvres chrétiens pussent se donner l'illusion de quelque chose ressemblant à un autel.

Avec quelques planches, une table, des lambeaux de velours et de soie, un vieux tapis, quelques plumes d'autruche et de perroquet, et deux vases de faïence coloriée, ils installèrent une façon d'autel au fond d'une case un peu moins délabrée que les autres; on y mit une nappe, et on leur fit présent d'un crucifix, de deux chandeliers avec quelques cierges, d'un lumignon pour servir de lampe perpétuelle et, ce qui leur fit plus de plaisir que tout le reste, d'une cloche, moins grosse sans doute que le bourdon d'une cathédrale, mais qui suffisait et au delà pour retentir dans toute l'étendue du royaume.

Cela fait, nous nous disposâmes à retourner à bord. Malgré le pillage réglementaire qu'elle avait eu à subir, la population nous accompagna avec toute sorte de démonstrations de reconnaissance.

C'est qu'en réalité on ne leur avait pas fait grand tort, car ils n'avaient rien, le méchant usurpateur leur ayant précédemment emporté toutes leurs affaires. Le pillage, par le fait, n'avait pas rapporté en tout vingt francs à partager entre tous nos soldats.

Le roi, remis en possession de sa femme et de ses enfants, que l'usurpateur avait emmenés en esclavage, marchait à la tête de son peuple ; il n'avait pas eu le temps de se procurer une couronne, mais il portait, non sans une certaine ostentation, le bonnet rouge que je lui avais donné, et il l'agita en l'air pour nous envoyer un dernier adieu lorsque nous nous embarquâmes dans nos canots.

Rien ne nous retenant plus dans l'île de Poulo-Hinnor, nous levâmes l'ancre et, étant sortis de l'anse où nous étions abrités, nous contournâmes une partie de la côte pour aller prendre le vent, qui en ce temps-là, venant de l'ouest, était favorable pour nous conduire en peu de temps à Ténassérim ; nous comptions y trouver le roi de Siam.

Si, comme Mahmoud l'avait pensé, ce roi venait de tailler en pièces les Achems, nous pouvions espérer le trouver en belle humeur, moins effrayé des Portugais, et dès lors mieux disposé à traiter avec eux. Nous étions donc impatients d'arriver le plus tôt possible.

Accoudés avec Boralho sur le bord de la jonque, nous regardions passer devant nos yeux les rivages de la petite île où nous venions de mettre la paix.

Déjà, sur quelques pointes de sable ou de roche, on pouvait voir les pêcheurs à la ligne, immobiles comme des statues, se livrer en paix à leur douce industrie, la seule, hélas ! de ce pauvre petit royaume, et que l'insurrection du méchant mahométan avait suspendue depuis plusieurs jours.

Car on sait que le premier effet des révolutions est d'arrêter les affaires.

« Pauvres gens ! me dit Boralho avec un bon sourire, au moins, ceux-là, nous leur aurons fait du bien. Inscrivez-le sur vos tablettes, car c'est une bonne fortune rare pour nous et pour ceux que nous visitons.

« Il est vrai que ceux-ci sont des amis, et de plus, chrétiens. Nous n'avons pas eu grand'peine, c'est vrai, mais nous avons puni un usurpateur, remis un roi sur son trône, délivré un peuple opprimé, et rétabli l'exercice du culte catholique dans la capitale d'un royaume.

« Nous avons fait tout cela en miniature, mais nous l'avons fait : cela se racontera dans toutes les Indes orientales, et comme il n'y a pas, dans l'intérieur des terres, trois personnes en état de dire ce que c'est que l'île de Poulo-Hinnor, on n'en retiendra qu'une chose, c'est qu'un navire portugais a remis à lui tout seul le roi de Poulo-Hinnor sur son trône après avoir taillé en pièces l'armée de l'usurpateur.

« Nos chrétientés n'y gagneront pas moins, quand les missionnaires pourront raconter comme quoi nous avons bâti une église dans la capitale de l'île et pourvu du même coup un salut au ciel et sur la terre.

« Vous voyez : tout exiguë qu'ait été notre expédition, il en résultera presque autant d'avantages pour notre domination que si nous avions massacré une armée sérieuse. Comptez donc cette campagne comme premier article de vos états de services. »

A ces derniers mots, je ne pus m'empêcher de me sentir une

secousse au cœur : c'était la première fois qu'il m'arrivait de verser le sang.

Depuis, au cours de mes aventures, j'en ai fait couler bien d'autre, mais je n'ai jamais rien retrouvé de comparable à ce que j'éprouvai en sentant un homme mourir sous ma main. Pour Boralho, cette exécution n'était qu'un incident sans importance : pour moi, c'était le commencement d'une vie morale que je ne connaissais pas encore.

Le jour baissait, notre conversation s'était arrêtée. Nous regardions vaguement la mer, lorsque nous aperçûmes à l'horizon un petit navire sans voiles qui ne paraissait pas marcher.

Supposant que ce pouvait être un bateau occupé à la pêche, et désireux d'obtenir quelques renseignements sur notre route et sur les mouvements des flottes ennemies, nous nous dirigeâmes sur lui, et en deux heures nous nous trouvions presque à portée de l'accoster.

Nous en étant rapprochés à portée de la voix, nous le hélâmes. A notre grande surprise, non seulement on ne nous répondit pas, mais aucun signe ne vint nous marquer qu'on nous eût entendus, et nous ne voyions personne à bord.

Comme il faut toujours s'attendre à quelque surprise quand on aborde un navire inconnu, malgré l'air inoffensif de celui-ci nous prîmes toutes nos précautions. Nous mîmes donc une chaloupe à la mer, avec un nombre de nos gens armés suffisant pour contraindre les marins du bord à venir raisonner avec nous.

La chaloupe alla donc hardiment accoster la barque, et y ayant attaché une amarre, se mit à la remorquer vers nous.

Mais, chose encore plus extraordinaire, rien ne bougea, personne ne parut.

Enfin, ne sachant comment faire pour ne pas nous risquer à y entrer sans savoir ce qui pouvait nous attendre, nous prîmes le parti de le mettre bord à bord avec nous, de façon à pouvoir, du haut de notre dunette, voir ce qui s'y passait.

Nous découvrîmes alors un triste spectacle, et nous eûmes l'explication de ce qui nous avait si fort étonnés.

Il y avait, étendus sur le pont, cinq Portugais, dont deux morts. Auprès d'eux se trouvaient un coffre et trois sacs pleins de *tangues* et de *larins*, qui sont des monnaies du pays, et un paquet renfermant des tasses, des aiguières et un grand bassin, le tout en argent, que nous fîmes mettre en lieu sûr.

Ayant fait jeter à la mer nos deux compatriotes morts, non sans avoir prié pour le salut de leurs âmes, nous embarquâmes les deux survivants, qui semblaient plutôt des agonisants.

Ce ne fut qu'au bout de deux jours, à force de leur faire avaler des jaunes d'œufs, des bouillons et du vin sucré, que nous parvînmes à les mettre en état de parler.

L'un de ces Portugais s'appelait Christophe Doria, le même qui devait, peu après, être envoyé comme capitaine à Saint-Thomé; les deux autres se nommaient Luiz Taborda et Simon de Brito, tous hommes fort honorables, et riches marchands.

Ils étaient partis de Goa avec intention d'aller à Chatingau, port du Bengale, sur un navire conduit par George Manhoz, établi et marié à Goa.

Par suite d'erreurs de route, ils avaient échoué sur le banc de Rakan, où le navire s'était brisé, et de quatre-vingt-trois qu'ils étaient à bord, il ne s'en était sauvé que dix-sept qui, montés dans la chaloupe, entreprirent de côtoyer le rivage pour aller gagner la rivière de Cosmin, au Pégu ; ils espéraient trouver là un navire portugais qui tous les ans partait de ce point, chargé d'un tribut de laque pour le roi de Portugal.

Mais un coup de vent de l'ouest les avait emportés hors la vue de terre; sans la moindre connaissance nautique, sans voiles ni rames, ils ne pouvaient que se laisser aller à la dérive au gré des flots et des vents.

Ils étaient dans cette situation depuis seize jours lorsque, l'eau étant venue à leur manquer, tous étaient morts presque en même temps, sauf ceux que nous venions de sauver.

Nous fûmes bien heureux d'avoir pu les secourir, mais ils devaient en échange nous rendre un service non moins précieux, car ils nous apprirent des nouvelles de la plus grande importance, faute desquelles nous aurions probablement été donner dans une flotte ennemie composée de cinq goélettes, quatre galiotes et une galère royale, et montée par huit cents mahométans, dont trois cents janissaires ! Si nous l'avions rencontrée nous étions perdus.

Cette flotte était commandée par Héreddin Méhémet, l'un des plus redoutables corsaires de la marine turque, appelé par le roi de Siam à son secours pour combattre précisément ce Lançarot Guerreyra que nous avions mission de chercher pour le ramener à Malacca.

Avec quatre goélettes montées par une centaine de Portugais, ce Guerreyra avait si bien fait, qu'en moins de huit mois il avait pris, tant aux Siamois qu'à leurs alliés, vingt-trois gros navires chargés de marchandises, sans compter nombre d'embarcations de commerce.

Terrifiés par ces coups de main, ceux qui avaient coutume de commercer avec les ports siamois n'osaient plus s'y aventurer, et il en résultait que les douanes des ports de Tenassérim, Junçalan, Mergui, Vagaruu et Tavay, ne produisaient plus aucun revenu.

Or ceci se passait au moment où le roi de Siam, attaqué par les Achems, avait plus besoin d'argent que jamais.

Il avait donc appelé à son secours Héreddin Méhémet, le même qui, en 1538, avait commandé la flotte envoyée de Suez aux Indes par Soliman Pacha, vice-roi d'Égypte, pour attaquer les Portugais.

Le roi de Siam, tenant ce Turc pour invincible, le nomma « généralissime de toutes les côtes de la mer », et outre une énorme somme d'argent, lui donna le titre et les pouvoirs de roi absolu sur tous les *Oyaas*, qui sont comme nos ducs, les plaçant sous son commandement pour défendre le pays.

L'ayant ainsi comblé, il voulut faire plus encore, ce qui n'était pas fort sage, et lui promit de le faire duc du Bancahaa, une des plus grandes provinces du royaume, s'il lui apportait les têtes de Lançarot Guerreyra, d'Antonio Gomez, de Pedro Ferreyra et de Cosmo Bernaldes.

On peut juger de notre consternation. Porter notre ambassade au roi de Siam au moment où il mettait à prix quatre têtes de Portugais, c'était lui offrir les nôtres : il n'y avait plus à songer au voyage de Tenassérim, et sur ce point notre parti ne fut pas long à prendre.

Mais nous fûmes fort perplexes pour savoir ce que nous allions faire.

D'après ce que nous disaient les naufragés, la flotte d'Héreddin Méhémet ne pouvait tarder d'arriver dans le golfe de Martaban, où nous nous trouvions, et le vent nous poussait à sa rencontre.

Il fallait virer le bord pour la fuir, mais nous serions obligés pour cela de louvoyer, puisque dans ce cas nous aurions le vent contraire ; dans les longues bordées qu'il nous faudrait faire, nous perdrions du temps, la flotte turque nous gagnerait de vitesse, et nous pouvions être rencontrés par quelqu'un des bâtiments légers que les Turcs envoient toujours en avant pour éclairer leur route.

Un autre intérêt, celui de nos compatriotes menacés, nous commandait d'ailleurs de faire tout notre possible pour les avertir du danger, et au besoin le partager avec eux.

Après un conseil où nous appelâmes, vu la gravité des choses, jusqu'aux soldats et aux matelots, nous nous accordâmes à reconnaître que le meilleur parti pour nous était de retourner d'abord à Poulo-Hinnor, où nous trouverions, sur la côte est de l'île, un mouillage sûr : nous pourrions ainsi éviter d'être découverts par les croiseurs turcs, dans le cas où il en passerait quelqu'un le long de la côte de Siam.

Là peut-être aussi, grâce au dévouement du roi que nous venions de secourir, nous pourrions savoir où était Lançarot Guerreyra, et lui faire passer des nouvelles, si même nous ne nous portions pas à son secours.

Bien que, comme on l'a vu plus haut, nous ne fussions qu'à

cinq jours de route de l'île de Poulo-Hinnor, il nous en fallait huit pour y retourner, ayant la mousson contre nous.

Mahmoud, qui était un marin consommé, montra là tout ce qu'il valait; car être obligé de louvoyer quand on est pressé d'arriver, et trouver le moyen de concilier jusqu'à l'extrême limite ces deux choses inconciliables, c'est un des problèmes les plus difficiles qu'un capitaine puisse avoir à résoudre.

Au moment où nous arrivions en vue de l'île, nous aperçûmes une assez forte embarcation qui, deux grandes voiles au vent, paraissait venir à nous. Ne sachant trop ce que ce pouvait être, et voyant une simple embarcation comme celle-là s'avancer aussi hardiment contre une jonque, nous commencions à être inquiets et à nous demander si ce ne serait pas une chaloupe envoyée en reconnaissance par quelque croiseur turc passé derrière l'île de Poulo-Hinnor pour surveiller les passes de l'archipel.

Mais grâce à Dieu nous ne tardâmes pas à être rassurés. A mesure que la barque approchait, nous pouvions d'abord nous assurer qu'elle n'était pas de construction turque ; bientôt, à notre grande joie, nous reconnûmes positivement, flottant à son arrière en guise de pavillon, la bannière, marquée d'une croix, que nous avions laissée en partant au bon petit roi de Poulo-Hinnor.

Plus de doute, c'était lui, et nous en eûmes la certitude en le voyant, peu de temps après, nous accoster et monter à bord.

Bien qu'il ne fût pas précisément vêtu de pourpre et d'or, il était déjà visiblement requinqué, ayant remplacé ses vieux habits de monarque déchu par un costume demi-siamois et demi-portugais qui lui donnait l'air, sinon tout à fait opulent, au moins presque cossu.

Mais ce qui témoignait encore mieux du recommencement de sa prospérité, c'était l'installation de sa barque.

Il nous dit que, grâce au secours dont nous l'avions assisté, le bruit de cet événement s'étant répandu dans tout l'archipel de Mergui, il avait aussitôt reçu des propositions d'alliance de plusieurs rois ses voisins, et que, son crédit s'étant relevé, il avait pu se procurer cette superbe barque, avec laquelle il espérait pouvoir faire un peu de commerce en allant vendre du poisson salé dans les ports de la côte ; sans compter que plus tard, si Jésus et la vierge Marie le bénissaient convenablement, il pourrait armer sa barque en guerre et faire quelques petites prises quand l'occasion s'en présenterait.

En toute autre conjoncture, nous aurions bien ri de la naïve ambition de ce petit roitelet, et il méritait bien d'être grondé pour la manière féroce dont il entendait profiter de sa piété envers Jésus et la sainte Vierge : mais ce n'était pas le temps de rire, et d'ailleurs nous avions plus que jamais besoin de le prendre au sérieux, et de ménager nos amis à proportion qu'augmentaient le nombre et l'audace des ennemis du Portugal. Ce qu'il avait à nous annoncer était d'une bien autre importance : Lançarot Guerreyra était à Poulo Hinnor !

On peut juger de quelle émotion nous fûmes saisis à cette nouvelle, la plus heureuse que nous pussions souhaiter, puisque cette rencontre, outre qu'elle nous assurait l'appui de Guerreyra et de ses compagnons, nous mettait à même de les avertir et de nous associer à leur fortune.

Ce fut donc avec des transports de joie que nous mîmes pied à terre sur le rivage, où ils nous attendaient.

Nous arrivions à propos : ils se disposaient à partir pour les îles Adaman, comptant y surprendre au passage cinq navires guzzerates qui, d'après ce qu'ils avaient appris, étaient partis de Bengale pour Tenassérim, chargés d'indigo et d'épices de l'Inde.

Il n'y avait plus à y songer. Plus que satisfaits de l'énorme butin qu'ils rapportaient, et d'ailleurs fatigués d'une campagne qui durait depuis plus de huit mois, ils n'auraient pas mieux demandé que de retourner à Malacca pour se mettre à la disposition de Pedro de Faria, mais il fallait savoir avant tout où était la flotte d'Héreddin Méhémet, car nous ne pouvions pas, avec cinq goélettes, affronter dix navires montés par huit cents combattants.

Il fut donc décidé que le roi de Poulo Hinnor irait le jour même à Tenassérim pour tâcher de nous procurer des nouvelles.

Il pouvait, si le temps restait favorable, être de retour dans la nuit. En attendant, notre position n'était pas mauvaise, car les navires étaient mouillés derrière l'île, dans une baie dont l'entrée étroite ressemblait à une rivière et qui, dominée par un promontoire couvert de bois épais et formant une falaise fort élevée, pouvait être défendue de terre avec quelques pièces d'artillerie.

Pendant que le roi faisait ses préparatifs de départ, nous mîmes tout en ordre à bord des navires, et ayant placé à l'entrée de la baie quatre fauconneaux pour battre le passage, nous nous tînmes prêts à bien recevoir l'ennemi si par hasard, chose peu probable, il s'avisait de venir nous chercher là ; car cette baie était peu connue des navigateurs, n'étant pas tournée vers la côte de Siam mais vers la pleine mer, où passaient peu de navires.

MAHMOUD ALLA S'ASSURER DE LEURS INTENTIONS.

VI

NOUS ENVOYONS LE ROI CHERCHER A TENASSÉRIM DES NOUVELLES DE LA FLOTTE D'HÉREDDIN. — PRISE DE DEUX NAVIRES DE CETTE FLOTTE. — PRISE DE DEUX AUTRES. — AVEUGLEMENT FOU DU GÉNÉRAL TURC. — NOUS DÉCIDONS DE LUI ENVOYER UN DÉFI QUE JE SUIS CHARGÉ DE RÉDIGER.

Il était deux heures quand le roi partit pour Tenassérim avec sa barque chargée de poissons secs comme il avait coutume d'en vendre au marché de la ville.

Il n'eut pas de peine à trouver ce qu'il cherchait, car la flotte d'Héreddin Méhémet était arrivée depuis la veille, et les janissaires, parcourant les rues avec des airs de triomphateurs, allaient annonçant partout la prochaine extermination de Lançarot Guerreyra.

Il se dépêcha de vendre à vil prix sa marchandise, remit

immédiatement à la voile, et vers le coucher du soleil nous le vîmes arriver.

Tout bien considéré, nous résolûmes de rester où nous étions, d'attendre jusqu'à ce que nous pussions savoir quelle direction allait prendre la flotte, et de tâcher alors de nous échapper du côté opposé, pour gagner, suivant le cas, la côte du Bengale ou le port de Malacca.

Trois jours se passèrent, pendant lesquels notre petit roi ne manqua pas d'aller à Tenassérim, où il finit par apprendre qu'Héreddin Méhémet, ne pouvant parvenir à savoir où nous étions, avait pris le parti de diviser ses navires deux par deux et de les envoyer fouiller tous les archipels le long de la côte jusqu'à ce qu'on nous découvrît, et alors il rassemblerait toute la flotte et viendrait anéantir les Portugais.

Nous n'avions pas autre chose à faire que d'attendre. Si nous étions découverts, il nous restait la ressource de nous échapper pendant que les éclaireurs d'Héreddin Méhémet iraient lui rendre compte du succès de leurs recherches.

Mais nous nous gardions nuit et jour comme si l'ennemi eût été prêt à nous tomber dessus d'un moment à l'autre.

Bien nous en prit, car le matin du quatrième jour, au moment où le soleil commençait à paraître, une des vigies que nous tenions constamment au haut de la falaise vint nous avertir qu'on voyait deux navires qui, ayant tourné l'île, paraissaient se diriger de notre côté.

Ayant mis une embarcation à l'eau, Mahmoud s'y plaça pour aller, en dehors de l'entrée de la baie, s'assurer de leurs intentions.

A la façon dont ils manœuvraient, il lui parut évident qu'ils ne se doutaient pas de notre présence dans l'île : mais comme il les reconnaissait pour être des navires turcs, il en conclut qu'ils nous cherchaient.

Revenu à bord, il nous réunit en conseil, et prenant la parole :

« Il n'y a pas à hésiter, nous dit-il, il faut sortir de la baie et prendre ces gens-là. Si Héreddin Méhémet avait la moindre indication sur le lieu de notre mouillage, il n'aurait pas envoyé deux bâtiments pour s'en assurer, il serait venu avec toute sa flotte.

« Ces deux navires sont donc comme les autres que leur chef a envoyés de tous côtés à la découverte : ils sont isolés. Nous n'avons qu'à les entourer, ils ne pourront pas nous résister. »

A l'instant, et de l'accord de tout le monde, on descendit les chaloupes à l'eau pour nous remorquer hors de la passe, on mit à la voile, et pendant que tout se préparait pour l'abordage, nous courûmes sur les navires. Mahmoud, avec deux de nos goélettes, se dirigea au nord pour leur barrer le chemin, Antonio Gomez gouverna au sud-ouest pour leur couper la retraite, tandis que Lançarot Guerreyra, avec deux des goélettes, se lançait droit sur eux.

Aussitôt que Mahmoud et Antonio Gomez eurent vu que les Turcs allaient être atteints par Lançarot Guerreyra, ils changèrent de route et arrivèrent en peu de temps à le rejoindre, de sorte que les navires turcs, pris entre cinq feux, se trouvèrent hors d'état de se défendre ni de s'échapper.

Guerreyra, arrivé le premier, les aborda par l'arrière ; au moment où il sautait sur leur pont, Cosmo Bernaldès, qui commandait la seconde goélette, les prenait de flanc.

Le premier navire fut attaqué à droite par la goélette de Pedro Perreyra, à gauche par celle de Mahmoud, où je me trouvais. Nous sautâmes à l'abordage, au nombre de cinquante-six, et en moins d'un quart d'heure, tant nous y mettions de rage, nous étions les maîtres du pont, ayant tué ou blessé presque tous les janissaires.

Pendant ce temps, accablé sous l'attaque de nos trois autres navires, l'autre bâtiment turc était pris également, tous ses défenseurs étaient tués ou jetés à la mer, de sorte que, de près de deux cents mahométans formant les deux équipages, il n'en resta que huit, tous plus ou moins blessés, que nous épargnâmes pour tirer d'eux des renseignements sur les mouvements de la flotte turque.

Et ce qui était bien fait pour nous rendre encore plus joyeux de cette victoire, tout cela sans autre perte qu'un homme tué et neuf Portugais blessés.

Nous prîmes à la remorque les deux navires, et les ayant amenés dans la baie, nous nous occupâmes tout de suite de les remettre en état de servir.

Nous y trouvâmes, outre un grand nombre de sabres, lances, haches et poignards, une cinquantaine d'arquebuses, six fauconneaux, quantité de poudre et de munitions, sans parler des provisions de bouche, qui y étaient en abondance.

Avec ces ressources, nous pûmes, grâce à l'assistance du roi, réunir environ soixante hommes qui, répartis sur les sept navires que nous possédions dorénavant, nous permirent d'y mettre à tous un équipage suffisant.

Ainsi pourvus et renforcés, nous résolûmes de rester dans cette position, d'autant que les prisonniers nous confirmaient ce qu'avait dit le roi : si nous devions être encore attaqués, ce ne serait que par des navires isolés, et nous avions toute chance, avec nos sept navires au lieu de quatre, de nous en tirer au moins aussi bien, sinon mieux.

Nos dispositions étant ainsi prises, nous dîmes ensemble un *Salve Creator* pour remercier Dieu de la victoire qu'il venait de nous donner sur ses ennemis, et le suppliant de nous continuer sa miséricorde, nous lui demandâmes de nous donner, le plus tôt que faire se pourrait, une occasion de lui montrer notre reconnaissance et notre zèle pour le triomphe de notre sainte foi.

Ainsi que nous devions l'apprendre plus tard, Héreddin Méhémet, ne recevant pas de nouvelles des bâtiments qu'il avait envoyés dans plusieurs directions pour découvrir Lançarot Guerreyra, et s'irritant de cette incertitude, faisait partir deux de ses goélettes avec ordre de rejoindre les autres à tout prix, et de revenir aussitôt lui rendre compte de leur mission. Car enflé d'orgueil par les honneurs dont il se voyait comblé, et ne doutant pas qu'il n'eût qu'à se montrer pour anéantir les Portugais, il était impatient de prendre la mer avec ses deux plus forts vaisseaux afin d'aller nous attaquer là où nous serions signalés.

Or ceci se passait justement le jour, et peut-être à l'heure même, où nous prenions ses deux premiers navires, de sorte que, le lendemain vers onze heures du matin, nos vigies signalaient de nouveau deux bâtiments en vue de la baie où nous étions retranchés.

Comme il avait fait la veille, Mahmoud sortit de la passe pour aller les reconnaître : c'étaient évidemment des Turcs, et à la façon dont ils naviguaient, serrant la côte de très près, ils ne la connaissaient pas, et ne se doutaient pas qu'il y eût, derrière la pointe qu'ils allaient tourner, une baie où pouvaient être cachés des ennemis.

Après notre succès de la veille, et renforcés de deux navires, nous ne délibérâmes même pas sur ce qu'il y avait à faire : nous sortîmes de la passe, nous restâmes en panne jusqu'à ce qu'ils eussent atteint la pointe, et au moment où ils allaient la doubler, nous nous élançâmes contre eux.

Ils étaient si près qu'en quelques minutes nous arrivions à portée de canon, et comme, outre notre artillerie, nous avions celle des deux navires pris la veille, nous commençâmes par leur envoyer des volées de mitraille qui balayèrent leurs ponts et coupèrent leurs agrès, puis on leur lança plusieurs boulets qui défoncèrent leurs carènes.

De sorte que, quand nous les eûmes joints et que nous sautâmes à l'abordage, ils purent à peine essayer de se défendre pendant quelques instants.

Car en même temps que notre mousqueterie et nos tromblons moissonnaient les derniers survivants, leurs navires commençaient à se remplir d'eau et auraient coulé bas si nous n'avions aveuglé les voies d'eau ouvertes par nos boulets.

Après avoir rendu grâce à Dieu de cette nouvelle victoire,

nous nous retirâmes dans le fond de la baie avec nos prises. Nous y trouvâmes quatre gros canons, qu'on décida de mettre en batterie sur la falaise pour défendre la passe ; on mouilla les deux navires, et on s'occupa de les mettre en état, ce qui ne fut ni long ni difficile, tant la lutte avait été courte.

Il y avait à bord, comme dans les deux premiers, une grande quantité de munitions et de vivres qui, joints à ce que nous avions déjà, nous assuraient un arsenal et un magasin d'approvisionnement pour un siège de plusieurs jours.

Dans cette situation, qui faisait de notre baie un véritable port fortifié, nous devions moins que jamais songer à nous risquer dehors.

D'ailleurs nous avions neuf navires : or comme nous en avions pris quatre à Héreddin Méhémet, il ne lui en restait que six, et nos forces étaient supérieures, sans compter l'avantage de notre position.

Après deux victoires aussi inespérées, nous ne pouvions raisonnablement compter sur la continuation d'une telle fortune, et c'était pourtant ce qui allait nous arriver.

Quoi qu'en puissent dire les savants et les sages, il y a dans la destinée, à côté de ses hasards et de ses caprices, des séries imperturbables de bonheurs ou de malheurs qui vraiment semblent se suivre comme les anneaux d'une chaîne.

Les gens qui ne sont jamais sortis de chez eux n'y croient pas, parce que rien ne leur arrive ; mais pour ceux qui ont eu à affronter les combats et les tempêtes de la grande vie, il n'y a pas le moindre doute là-dessus : l'action d'une puissance supérieure, d'une main conduite par une intelligence, est alors si manifeste, si indéniable, que tout aventurier croit à la Providence, et si on le voit cesser tout à coup d'y croire, c'est qu'il se sent perdu.

L'esprit de vertige, dont il est tant parlé dans la poésie et dans l'histoire aussi bien que dans les livres saints de toutes les religions, est la maladie que Dieu envoie, pour les achever, à ceux qu'il va détruire, et à mesure que l'heure approche, on les voit travailler à leur propre perte avec une espèce d'acharnement.

Tel était justement le cas de notre ennemi.

D'abord il était aveuglé par la haine du nom chrétien, et la haine, comme toute mauvaise passion, est une véritable ivrognerie qui ne permet plus à son homme de raisonner que de travers ; de plus c'était un sot, et ce maladroit de roi de Siam, à force de le combler d'honneurs et de promesses, lui avait fait perdre le peu de raison qui lui restât.

Il y pensait le jour, il y rêvait la nuit, à ces quatre têtes de Portugais faute desquelles il ne deviendrait jamais duc de Bancahaa !

Par suite de la même imprévoyance, et ne tenant compte que de sa folie, il n'avait combiné aucun plan de recherches, tracé aucun itinéraire à ses capitaines, mais il les avait menacés des plus horribles supplices s'ils ne réussissaient pas à découvrir les Portugais ; or comme il le leur avait dit à tous, tous, à moins de faire bon marché de leur vie, ne pouvaient manquer de visiter l'un après l'autre chacun des points où il y avait espoir de nous découvrir.

Les deux goélettes qu'il venait d'expédier à la recherche des

ON DÉCIDA DE METTRE LES CANONS EN BATTERIE SUR LA FALAISE.

autres prirent donc le même chemin que celles dont nous venions de nous emparer, et le lendemain de notre seconde victoire, nous les vîmes arriver de la même façon, et de la même façon nous nous en emparâmes après en avoir exterminé les équipages.

Mais sur l'un de ces navires nous trouvâmes un Portugais qui, pris dans un combat trois années auparavant, était resté captif de Héreddin Méhémet, et avait été amené à Tenassérim.

Il nous donna de précieux renseignements, nous confirmant que Héreddin Méhémet restait avec deux galiotes seulement dans le port, dont l'accès était à peu près libre, n'y ayant pour toute défense qu'une batterie de trois ou quatre vieux canons qui très probablement, faute d'artilleurs et de munitions, n'étaient pas en état de servir.

En apprenant cette nouvelle, la plupart d'entre nous, et je fus du nombre, ouvrirent l'avis qu'il fallait prendre l'offensive et aller, avec nos cinq navires et les six que nous lui avions pris, attaquer Héreddin Méhémet dans le port de Tenassérim : les forces dont nous disposions nous semblaient rendre la victoire infaillible.

Mais Boralho et Mahmoud, s'étant retirés pour en conférer avec Lançarot Guerreyra, ne furent pas de notre avis. Ils nous firent remarquer que si nous avions des navires et des armes en suffisance, nos équipages, une fois distribués sur onze bâtiments, ne seraient pas assez nombreux ; sans doute, avec deux galiotes seulement, Héreddin Méhémet aurait peine à nous résister, mais savions-nous s'il ne serait pas secouru par les matelots et les soldats du port? Les deux goélettes envoyées en reconnaissance étaient peut-être déjà revenues.

Tout cela nous exposait à autant de risques dont aucun ne nous menaçait dans notre position actuelle, et si quelque chose pouvait arriver pour mettre le comble à nos succès, ce serait que Héreddin Méhémet eût l'idée de venir avec ses deux galiotes se faire prendre à son tour.

Il y eut un silence : personne ne trouvait rien à redire à ces bonnes raisons, lorsque tout-à coup, saisi malgré moi par la hardiesse de ce vœu qui venait de partir comme un trait :

« Et pourquoi pas, au fait, m'écriai-je, pourquoi pas! Si cet animal n'est pas encore assez sot pour avoir cette idée, ne pourrions-nous la lui inspirer? Il est fou d'orgueil, aveuglé de haine; ce qu'il vient de faire en disséminant sa flotte montre qu'en fait de bêtise on peut tout espérer de lui. En lui faisant arriver quelque fausse nouvelle, ou bien en excitant sa rage... enfin, je ne sais comment, mais nous devons trouver un moyen de l'attirer ici. »

Mahmoud, la tête penchée, écoutait sans avoir l'air d'entendre. A mes derniers mots, il se leva, et frappant sur sa cuisse :

« Le moyen, dit-il, il n'y en a qu'un, et il est infaillible : au lieu de le tromper, car il se défierait, il faut lui dire la vérité: il n'en croira pas un mot; ce que nous avons fait est incroyable. Il n'en retiendra que l'injure. Écrivons-lui une lettre, où, après lui avoir raconté nos victoires de la façon la plus insultante possible, nous terminerons en le défiant de venir nous attaquer. »

Nous répondîmes par une acclamation. On décida d'écrire la lettre séance tenante, et tout d'une voix on me chargea de la rédiger, par la raison qu'étant Marseillais je saurais mieux que personne parler haut et ferme à « ce drôle ».

On me donnait déjà le ton.

Non moins flatté de cette marque de confiance que de l'hommage rendu à l'éloquence séculaire des Phocéens, je me mis à l'œuvre, et j'obtins de mes efforts le morceau ci-après, que je crus pouvoir, sans trop de crainte, soumettre à l'approbation de mes compagnons de gloire :

« A toi, Héreddin Méhémet, chien maudit, suppôt du diable, ennemi impuissant et incapable de notre seule vraie foi ; champion ridicule et toujours battu de ton imposteur Mahomet.

« A toi, soi-disant général de la côte de Siam, et qui n'es rien du tout, par suite de l'anéantissement de ta flotte : faisons savoir que, par la miséricorde du seul vrai Dieu notre maître tout-puissant, et par la faveur de sa sainte mère la vierge Marie notre patronne, nous avons en ces trois derniers jours, par la puissance irrésistible des armes du Portugal, et grâce à la faiblesse et à l'imprévoyance de tes officiers et de tes soldats, pris six des navires que tu avais eu l'insolence d'envoyer contre nous, après avoir exterminé tous ceux qui les montaient, n'en épargnant que huit, pour conserver un échantillon de la marchandise que tu nous envoyais, et jetant le reste à la mer pour alléger les navires qui sans cela allaient couler bas sous les boulets dont ils étaient criblés.

« Mais ils ont été remis en état, et leurs équipages remplacés par des chrétiens, non sans les avoir d'abord exorcisés pour en chasser les démons et les âmes d'infidèles dont tu les avais infectés.

« Voilà ce que nous avons fait pour la gloire de notre Seigneur Jésus-Christ, au nom du tout-puissant roi de Portugal notre maître, et pour la honte éternelle de toi, de ton empereur mécréant, et de ton faux prophète Mahomet, dont le nom te convient à merveille.

« Si tu es assez fou pour en douter, et si ta lâcheté naturelle, depuis longtemps fameuse parmi les rois et les chevaliers de toute l'Europe, ne te fait pas reculer devant la terreur du nom portugais, ose sortir de l'abri de ce port où tu t'es caché comme se cache le lièvre dans son gîte pour échapper à la flèche du brave chasseur, et viens t'offrir à notre victoire comme un trophée suprême que nous sommes impatients de conquérir.

« Sur ce nous prions le Seigneur, Dieu de toute justice et exterminateur des superbes, de te souffler au cœur la rage des bêtes féroces, et de te pousser à venir ici, dans cette baie sud de l'île de Poulo Hinnor où nous sommes, chercher et recevoir le châtiment de ton orgueil, afin que par ta mort et celle de tes soldats il ne reste plus dans le monde d'autre trace de toi et de tes équipages que les excréments des requins qui vous auront dévorés. »

Signé : *Lançarot Guerreyra*, *Antonio Gomez*, *Pedro Ferreyra* et *Cosmo Bernaldès*.

« *P.-S.* Pour confondre ta stupidité dans le cas où tu ne voudrais pas croire à ce que nous t'annonçons, nous joignons à cette lettre un ordre, écrit de ta propre main, trouvé sur le corps du sixième des capitaines de navires que nous t'avons tués. »

« J'ALLAI AU BAZAR, J'ACHETAI UN VOILE. »

VII

L'EXPÉDITION DU ROI DE POULO HINNOR. — LA REMISE D'UN BILLET DOUX A UN TIGRE. — INCONVÉNIENTS D'UN SERVICE DE CONFIANCE. — UN SECRÉTAIRE QUI PERD LA TÊTE. — NAVIRES AU VENT! — UNE SOTTISE D'HÉREDDIN. — SA DÉFAITE ET SA MORT. — PARTAGE DU BUTIN. — LA VRAIE HUMANITÉ. — JE BOIS.

Je donnai lecture de cette pièce au milieu d'un murmure d'admiration et d'horreur, et il n'y eut personne qui ne tombât d'accord qu'il était encore plus impossible d'y ajouter que d'en retrancher un seul mot. Comme tous me pressaient les mains pour m'exprimer leur admiration :

« Euh! laissez donc, dis-je, ce n'est rien ; enfin je crois que c'est assez bon pour un b...ête de Turc : mais si vous entendiez une répétière et un portefaix se dire des sottises sur la place aux Œufs, vous comprendriez pourquoi le peuple de Marseille est le premier peuple du monde !

— Vous êtes trop modeste, me dit en riant Boralho.

— Hé ! je sais bien, on l'est toujours trop ! Si nous nous rendions justice, nous autres de Marseille ! Mais, vous savez, on est si bon enfant !

— Pas pour les Turcs, au moins, car, sans vous offenser, vous vous êtes battu tous ces jours-ci comme un lion !

— Que voulez-vous, mon cher Boralho, il faut bien se couvrir de gloire ! »

Il n'y avait rien à répondre à cet argument imprévu, et le grave Boralho demeura bouche béante, ne sachant plus que dire. Voilà ce que c'est que de vouloir gouailler un Marseillais : il voulut me gouailler, je lui coupai le sifflet.

Je vous recommande ce coup-là : quand quelqu'un se moque de vous, parlez-lui d'autre chose, ça le déconcerte.

Tout ça, c'était bon pour rire un moment, mais nous avions quelque chose de plus sérieux. La lettre était écrite, très bien : il s'agissait maintenant de la faire porter à son adresse, et celui qui la remettrait à Héreddin Méhémet était sûr d'avoir pour le moins le cou coupé. Après en avoir délibéré, comme il n'y avait pas de raison pour qu'un de nous se sacrifiât, on fit appeler le roi de Poulo Hinnor, et on lui demanda de nous trouver un homme hardi, intelligent et dévoué, pour porter le message et revenir nous rendre compte de sa commission ; on lui donnerait cent ducats de récompense.

« Vous n'avez pas besoin de chercher, nous répondit-il, j'irai. »

On eut beau lui représenter à quoi il allait s'exposer, il ne voulut rien entendre.

« Mais comment ferez-vous? lui disait Lançarot Guerreyra, c'est comme si vous vous chargiez de porter une grenade allumée dans la main et de la poser au moment où vous la verrez près d'éclater.

— Je ne sais pas comment je ferai, répondit-il en hochant la tête, j'y songerai en route, mais une fois à Tenassérim, soyez tranquille, je trouverai bien moyen de me retourner sans qu'il m'arrive rien de fâcheux, et comptez que ce soir, ou dans la nuit au plus tard, je reviendrai vous dire que votre commission est faite. »

Lui voyant une telle assurance, sachant combien il nous était dévoué, et considérant d'ailleurs qu'il avait, au moins autant que nous, intérêt à voir détruire notre ennemi commun, nous acceptâmes. Une heure après, porteur de notre billet doux, il mit à la voile pour Tenassérim, accompagné, comme bien on peut croire, de nos vœux les plus ardents pour le prompt succès de son ambassade.

Comme il nous l'avait promis, il fut de retour dans la soirée, et sautant à terre avec des gestes de triomphe, il nous annonça de loin que tout s'était passé au mieux de nos souhaits. Ce récit, fait avec la bonne humeur d'un homme qui vient de se tirer d'une passe dangereuse, nous combla de joie, non sans nous donner une idée des plus hautes de notre ambassadeur.

Voici ce qu'il nous raconta :

« Je dois vous avouer, dit-il, que quand je suis arrivé à Tenassérim, je n'étais pas plus avancé, pour savoir comment m'y prendre, qu'au moment où je m'étais embarqué : à tout ce que j'imaginais, je découvrais aussitôt des dangers ou des difficultés insurmontables, si bien que j'en étais presque à me reprocher de m'être chargé de votre message. Lorsque j'eus débarqué, je commençai par aller examiner la position. Je reconnus l'endroit où étaient mouillées les galiotes d'Héreddin Méhémet, et par quelques questions indifférentes aux gens que je rencontrai, je pus m'assurer qu'il était à son bord.

« Quand j'aurais été assez fou pour essayer d'y entrer, on ne m'aurait pas laissé passer, car il y avait, sur le pont et jusque sur le quai, des sentinelles qui se promenaient d'un air menaçant.

« J'en étais là de mes perplexités lorsque je vis arriver, suivie de deux eunuques, une femme voilée qui se dirigeait vers le navire et qu'on y fit monter : c'était évidemment une odalisque du harem de Héreddin Méhémet.

« Cette rencontre fut pour moi un trait de lumière, et m'inspira l'idée d'une ruse, que je mis en œuvre aussitôt, pour m'approcher du navire sans être reconnu ; elle avait de plus l'avantage de me rendre introuvable si, après avoir lu la lettre, Héreddin Méhémet me faisait courir après pour me tuer.

« J'allai donc au bazar, j'achetai un voile, un bracelet et des babouches de femme, un peu de kheûl, et m'étant caché derrière une pile de marchandises, je me noircis un œil, mis le bracelet, et enveloppé du voile, je me dirigeai vers le navire.

« Pendant un bon moment, je restai à examiner les janissaires qui, appuyés sur leur long fusil, faisaient faction sur le quai devant les galiotes d'Héreddin Méhémet ; je les dévisageai l'un après l'autre pour m'adresser au moins rébarbatif, mais tous l'étaient également.

« Las de chercher en vain, j'allais parler au premier venu, lorsque j'en vis un se pencher pour caresser un chien qui était venu frétiller devant lui. En voilà un, me dis-je, qui aime les chiens : il doit aimer les femmes. Et je m'approchai de lui.

« Beau janissaire, lui dis-je en le regardant du seul œil que
« j'avais laissé découvert, et faisant voir entre mes doigts
« une pièce d'argent, voudriez-vous remettre au glorieux
« Héreddin Méhémet, de la part d'une noble princesse qui
« l'admire beaucoup, une lettre dont il sera charmé? Heureux
« celui qui aura porté ce message, car le grand Héreddin
« Méhémet, avec la générosité qui le distingue, ne manquera
« pas de l'en récompenser ! Et je lui glissai la pièce d'argent.

« Il se caressa la barbe, me regardant d'un air curieux et goguenard, me prenant évidemment pour ce que je n'étais pas ; puis, après un moment d'indécision, il me dit d'attendre, et que tout à l'heure il me répondrait.

« Il se mit alors à se promener de long en large tout près du navire et, sans s'arrêter, cligna de l'œil à un autre janissaire qui montait la garde sur le pont. Il lui dit quelques mots : peu d'instants après, deux soldats vinrent le relever de faction.

« M'ayant alors fait signe d'approcher, il me dit que, sa faction étant finie, il voulait bien faire la commission.

« Je lui remis la lettre, et tandis qu'il montait à bord du navire, je pris ma course, j'allai me cacher entre des piles de bois qui se trouvaient près de là, je me débarrassai de mon voile, de mes babouches et du bracelet, j'en fis un paquet, j'y mis une grosse pierre, et filant par une ruelle déserte donnant sur le port, j'allai jeter le tout à l'eau.

« Tout ceci m'avait pris cinq minutes, de sorte que, cinq minutes après, aussi introuvable que méconnaissable, j'étais tranquillement accroupi à la terrasse d'un café turc situé juste en face de la galiote, sur le quai.

« Sans doute j'espérais bien découvrir de là quelque chose d'intéressant, mais quoi qu'on m'eût dit de la barbarie d'Héreddin Méhémet, je ne me serais jamais attendu à ce que j'allais voir!

« On entendit d'abord une espèce de tumulte sourd qui paraissait gronder dans l'intérieur du navire; puis, presque aussitôt, un véritable hurlement de bête féroce, des cris d'épouvante, et s'élançant de la porte de la dunette, trois janissaires, parmi lesquels je reconnus mon messager, coururent se réfugier à l'avant du navire, dans le poste des soldats.

« Un silence se fit, et tandis que tous les hommes du bord se précipitaient les uns vers les autres pour se demander ce qui venait d'arriver, la porte de la dunette s'ouvrit, et deux matelots, portant le corps d'un homme, se dirigèrent vers l'escalier de la galiote et le jetèrent à la mer. Au moment où le cadavre basculait par-dessus le bordage, je vis avec horreur qu'il était décapité!

« Et alors, brandissant d'une main son cimeterre, de l'autre faisant tournoyer en l'air une tête coupée d'où jaillissait une pluie de sang, Héreddin Méhémet bondit hors de la dunette, et

« IL SE CARESSA LA BARBE. »

après avoir pendant quelques instants tenu la tête suspendue devant ses yeux, courut au bordage et la jeta à la mer.

« A la vue de cette scène, dont le bruit s'était propagé comme une traînée de poudre, un flot de peuple, sans cesse grossissant, accourait de toutes parts, tandis que dans le port, se détachant des quais et des navires, les embarcations se dirigeaient à force de rames sur le lieu de l'événement.

« Cet acte de fureur à peine accompli, Héreddin Méhémet, embouchant son porte-voix, cria coup sur coup des commandements à son équipage, et nous vîmes aussitôt le pont, les mâts, les échelles et les vergues des deux galiotes se couvrir de matelots.

« Bientôt, au bruit des trompettes et de la musique qui commençaient à retentir, les matelots et les soldats répandus sur le port ou dans les quartiers d'alentour arrivèrent en courant pour remonter à leur bord.

« Et lorsqu'enfin, les dernières sentinelles relevées, je vis détacher les amarres, hisser le pavillon de guerre et tourner au cabestan, je n'avais plus à douter que Héreddin Méhémet n'appareillât pour l'île de Poulo Hinnor.

« Au travers de l'inexprimable confusion où s'agitait la foule, je n'avais pas à craindre de me compromettre en causant avec le premier venu, et comme chacun parlait sans aucune réserve, je pus recueillir en quelques minutes tous les détails de l'épouvantable scène.

« Tout d'abord il faut que vous sachiez une chose qui explique la stupide imprévoyance dont Héreddin Méhémet vient de nous donner tant de preuves : il boit. Il est presque toujours ivre ; il l'était quand il rêvait ce plan de campagne insensé qui devait nous livrer ses vaisseaux les uns après les autres, et qui va tout à l'heure nous le livrer lui-même ; il l'était quand il a reçu notre lettre.

« Outre qu'il sait à peine lire, il a les yeux fort mauvais, et par orgueil autant que par fatuité, n'a jamais voulu prendre de lunettes : il ne reçoit donc pas une lettre, si délicat ou si important qu'en soit le sujet, qu'il ne se fasse lire par son secrétaire. Lorsque mon janissaire remit la lettre à la sentinelle qui gardait la porte de la dunette, comme il disait qu'elle avait été remise par une femme, Héreddin Méhémet, qui à son ordinaire venait de boire, la reçut avec le plus vif plaisir, et la tendit à son secrétaire pour que celui-ci lui en fît lecture.

« Au premier coup d'œil qu'il jeta sur cette effroyable épître, le malheureux devint pâle comme un mort, et tremblant de tous ses membres, dit en balbutiant que jamais il ne lirait une lettre pareille.

« Comme, stupéfait et déjà irrité de ce refus, Héreddin Méhémet lui en demandait la raison, le secrétaire, se remettant un peu, lui dit, en levant les épaules, que c'était la lettre d'un insensé, et qu'il ne valait pas la peine de perdre le temps d'un héros tel que son maître à lire de pareilles folies.

« Mais avec l'obstination de l'ivrogne, Héreddin Méhémet n'en devint que plus pressant, et à mesure que l'autre résistait, il devenait furieux, si bien qu'il finit par mettre la main à la poignée de son cimeterre, ordonnant de lire.

« Le pauvre diable, tremblant de plus belle, commença donc d'une voix entrecoupée, bredouillant, bégayant, barbouillant.

dans l'espérance de rendre le texte incompréhensible, ou tout au moins de le voiler d'une certaine obscurité : mais le terrible ivrogne, avec ce calme et cette lucidité qui précèdent l'explosion de la fureur, l'arrêtait, et le forçait à recommencer.

« C'était fini. Le misérable lecteur, courbé jusqu'à terre, flageolant sur ses jambes, inondé d'une sueur froide, avalant sa salive, regardait la porte pour s'échapper, lorsque tout à coup, avec un hurlement de rage, Héreddin Méhémet se jette sur lui, et d'un coup de son cimeterre, lui fait sauter la tête !

« Voilà ma commission faite. Il arrive. C'est à vous maintenant de prendre vos dispositions pour le recevoir. »

J'ai entendu, dans la vie réelle et à la comédie, raconter bien des choses émouvantes, et les impressions des auditeurs se marquer par des cris ou par des mots plus ou moins sympathiques; mais je ne me souviens pas d'avoir jamais rien vu de pareil.

Après avoir chaleureusement félicité et remercié le roi du service signalé qu'il venait de nous rendre, Lançarot Guerreyra lui annonça que nous lui réservions une part de capitaine sur le butin que nous allions prendre dans les galiotes de Héreddin Méhémet, et nous invita à nous asseoir pour arrêter avec lui un plan de combat pour le lendemain.

Après mûre délibération, nous fûmes tous d'accord qu'avec sept de nos navires, c'était plus qu'il n'en fallait pour capturer deux galiotes, et encore n'en mîmes-nous sept que parce que nous tenions à prendre Héreddin Méhémet vivant: l'ayant en notre pouvoir, nous serions sûrs d'obtenir du roi de Siam tout ce que nous voudrions.

La nuit se passa dans une agitation extrême. Pour si assuré qu'on se tienne d'une victoire, on n'en est certain que quand le combat est fini. Et puis enfin l'homme à qui nous avions affaire était redoutable.

Dès le point du jour, des messagers envoyés par le roi venaient nous informer de ce qu'on voyait du côté de Tenassérim.

Pendant ce temps nos navires mettaient à la voile pour aller prendre leurs postes de combat, et enfin, vers huit heures du matin, nous étions informés qu'on signalait les deux galiotes turques qui, toutes voiles dehors et le pavillon rouge en poupe, se dirigeaient vers la pointe sud de l'île.

LE PEUPLE ACCOURU SUR LE RIVAGE SUIVAIT DES YEUX LES DEUX NAVIRES.

VIII

ARRIVÉE DE HÉREDDIN MÉHÉMET. — LE LION MOURANT. — LE BUTIN. — LA VRAIE HUMANITÉ. — UN ROI RECONNAISSANT. — L'ORGIE DE LA VICTOIRE. — QU'ALLONS-NOUS FAIRE ? — LA SAGESSE DU TURC. — DÉPART DE TENASSÉRIM. — LE ROI DE SIAM. — LE TRAITÉ D'ALLIANCE. — LANÇAROT GUERREYRA RETOURNE A MALACCA.

Tandis que le peuple de Poulo Hinnor, accouru sur le rivage, suivait des yeux les deux navires, Héreddin Méhémet, au lieu de tourner au large afin de se rendre compte de notre position, longea de près la pointe sud, espérant par là nous surprendre et, s'appuyant sur la côte, être à l'abri de toute attaque de ce côté-là.

La pointe doublée, il fut fort étonné de ne trouver devant lui que trois navires, dont deux, sous voiles, croisaient au large à plus d'une portée de canon, tandis que l'autre, mouillé tout contre le rivage, paraissait posté là pour défendre l'entrée de la baie. Il fit gouverner vers le large, et ayant dépassé la falaise, put découvrir, au fond de cette baie, les mâts de plusieurs navires.

Dans cette situation, ayant devant lui un navire à l'ancre, il n'avait autre chose à faire qu'à l'attaquer, le couler; aller ensuite s'embosser à droite et à gauche de l'entrée de la baie, et tirer sur tout ce qui se présenterait devant lui pour entrer ou pour sortir. Il gouverna donc avec ses deux galiotes sur le navire mouillé, comptant l'aborder à la fois par l'avant et par l'arrière.

Mais au moment où, arrivé à bonne distance, il s'apprêtait à commander le feu, huit canons, du haut de la falaise, lui envoyèrent des boulets rouges, tandis que, cachés derrière les bordages du navire, cinquante arquebuses, six fauconneaux et vingt tromblons bourrés de mitraille, éclataient d'un seul coup.

Au moment où, déconcerté par cette rude riposte, il essayait de rallier ses équipages en désordre, une seconde volée de boulets, partant de nouveau de la falaise, vint tuer plusieurs hommes et saccager une partie de sa mâture, de sorte que les deux galiotes, manœuvrant avec peine, ne purent que canonner le navire sans parvenir encore à l'aborder.

Mais pendant ce temps, nos deux navires qui louvoyaient en rade, ayant pris le vent grand largue et faisant force de voiles, approchaient si vite que Héreddin Méhémet, voyant qu'il allait se trouver acculé sous le feu des batteries, comprit qu'en restant dans cette position il était perdu : aussitôt, virant de bord, il gouverna vers la haute mer, comptant n'avoir affaire qu'aux deux survenants.

Ainsi se réalisait la première partie du plan que nous avions conçu, et qui consistait à lui faire croire que, engageant seulement au dehors une partie de notre flotte, nous restions retranchés dans la baie avec le reste, sauf une goélette mouillée hors la passe pour en défendre l'entrée.

Nous avions espéré qu'il se jetterait d'abord sur la goélette, et il avait donné dans le piège.

Mais au moment où, s'apercevant trop tard de son erreur, il faisait tous ses efforts pour s'éloigner de la côte, une surprise plus terrible l'attendait.

Quatre de nos bâtiments, que nous avions postés dès le matin en arrière de la pointe nord de l'île, avaient, au bruit des premiers coups de canon, dépassé cette pointe et, remorqués le long du rivage, à l'abri du vent, jusqu'auprès de la pointe sud, avaient mis à la voile, et arrivaient sur le lieu du combat.

Héreddin Méhémet se trouva donc, en moins d'une demi-heure, entourés de six navires qui, arrivés à demi-portée, se mirent à le canonner, tous six concentrant leurs feux sur lui, tandis que ses deux galiotes, ne pouvant d'ailleurs tirer que d'un bord, avaient à répondre à six adversaires.

Dans ces conditions, son tir ne nous atteignait presque pas, et il ne tenait qu'à nous de le couler bas.

Mais comme nous voulions le prendre vivant et faire des prisonniers, nous ralentîmes le feu de notre artillerie, et sur l'ordre de Lançarot Guerreyra, la flotte se rallia pour se porter à l'abordage. Rejoint par trois de nos goélettes, Héreddin Méhémet, après s'être défendu comme un lion, finit par rester, avec une douzaine de ses janissaires, acculé contre le grand mât, derrière un véritable retranchement de cadavres où, pendant plus d'un quart d'heure, il combattit de façon si héroïque que tous les nôtres s'arrêtèrent frappés de respect.

A ce mouvement, lui-même, laissant tomber son bras, demeura un moment immobile : nous crûmes qu'il allait se rendre. Mais élevant son cimeterre et le faisant trembler d'un geste furieux :

« Chiens de chrétiens, s'écria-t-il, s'il en est un parmi vous qui ne soit pas un lâche, qu'il ose venir ramasser ce crachat que j'envoie à la face de son Dieu ! »

Et il lança l'outrage à dix pas de lui.

Quelques secondes après son corps n'était plus qu'une plaie : tous, moi comme les autres, nous nous étions jetés sur lui, le perçant de mille coups.

Ainsi finit le combat. En voyant tomber leur chef, les survivants des deux équipages, au nombre d'une cinquantaine, abaissèrent leurs pavillons, et nous rentrâmes dans la baie, traînant à la remorque les deux galiotes, et rapportant comme trophée de victoire le cadavre d'un des ennemis les plus terribles qui aient jamais combattu contre la sainte croix de notre Seigneur Jésus-Christ.

Les événements s'étaient succédé avec une telle rapidité que nous avions eu à peine le temps de nous en rendre compte, nous bornant à répartir nos hommes sur les navires capturés, avec ce qui nous tombait sous la main d'armes et de munitions.

PENDANT UN QUART D'HEURE IL COMBATTIT D'UNE FAÇON HÉROÏQUE.

Mais maintenant que la campagne était achevée, il fallait faire l'inventaire de nos prises et distribuer à chacun de nos soldats et matelots sa part de butin. Cette opération nous prit le reste du jour et la matinée du lendemain.

Outre les armes, les canons, les provisions de poudre et de projectiles, nous trouvâmes, surtout dans la galiote du général, une quantité d'or, de bijoux, de pierres précieuses, d'ivoire et d'étoffes de soie, dont la valeur était énorme, car elle dépassa de beaucoup tout ce que Lançarot Guerreyra et ses compagnons avaient pris pendant leur campagne de huit mois.

On procéda donc en règle au partage, et j'assistai à une scène que je n'oublierai jamais.

Il y avait là trois cents aventuriers portugais, une centaine de mécréants malais, javanais, indiens, chinois, nègres, tous gens de sac et de corde, qui venaient de se battre comme des chiens depuis trois jours, et qui, les yeux étincelants, les lèvres tremblantes, à peine tenus en respect à la pointe de l'épée, préparaient leur élan pour sauter chacun sur sa proie : ces faces de bandits, déjà suffisamment atroces au repos, étaient devenues de vrais museaux de bêtes féroces : c'était la curée après la chasse.

Ainsi qu'il arrive presque toujours en pareille circonstance, la chose ne put se passer sans effusion de sang.

En dépit d'une surveillance sévère, les hommes chargés de débarquer les effets précieux dérobaient tout ce qui pouvait se cacher sous leurs vêtements, et tantôt leurs camarades, tantôt les officiers qui les surprenaient, les châtiaient séance tenante plus ou moins durement: mais un matelot malais, se targuant de sa force herculéenne, refusa de rendre ce qu'il venait de voler, et un officier étant intervenu, leva la main sur lui.

Il y avait là un piquet de soldats avec leurs arquebuses mèche allumée : Lançarot Guerreyra leur jeta un regard, hocha la tête, désigna du doigt le mutin : les arquebuses s'abaissèrent, et le misérable tomba la face contre terre, foudroyé.

Je n'ai pas besoin de dire que la suite du partage se fit dans l'ordre le plus parfait : on aurait entendu voler une mouche, et tandis que nos Portugais, évidemment satisfaits de cet acte d'autorité, lançaient des regards menaçants aux Malais et autres suspects de l'équipage, ceux-ci, se remettant de leur émotion, prenaient des figures presque aimables à mesure que chacun recevait sa part.

Il n'y eut pas la plus petite réclamation, et tous s'en allèrent enchantés, pressant tendrement le butin sur leur cœur, et n'ayant pas plus l'air de penser à leur camarade défunt que s'il n'avait jamais existé.

En retournant à bord avec les autres officiers, nous causions de ce qui venait de se passer, mais à mon grand étonnement, personne ne fit même allusion à ce qui m'avait paru être l'incident le plus grave de la journée.

D'abord j'aurais dû réfléchir que, pour des gens qui viennent de massacrer sept ou huit cents innocents en trois jours, l'exécution sommaire d'un coupable pris sur le fait est chose à peu près aussi insignifiante que de tuer un insecte qui vous importune. Mais surtout, faute d'avoir suffisamment pratiqué la vie de corsaire, je ne me rendais pas compte de ce qu'il faut d'impitoyable énergie, quand on commande à des scélérats, pour s'en faire obéir et pour n'être pas égorgé à la première occasion.

Dans la soirée, mais tout à fait incidemment, et sans en exprimer le moindre regret, Lançarot Guerreyra, étant venu à en parler, me dit ces mots que je n'ai jamais oubliés, et que devrait toujours avoir devant les yeux quiconque a charge de défendre la société contre ses ennemis :

« Ah! voyez-vous, mon cher, il est fâcheux d'être obligé de tuer un homme, mais c'est un crime de ne pas le faire quand la mort de ce seul homme doit sauver la vie à plusieurs.

« C'est ce qui se fait constamment dans les batailles, par exemple, où le général sacrifie jusqu'à des régiments entiers pour sauver une armée ou pour garder une position ; et quand il y manque, on le blâme.

« Si je n'avais pas fait tuer ce mauvais sujet, il aurait comploté avec quelques Malais ou Chinois de sa trempe, les aurait poussés à se mutiner, et au lieu d'un, il m'aurait fallu en faire exécuter sept ou huit. »

Plus j'y ai pensé depuis, plus je me suis convaincu que c'est la vraie humanité : s'inquiéter d'abord de ce qui menace les innocents, au lieu de commencer, ainsi que le font trop souvent les gens sans raison et sans cœur, par s'apitoyer sur le coupable.

Conçoit-on une pareille aberration! S'apitoyer pourquoi ? Parce qu'il est menacé d'être puni pour avoir commis un crime !

Après trois jours de combats et de fatigues, nous avions

grand besoin de repos; chacun se retira dans sa cabine, et pour ma part je dormis d'un sommeil de plomb jusqu'à l'heure du souper.

Pendant ce temps, tout à la joie de la victoire, nos hommes se livraient à une orgie effroyable. On leur avait défoncé une douzaine de tonneaux de vin, donné des provisions en abondance, avec dispense générale de service jusqu'au lendemain à midi.

Avant de nous mettre à table, nous allâmes visiter la fête.

On avait installé plusieurs cuisines en plein vent, où tournaient des broches de bois chargées de porcs et de moutons entiers, de poulets et de canards, tandis que dans des marmites cuisaient à gros bouillons le riz, le poisson et toute sorte de légumes, dont ces îles abondent. A la nouvelle de notre victoire, la population était accourue en masse, apportant une énorme quantité de fruits et de fleurs, et précédée d'une musique qui, toute barbare qu'elle fût, suppléait par la quantité du bruit à la qualité du son.

Au moment où nous arrivions, le banquet allait finir. Après trois acclamations en notre honneur, les convives, qui étaient au moins cinq cents, burent tous ensemble à chacun de nous, et comme nous étions de notre côté vingt-quatre, on peut évaluer le débit du fleuve de vin qui s'engouffra vingt-quatre fois dans ces cinq cents gosiers.

Faute de pouvoir rendre leur politesse à nos cinq cents buveurs, nous dûmes nous contenter de porter tour à tour la santé de tout le monde.

Aussitôt ils se levèrent de table, ou du moins ceux qui

purent se lever; ceux qui ne le pouvaient pas, et qui du reste formaient la grande majorité, demeurèrent à table ou dessous, et les disponibles, s'élançant vers les femmes qui étaient venues se mêler à la fête, les prirent par la taille en les invitant à danser.

A ce moment, renforcée de nos fifres, de nos tambours et de nos trompettes, la musique de Poulo Hinnor éclata en une inexprimable cacophonie, et cent couples se ruèrent, tournant, courant, sautant, se cognant, se renversant, et allant toujours, dans un tumulte si vertigineux qu'on aurait cru voir passer plutôt un cyclone qu'une danse.

A ce que promettait ce début nous jugeâmes que le moment était venu de laisser ces bonnes gens à leurs plaisirs, et nous allâmes nous mettre à table sur la goélette de Lançarot Guerreyra, où nous attendait un superbe repas, servi sur le pont transformé en un bosquet de feuillages et de fleurs.

Il n'est pas besoin de dire que le roi de Poulo Hinnor, avec ses quatre épouses et ses douze enfants, y était invité.

Il le méritait bien : on a pu juger, d'après ce qu'on a vu, quels signalés services il nous avait rendus. Les premières félicitations furent pour lui.

Il les reçut avec un étonnement naïf qui nous toucha fort, car après nous en avoir remerciés du ton le plus modeste, il y répondit en y opposant, très justement d'ailleurs, la reconnaissance infiniment plus grande qu'il nous devait.

« Certainement, dit-il, vos louanges sont pour ma vie entière une gloire qui dépasse tout ce que j'aurais jamais pu rêver; puisque vous mettez à un si haut prix les services que j'ai été si fier de vous rendre, j'aurais mauvaise grâce à me croire indigne de votre amitié.

« Mais vous-mêmes pourriez-vous estimer assez tout ce que je vous dois? Pensez donc que, il y a quinze jours à peine. vêtu presque de haillons, pauvre, trahi, abandonné, déchu, j'accostais à bord d'une de vos jonques; que le jour même, touchés de ma misère et me prenant sous votre aile puissante, vous vous élanciez comme des aigles invincibles sur mes ennemis, et les ayant exterminés d'un coup de tonnerre, vous m'avez rétabli dans mon autorité souveraine; non contents d'un si grand bienfait, vous avez voulu y mettre le comble en dressant pour nous un autel où le peuple de Poulo Hinnor pourra désormais se réunir aux pieds de notre Seigneur Jésus-Christ!

« Laissez-moi donc vous aimer plus encore que vous ne m'aimez, et croyez que s'il fallait donner ma vie et celle de mon peuple pour vous témoigner notre dévouement, nous nous y tenons prêts à partir de ce jour jusqu'à l'heure de notre mort. »

A ce discours, qui nous fit venir les larmes aux yeux tant il avait été dit simplement, Lançarot Guerreyra répondit en lui annonçant que, pour récompense des grands services qu'il venait de nous rendre en nous aidant à détruire un des plus dangereux ennemis du Portugal, il l'instituait roi de Poulo Hinnor et des îles voisines qu'il pourrait conquérir par la suite; qu'il le déclarait allié, ami et protégé du roi de Portugal; qu'afin de lui assurer la juste et paisible possession de son royaume, il lui laissait, pour servir d'officiers et conduire ses soldats à la guerre, vingt Portugais armés d'arquebuses avec quatre canons et les munitions nécessaires.

On peut penser avec quelle joie le roi accueillit ce discours. Ce qu'on faisait là pour lui l'élevait véritablement au rang d'un potentat, car avec ses vingt Portugais, il pouvait, après avoir conquis tout l'archipel de Mergui, pousser ses conquêtes jusque sur la terre ferme : il ne fallait pour cela qu'une occasion. En attendant, nous prenions en lui un point d'appui en face de la côte de Siam, chose d'autant plus opportune à ce moment, que le roi de ce pays nous était hostile.

Cet épisode ayant pris fin, la conversation s'engagea sur les suites qu'il fallait donner à notre victoire.

Nous venions de nous rendre les uns aux autres de tels services, nous avions combattu ensemble avec tant d'union et de bonheur, qu'un seul et même cœur semblait battre dans nos poitrines. Aussi la même pensée nous animait tous : tirer profit de nos exploits pour ramener à notre alliance ce roi de Siam dont venions d'anéantir le principal moyen d'attaque et de défense; il fallait nous accorder là-dessus et prendre une prompte résolution sur le coup de notre succès.

« Seigneurs, dit alors Lançarot Guerreyra en s'adressant à Boralho et à moi, si nous sommes ici pleins de vie et vainqueurs de l'ennemi qui nous menaçait, c'est à vous que nous le devons : car si vous n'étiez pas venus nous avertir, nous aurions presque certainement été anéantis, avec nos quatre goélettes, par la flotte de Héreddin Méhémet, qui aurait bien fini par nous rencontrer.

« Vous êtes chargés d'une ambassade près le roi de Siam,

votre devoir vous oblige à reprendre votre voyage interrompu pour nous : nous ne pouvons pas vous laisser maintenant partir seuls au moment où ce roi doit être plus exaspéré que jamais contre les Portugais.

« Mais avant de vous dire mon avis et de mettre à votre disposition le secours que j'ai à vous offrir, je vous prie d'abord de me faire connaître vos intentions.

— Notre devoir, répondit Boralho, est, ainsi que vous l'avez justement observé, de faire tout ce qui dépendra de nous pour mener à fin notre mission : mais le même devoir nous commande impérieusement de ne rien faire qui soit de nature à la rendre inutile ou impossible, et je vous avoue que je n'oserais pas, même avec l'approbation de Lazare Poban, prendre sur moi d'aller porter au roi de Siam les propositions d'alliance de Pedro de Faria.

« J'y vois des raisons pour et contre, et d'ailleurs, pour me décider, j'aurais besoin de connaître au vrai la situation actuelle du roi de Siam : car vous savez avec quelle rapidité les événements se produisent dans ces pays barbares, sans compter que les rois y sont, aujourd'hui des enfants, demain des bêtes féroces, sans que rien puisse permettre de prévoir leurs caprices.

— Vous qui connaissez ce monde de l'Orient mieux que nous, dit Lançarot Guerreyra à Mahmoud, que pensez-vous, et que feriez-vous à notre place ? »

Mahmoud appuya son front sur sa main, réfléchit pendant un bon moment, puis se caressant la barbe et regardant dans le vague comme un homme qui pénètre l'avenir :

« Ce que je ferais? dit-il, je mettrais à la voile avec toute notre flotte, emportant, honorablement recueilli dans un cercueil couvert du pavillon de sa galiote, le corps de Héreddin Méhémet.

« J'arriverais à Tenassérim, toute l'artillerie et tous mes soldats sur le pont, avec mes neuf navires; je mouillerais au milieu de la rivière, et j'enverrais ma chaloupe, avec quarante hommes armés d'arquebuses et deux pierriers à l'avant, porter un message au roi de Siam.

« Dans ce message, je lui ferais part de nos victoires; je lui dirais que voulant rendre hommage à son général, je lui en rapporte les restes, prêt à les faire débarquer avec les plus grands honneurs pour les remettre entre ses mains; je finirais, sans m'engager dans aucun raisonnement pour le convaincre, en lui demandant à quelle heure il lui plairait recevoir, le lendemain, une ambassade que Pedro de Faria lui envoie pour lui proposer l'alliance du roi du Portugal. »

De tout autre que Mahmoud, une pareille proposition eût semblé bien téméraire : mais l'homme était si sage, si prudent, si avisé en toutes choses, il connaissait si bien les despotes de ces contrées, que nous nous regardâmes tous en hochant la tête sans que personne se décidât à faire une objection.

Après un moment de ce silence unanime, Lançarot Guerreyra prit la parole.

« Ce que vous propose Mahmoud, dit-il, c'est ce que je vous aurais proposé moi-même si je n'avais voulu d'abord connaître vos dispositions ; et comme nous serons d'autant plus sûrs d'y réussir que nous le ferons plus hardiment, j'approuve sans réserve la façon d'agir indiquée par le capitaine. Mais du moment que Boralho, qui est le chef de l'ambassade, croit nécessaire, en quoi je l'approuve, de savoir quelle est la véritable situation du roi de Siam, je propose d'envoyer quelqu'un à Tenassérim s'en informer pour revenir nous en rendre compte. D'après ce qu'il nous rapportera, nous agirons. »

Boralho, après m'avoir consulté d'un regard, ne put qu'approuver, et aussitôt le roi de Poulo Hinnor, comme on pouvait s'y attendre, s'offrit pour cette mission, qui lui fut confiée tout d'une voix.

Là-dessus on se leva de table, il partit pour aller prendre ses dispositions, et dès qu'il eut mit à la voile, nous préparâmes tout à bord de manière à pouvoir partir dès le lendemain matin si les nouvelles étaient favorables.

Le lendemain un peu avant midi, nous levions l'ancre pour Tenassérim. Notre roi était revenu, et d'après son rapport, nous n'avions plus à hésiter.

Le roi de Siam était informé du désastre de la flotte turque, quoiqu'il ignorât la mort d'Héreddin Méhémet. En apprenant cette nouvelle, il s'était jeté à terre, se roulant de rage et de désespoir, puis, quand il ne lui resta plus de force pour rugir et s'arracher la barbe, il s'était mis à pleurer comme un enfant, maudissant Méhémet Héreddin, et les Turcs, et les Achems, et le roi de Pégu, répétant sans s'arrêter qu'il était perdu, qu'il n'avait pas huit jours à vivre, que les Portugais allaient bombarder et incendier Tenassérim ; débarquer, marcher sur Ayuthia sa capitale, pour tout mettre à feu et à sang.

Il avait en effet, comme nous le savions, remporté récemment une victoire décisive sur les Achems de Java, mais pendant ce temps le roi de Pégu, le voyant occupé dans le sud de son royaume, avait rassemblé une armée de trois cent mille hommes et se disposait à marcher sur Ayuthia. Le moment était donc aussi favorable que possible pour aller lui offrir à la fois le pardon du Portugal et son appui contre le roi de Pégu.

Je n'essayerai pas de décrire l'effet de notre arrivée à Tenassérim : la foudre, frappant d'un seul et même coup les cinquante mille âmes dont se composait la population, n'y aurait pas jeté plus d'épouvante!

Nos onze navires arrivaient en ligne, deux par deux, toutes voiles dehors, pavoisés de leurs pavillons, au bruit des tambours, des fifres et des trompettes, tirant de quart d'heure en quart d'heure une bordée de toute leur artillerie, et des salves de mousqueterie à chaque intervalle, tandis que les équipages, debout sur les hunes et les vergues, poussaient des acclamations en agitant leurs bonnets.

A mesure que nous approchions, nous voyions la foule se ruer en sens divers, les uns s'enfuyant affolés, les autres se précipitant au bord des quais pour voir ce qui allait se passer.

En même temps on entendait, mêlées au brouhaha du peuple, sonner de toutes parts les cloches des pagodes et des couvents de bonzes, au nombre de plus de trois cents.

Ayant mouillé sur deux rangs en travers du port, la flotte abaissa ses voiles, et réunis sur le navire de Lançarot Guerreyra, nous arrêtâmes les termes du message que nous allions envoyer au roi selon ce que nous avions résolu.

Après lui avoir annoncé nos victoires, dont il n'était que trop informé, nous lui offrions de lui rendre, avec les plus grands honneurs, le corps de Héreddin Méhémet, et lui demandions à quelle heure il voulait recevoir notre ambassade. Nous terminions en lui disant que, par respect pour sa grandeur, nous avions choisi, pour lui porter notre message, le roi de Poulo Hinnor, roi très puissant, car il était allié et grand ami du roi de Portugal notre maître.

On arma une chaloupe ornée d'un dais de soie à crépines d'or, et on fit asseoir le roi de Poulo Hinnor, revêtu de ce que nous avions pu trouver de plus beau dans les dépouilles de nos vaincus, couvert de bijoux, armé d'un sabre et de pistolets garnis d'argent et de pierreries, et portant à sa coiffure une aigrette enrichie de diamants, insigne du pouvoir suprême en ces contrées.

Dix embarcations, portant chacune une escouade d'arquebusiers mèche allumée, lui servaient d'escorte, et ce fut en ce pompeux équipage qu'il débarqua sur le port pour aller ensuite, toujours escorté de ses arquebusiers, au palais du roi.

Du plus loin qu'on l'avait aperçu, les portes furent ouvertes à deux battants, et au milieu d'une double haie de ses gardes, le roi de Siam en personne, monté sur un éléphant blanc, vint au-devant de lui et l'invita à venir prendre place à son côté.

Au son des timbales et des trompettes, les deux monarques descendirent de leur palanquin et se rendirent, suivis de tous les seigneurs de la cour, au palais du roi, où ils s'assirent sur deux trônes en face l'un de l'autre, après quoi le roi de Poulo Hinnor, tirant de sa ceinture la lettre de Lançarot Guerreyra renfermée dans un sachet de drap d'or doublé de soie cramoisie, la remit au roi de Siam.

Il n'est pas besoin de dire que l'audience demandée fut accordée avec le plus vif empressement. Empressement deux fois sincère, car le roi de Siam était non moins effrayé de voir la flotte portugaise embossée dans le port, que désireux de gagner l'alliance du Portugal pour échapper au roi de Pégu. Il supplia qu'on lui envoyât les ambassadeurs tout de suite.

Reconduit avec le même cérémonial qu'à son arrivée, le roi de Poulo Hinnor se rembarqua dans sa chaloupe de gala et revint rendre compte de l'heureux succès de son message.

Boralho et moi, n'ayant pris que le temps de mettre ce que nous avions de plus beau en fait de vêtements et d'armes, nous nous embarquâmes sur la chaloupe avec la même escorte.

Le roi de Siam, qui nous attendait sur son trône, entouré de toute sa cour et des principaux officiers de son armée, nous laissa à peine le temps de lui notifier le sujet de notre ambassade, tant il était pressé d'en finir. A la harangue de Boralho, qu'il accompagnait à chaque phrase de signes d'approbation et même de joie presque exagérée, il répondit, avec des sourires câlins de tigre en bonne humeur, que notre arrivée comblait tous ses vœux ; qu'il nous attendait depuis longtemps; que son cœur était jusque-là comme une fleur desséchée qui soupire après la rosée du ciel, mais que maintenant il était comme le cerf altéré qui boit à longs traits une eau fraîche et salutaire; qu'il avait toujours aimé les Portugais, et qu'il acceptait avec allégresse l'honneur et le bienfait de leur alliance : enfin, tout ce que la bassesse et la peur peuvent inspirer à un lâche, il nous le dit, ayant presque les larmes aux yeux.

Malgré ce qu'on nous avait dit de l'impudence et de la duplicité de ces rois d'Orient, celui-ci dépassa dans cette entrevue tout ce que nous aurions osé imaginer en ce genre.

Ce fut au point que ses courtisans eux-mêmes, qui pourtant en avaient vu bien d'autres, ne pouvant croire qu'il pût parler sincèrement de la sorte, furent convaincus qu'il allait leur donner l'ordre de nous tuer. Ils nous l'ont dit depuis, nous avouant du reste qu'ils l'auraient fait sans balancer, car celui qui hésite seulement à égorger l'homme que ces despotes lui désignent, est sûr d'être égorgé à l'instant par un confrère, quand ce n'est pas le roi lui-même qui daigne lui faire sauter la tête d'un coup de sabre.

D'après ce que nous savions de l'étiquette fastueuse dont s'entourent les rois de l'Orient, nous nous attendions à subir des retards et des formalités interminables avant d'être admis à exposer l'objet de notre ambassade. A notre grand étonnement, le roi nous dit sans préambule qu'il était prêt à tout signer à l'instant.

Nous nous regardâmes fort embarrassés, tant cet empressement nous prenait au dépourvu.

Nous avions bien nos instructions et un projet de traité, mais devant des dispositions aussi inespérées, nous voyions bien qu'il ne tenait qu'à nous d'imposer au roi tout ce qu'il nous plairait exiger, notamment un tribut, auquel Pedro de Faria n'aurait jamais songé au moment où il nous confiait cette mission. Sur ce point et sur beaucoup d'autres, nous craignions de ne pas assez demander.

D'un autre côté, laisser au roi le temps de se remettre de ce premier mouvement, c'était nous exposer à le trouver beaucoup moins maniable.

« Que faire? me dit Boralho à voix basse.

— Je suis d'avis, répondis-je, de bâcler séance tenante le traité d'alliance, et de le lui faire signer. Après nous verrons.

— Voilà ce qu'il faut lui dire, reprit Boralho : que, pour les autres conditions à ajouter, nous sommes obligés d'en référer à Lançarot Guerreyra, général de notre flotte. Nous verrons à appuyer la suite des négociations de quelques menaces muettes, par exemple, en débarquant des soldats ou des canons sous un prétexte bien invraisemblable : il comprendra.

Les choses s'arrangèrent ainsi sans la moindre difficulté; des secrétaires écrivirent le traité, et deux heures après, reconduits en grande cérémonie à notre embarcadère, nous retournions à bord.

Là, après une conférence générale où chacun se creusa la tête pour imaginer le plus d'exigences possible sans trop dépasser la mesure, on décida qu'on se bornerait à stipuler un tribut annuel de trois mille onces d'or seulement, mais que le roi de Portugal aurait le droit d'obtenir, pour son commerce et pour la défense de ses colonies, tels avantages et secours que les circonstances lui rendraient nécessaires, s'engageant d'ailleurs à accorder des avantages réciproques au roi de Siam.

Ce second traité fut signé avec non moins d'empressement, et le roi nous dit que désormais nous avions libre accès à sa cour ; qu'il nous considérait comme ses frères ; qu'il nous demandait de le visiter le plus souvent possible pour l'éclairer de nos conseils, l'aider à se défendre de ses ennemis, et lui enseigner, si nous en connaissions, des moyens de rendre son peuple encore plus heureux.

En disant cela, il avait des larmes dans la voix, ce qui nous toucha beaucoup, et nous en conçûmes l'espoir de tirer, de ce monarque si débonnaire, tout ce que nous voudrions.

Après une semaine de ces excellentes relations, nous songions à repartir pour Malacca avec la flotte de Lançarot Guerreyra. Nous crûmes que le moment était venu de toucher un mot au roi au sujet du corps de Héreddin Méhémet. Nous lui avions offert de le lui rendre, et il n'en soufflait mot.

Nous nous étions imaginé, Mahmoud tout le premier, que cette offre assez chevaleresque irait droit au cœur d'un prince qui naguère le prenait de si haut avec ses ennemis.

A notre grande surprise, non seulement il n'y avait pas fait la moindre attention, mais il l'avait complètement oubliée, et lorsque nous la lui rappelâmes, il nous remercia avec sa gracieuseté ordinaire, mais à moins de nous dire qu'il ne voulait pas nous en priver, il ne pouvait mieux marquer combien ce cadeau lui souriait peu.

Nous avions eu le tort de le prendre pour ce que le titre du roi représentait à nos yeux, quand ce n'était, comme tous les soi-disant rois de l'Indo-Chine, qu'une brute couronnée ; nous devions le voir bientôt. Héreddin Méhémet était mort, et dès lors ne pouvait lui servir de rien : le roi se souciait de cette dépouille héroïque comme d'un chien crevé.

Nous avions imaginé ces funérailles surtout pour en prendre occasion d'intimider le roi par le déploiement d'un cortège armé défilant dans les rues : mais après la façon dont celui-ci s'était soumis, la chose devenait superflue.

Nous n'insistâmes pas, et le soir même, n'ayant désormais aucun intérêt à garder à bord ce héros dédaigné, qui d'ailleurs sentait fort mauvais, on le prit avec sa caisse, qu'on lesta d'un boulet, et on jeta le tout par-dessus bord, sans tambour ni trompette.

Enfin un jour, le temps de notre départ arrivant, après en avoir conféré avec les officiers de la flotte, nous allâmes annoncer au roi notre intention de prendre congé. A cette nouvelle il parut complètement bouleversé, s'écriant que ce n'était pas possible, qu'il avait besoin de nous, et que nous ne l'abandonnerions pas ainsi au moment où nous venions de conclure avec lui un traité d'alliance.

Nous lui répondîmes, d'abord en protestant de notre dévouement sur lequel il pouvait compter, mais en lui faisant observer que nous étions des envoyés, chargés de négocier un traité et non de l'exécuter ; que nous allions retourner à Malacca, et que là, quand il aurait reçu et approuvé le traité, Pedro de Faria ne manquerait pas de prendre les mesures nécessaires pour remplir ses obligations envers lui ; que s'il avait à demander dès maintenant un secours, nous nous chargions très volontiers de porter ses dépêches au gouverneur.

Mais plus nous nous retranchions dans nos devoirs, plus il semblait effrayé de notre départ. Enfin, à force de se lamenter, il finit par se décider à nous révéler le fin mot de cette insistance.

Ainsi que nous le savions, le roi de Pégu rassemblait une armée de trois cent mille hommes, avec plusieurs centaines d'éléphants et de rhinocéros de guerre, pour venir lui prendre ses deux éléphants blancs !

La possession de ces animaux constituant le signe divin du pouvoir suprême pour le roi de Siam, les lui enlever serait sa déchéance et sa dégradation. Car outre qu'ils sont considérés comme des êtres extraordinaires à cause de leur couleur, on les vénère dans toute l'Indo-Chine pour être d'une origine céleste.

La mère du dieu Xaca, disent en effet les livres saints des bonzes, attendant la naissance prochaine de ce dieu, rêva qu'il lui sortait deux éléphants blancs, l'un de la bouche, et l'autre, du flanc gauche : les éléphants blancs sont donc ni plus ni moins que les frères du dieu Xaca, quoique leur naissance n'ait eu lieu qu'en rêve.

Vous figurez-vous ce qui se passait dans nos têtes à voir tourbillonner comme des visions fantasmagoriques, au travers de nos conférences avec le roi et les ministres, ces éléphants blancs, ces dieux et ces déesses, mêlés à des négociations des plus sérieuses, où il s'agissait du salut d'un empire et des intérêts d'un royaume? Et cependant, tout en nous débitant ces billevesées, ces Siamois se montraient habiles et intelligents. Nous étions trop nouveaux pour comprendre comment des hommes de bon sens pouvaient allier des idées si opposées : mais lorsque, plus tard, nous nous fûmes rendu compte de ce que c'était que la foi religieuse, même pour des païens, nous comprîmes!

Il devenait difficile d'inaugurer notre alliance en abandonnant ce roi au moment où il implorait notre secours. Cependant la flotte, outre qu'elle ne servirait pas à grand'chose puisque la guerre devait commencer par le siège de la capitale, ne pouvait rester à Tenassérim tandis qu'on l'appelait au secours de Malacca. De notre côté, Boralho et moi nous ne nous souciions pas de nous engager sans garanties, loin de toute communication, à séjourner à la cour du roi au moment où Ayuthia était menacée d'une attaque.

Enfin, à force de pourparlers, nous finîmes par consentir à suivre le roi jusqu'à Ayuthia, mais avec une troupe de cent cinquante Portugais, tous armés d'arquebuses, et traînant derrière eux douze fauconneaux et les munitions nécessaires, tandis que nos deux navires resteraient dans le port de Tenassérim sous le commandement de Mahmoud.

Quant à Lançarot Guerreyra, il partait avec sa flotte pour se mettre à la disposition de Pedro de Faria, se chargeant d'ailleurs d'une lettre par laquelle le roi de Siam lui demandait du secours, et que nous avions appuyée par une dépêche.

Tout étant ainsi arrangé, le roi procura à Lançarot Guerreyra, pour remplacer les soldats qu'il nous laissait, deux cents marins ou aventuriers qui, venus de tous les coins de l'Inde, de la Chine et de la Turquie, formaient bien la plus effroyable bande de malandrins qui se pût voir. Mais comme on les avait répartis par quinze ou vingt sur chacun des navires, et qu'on n'allait pas loin, ils n'étaient pas à craindre.

Trois jours après, la flotte étant près de lever l'ancre, nous allâmes faire nos adieux à nos compagnons, et le soir même, montés à la suite du roi dans un palanquin porté par un de ses éléphants, et escortés par nos Portugais à cheval, nous quittions Tenassérim.

NOUS NE CESSÂMES DE CHEMINER ENTRE DEUX RANGÉES DE PAYSANS.

IX

LES TITRES DU ROI DES ÉLÉPHANTS BLANCS ET DE L'UNIVERS. — DÉPART POUR TANIGOOGOO. — UNE PROCESSION DE QUARANTE MILLE PRÊTRES. — LES CHARS DE SACRIFICE. — LES FOUS FURIEUX. — LES AVALEURS D'ORDURES. — QUELQUES EXPLICATIONS INDISPENSABLES — LA MORT DU SERPENT GLOUTON DE LA MAISON DE FUMÉE.

Quoique l'aspect de cette ville nous eût déjà donné une haute idée de la richesse et de la population de cet empire siamois, ce que nous vîmes au cours de ce voyage dépassa tout ce que nous aurions pu imaginer.

Longeant presque toujours les rives du fleuve Ménam, qui après avoir traversé les royaumes d'Ava et de Pégu, passe à Ayuthia, à Bangkok, pour aller se jeter dans le golfe de Siam, nous marchions au milieu d'une plaine immense, aussi riante que fertile, partout cultivée avec le plus grand soin, et couverte de jardins, de bourgs, de villages, de monastères, qui se touchent presque tant ils sont rapprochés, et parmi lesquels on voit de tous côtés s'élever des tours, des pyramides, des édifices religieux. A mesure qu'on avance vers l'horizon, on croit apercevoir dans le lointain une grande ville, qui se disperse lorsqu'on approche, et semble aller se reformer plus loin.

Ce qui nous étonna bien davantage, ce fut le nombre incalculable des habitants, car nous ne cessâmes de cheminer, pendant plus de cinquante lieues, entre deux rangées profondes de paysans prosternés sur les bords de la route.

Seulement, ce qui donnait à cette scène un effet extraordinaire, c'est que tout ce monde, les deux mains à plat, le front dans la poussière et les reins pliés sur les jambes, formait de loin, et à perte de vue, comme des rubans de mains, de têtes et de dos, bordant de chaque côté la ligne blanche de la route.

Nous passâmes certainement devant plusieurs millions d'êtres humains tellement muets, tellement immobiles dans leur anéantissement, qu'on aurait pu les prendre tout aussi bien pour quelque parapet d'une matière inconnue en usage dans ce pays prodigieux.

D'ailleurs le cortège dont nous faisions partie ne l'était pas moins. Il y avait plus de cinquante éléphants, couverts de housses de soie brodées d'or, avec des plaques, des dards, des clochettes, des panaches, des feuillages, dont le cliquetis et l'agitation formaient un bruit et un mouvement continuels.

Chaque animal portait sur le dos un pavillon d'une richesse

inouïe, bordé d'une frange de sonnettes énormes qui retentissaient sans une seconde de repos. De ces pavillons, quelques-uns étaient fermés et portaient les femmes de la maison du roi; les autres servaient aux plus hauts personnages de la cour.

Le palanquin du roi était garni de drap d'or constellé de pierreries, avec une tête d'éléphant blanc en haut de la galerie, et cette tête, d'argent massif. Au lieu de sonnettes, quatre cloches d'or pendaient à chaque face du palanquin. Quant au siège, c'était un trône, aussi d'or massif, dont les bras, les pieds et le dossier, figuraient des animaux symboliques représentant les dieux spécialement affectés à la garde des rois de Siam. Venait ensuite une troupe de bonzes, vêtus de robes jaunes avec de hauts bonnets de même couleur, et psalmodiant des chants religieux qui ne cessaient ni jour ni nuit, les chanteurs se reposant à tour de rôle.

Enfin les seigneurs, montés sur des chevaux caparaçonnés de galons, de glands et de sonnettes d'or, fermaient le cortège, accompagnés chacun de plusieurs serviteurs. Derrière suivaient les esclaves et les bagages, formant une caravane de près d'une demi-lieue de long.

Maintenant, tout le temps qu'on était en marche, une troupe de deux à trois cents musiciens armés d'instruments gigantesques, flûtes, trompettes, tambours, timbales, gongs, cloches, crécelles, grosses caisses, triangles et chapeaux chinois, et marchant à quarante pas au plus en avant des éléphants du roi, déchirait l'air d'un tel fracas que nous en étions assourdis, et que pour s'entendre il fallait se parler dans le tuyau de l'oreille!

C'est en ce pompeux et bruyant équipage que nous arrivâmes, après huit journées de marche, aux portes d'Ayuthia.

L'aspect de cette ville nous surprit encore plus que tout ce que nous avions vu jusque-là.

Elle était environnée d'une muraille de pierre de dix pieds de haut, avec un nombre infini de bastions et de tours disposés pour défendre l'enceinte dans toutes les directions.

Lorsque nous eûmes franchi les portes nous nous trouvâmes dans une rue à perte de vue, où en aboutissaient un grand nombre d'autres non moins interminables.

Aussi loin et quelque part qu'on jetât les yeux, on voyait se dresser, scintillant au soleil, une véritable forêt de tours, de dômes, de pyramides, de pagodes, tout cela doré, reluisant de faïences bariolées, et couvert du haut en bas de figures de dieux, d'oiseaux, de bœufs, de serpents, de crocodiles, de dragons, avec des yeux flamboyants, des dents effroyables, tirant de grandes langues ensanglantées ou semblant vomir des feux par la gueule et par les narines, tandis que de tous ces édifices s'élevait comme un ouragan le grondement de cent mille cloches peut-être mises en branle à toute volée pour célébrer le retour du roi.

Là, de même que sur la route, nous marchions entre deux espèces de tapis de créatures humaines aplaties comme des chiens devant leur maître, et rien qu'à défiler le long de cette multitude sans fin, nous pûmes nous faire une idée de la population de la capitale, qui s'élevait en effet alors à plus d'un million d'âmes.

Pendant que nous avancions à travers ces merveilles, un des

officiers du roi nous dit que les gens ainsi prosternés sur le passage du cortège formaient à peu près toute la population de la ville, de même que ceux que nous avions trouvés le long des routes rassemblaient tous les habitants des plaines où nous passions.

Car dès que le roi paraît, tout le monde, sous peine de la vie, est tenu de sortir des maisons pour venir se prosterner sur son passage; quiconque y manque est à l'instant saisi, amené devant le roi et décapité sous ses yeux, de quoi j'eus l'occasion d'être témoin plus d'une fois dans des occasions où je l'accompagnais au dehors.

A mesure que s'était développée la marche triomphale de ce voyage, la puissance du roi de Siam me paraissait grandir d'heure en heure, et plus j'allais, plus me paraissait inexplicable l'humilité avec laquelle il avait imploré notre secours.

Mais c'est quand nous fûmes arrivés à son palais que je me trouvai absolument ébloui de la pompe et de la magnificence dont il était entouré.

Il nous fallut une heure pour arriver à ce palais, qui était, non pas au bout, mais au milieu de la ville. Il couvrait une si grande étendue qu'il semblait de loin une autre ville enfermée dans la capitale. Une enceinte fortifiée de plusieurs tours, une porte défendue par un donjon bastionné, lui donnaient l'aspect d'une citadelle.

Ayant franchi le pont-levis de l'entrée, nous nous trouvâmes devant une immense esplanade au fond de laquelle se développait le palais du roi, avec sa façade étincelante d'or et de mille couleurs, formée de plusieurs rangs de colonnades à jour, dont les chapiteaux et les arcades n'étaient qu'un fourmillement de figures extraordinaires, le tout supportant un entablement colossal composé d'un fouillis de monstres, de feuillages, d'emblèmes, où le regard et la pensée se perdaient dans une espèce de vertige.

Au-dessus s'élevait un toit de tuiles bariolées, d'une hauteur immense, et dont la crête portait encore d'autres milliers de personnages et d'emblèmes d'un aspect bizarre et mystérieux, et à tous les angles de ce toit, des campaniles, surmontés de girouettes aux profils diaboliques, portaient des cloches d'or sonnant à grand fracas.

Deux triples haies de gardes s'étendaient jusqu'au perron principal du palais. Loin de ressembler en rien aux gardes du corps des souverains d'Europe, cette troupe, mêlée d'hommes tirés de toutes les contrées de l'Orient, avait plutôt l'air d'une horde de brigands.

On y voyait des Turcs, des Indiens, des Malais, des Chinois, des Abyssins, des Javanais, des Arabes, des Tartares, des Nègres, et jusqu'à des Moscovites, aventuriers échappés de tous les bagnes et de toutes les cavernes de l'Asie, chacun avec son costume, son langage, ses armes, sa manière de combattre, mais chacun valant un lion ou un tigre quand on lui avait fait seulement flairer le sang et montré le butin. Aussi, toujours inquiets au milieu des peuples innombrables qu'ils pressuraient quand ils ne les torturaient pas, les tyrans de l'Extrême-Orient ne se croyaient en sûreté que s'ils avaient autour d'eux ces gardiens terribles, plus redoutés encore qu'eux-mêmes.

Rangés en demi-cercle de chaque côté du perron, les

seigneurs de la ville, prosternés le front à terre, attendaient le roi.

L'éléphant royal s'étant agenouillé devant le perron, une sorte de pont fut poussé à la hauteur du trône, et douze seigneurs, portant une chaise d'or, soulevèrent le roi, l'y placèrent, et prenant les brancards sur leurs épaules, portèrent le monarque jusqu'au fond d'une immense salle où était un trône d'or, et l'y firent asseoir.

Ce trône, placé sous un dais de drap d'or doublé de soie, était élevé de douze degrés, également d'or massif, dont chacun portait la figure d'un animal symbolique. Le siège lui-même, tout constellé de pierreries, était orné de figures d'animaux et de génies.

Mais cette partie de la cérémonie ne se passa point sous nos yeux : on fit sortir tous les assistants, car il n'est pas permis de voir le roi de Siam monter sur son trône : c'est un mystère, et celui qui de son regard l'aurait profané serait immédiatement mis à mort avec des raffinements épouvantables.

Le mystère, donc, étant accompli, on nous fit rentrer ainsi que toute la cour. Le roi, nous ayant fait appeler, dit fort gracieusement que désormais nous pourrions communiquer avec lui quand nous le désirerions, et qu'on allait nous conduire dans nos appartements.

Nous pûmes sur l'heure juger quelle faveur il nous faisait, car assistant à son audience, nous vîmes comment se passaient les choses pour les plus grands seigneurs de la cour et de la ville, qui du reste, aussi bien que le peuple, étaient là comme obligés de paraître devant lui chaque fois qu'il partait pour un déplacement ou en revenait, fût-ce pour n'aller que de l'autre côté de la rue.

Les grands se mirent à genoux, les mains à terre, et s'étant avancés à quatre pattes, lui adressèrent une harangue de bienvenue, mais après en avoir demandé la permission, et en commençant par ces mots :

« Jaova Tiauw ; Perre Boude ; Tiauw Jaova, » ce qui signifie « Roi des rois et Seigneur des seigneurs. »

Enfin, après deux heures de parade que dura cette réception, nous eûmes la permission de nous retirer, et on nous conduisit dans nos chambres, qui étaient des salles magnifiquement décorées où, sur de moelleux divans garnis de coussins de soie, nous pûmes, après les fatigues et les agitations de ce voyage, reposer notre corps et remettre un peu d'ordre dans nos idées. Nous en avions grand besoin, car nous venions de voir tant de spectacles extraordinaires que les proportions des choses commençaient à nous échapper.

Quand on est en ambassade auprès d'un gouvernement, même barbare, ce qui importe avant tout, c'est d'écarter les apparences pour voir à quoi se réduit au juste la puissance à laquelle on a affaire, autrement on est exposé à tout, y compris la mort. Si grave et si avisé qu'on puisse être, il est difficile de résister au prestige du pouvoir suprême quand il apparaît revêtu d'un éclat si éblouissant : or, n'étant ni grave ni avisé, je dois avouer que la puissance et la majesté du roi de Siam me semblaient grossir à vue d'œil comme dans une fantasmagorie.

Boralho lui-même, malgré sa sagesse et son expérience des hommes de ces pays d'Orient, en était à se demander si notre dédain superbe pour ce barbare était bien fondé, et si celui que nous prenions pour un roi de théâtre n'était pas réellement un potentat très redoutable.

« Rien n'est plus difficile, me dit-il, que de se rendre compte de la véritable valeur de ces monarques d'Orient : sous le titre de rois, auquel ils ajoutent toute sorte de qualifications surhumaines ou divines, les uns sont de simples chefs de pirates, les autres, des empereurs régnant sur des centaines de lieues de pays peuplés de plusieurs millions d'âmes, et cependant la puissance n'est pas du tout en rapport avec les proportions des États.

Voilà le roi d'Achem, par exemple, qui n'a pour royaume qu'une partie de l'île de Sumatra, et qui est cent fois plus à craindre que le roi de Siam ; celui-ci est menacé d'une attaque du roi de Pégu, beaucoup moins puissant que lui, et il tremble.

« Il en est de même de leurs armées : quand ce sont des mercenaires, c'est une force sérieuse : mais si elles ne consistent qu'en levées d'hommes du pays, elles peuvent être en effet de trois cent, mille, cinq cent mille hommes, mais ce ne sont que des bandes de malheureux paysans, armés la plupart de bâtons ou de couteaux dont ils ne sauraient même pas se servir pour se défendre.

Le roi de Siam, à en juger par la peur qu'il montre, n'a peut-être d'autre armée que sa garde : c'est ce qui pourrait expliquer les bassesses qu'il nous a faites pour avoir cent

Portugais. Mais en tous cas ce qui est bien certain, c'est qu'il n'a pas de marine, puisqu'il lui a fallu appeler à son secours Héreddin Méhémet.

« Il est donc indispensable que nous ayons avec lui un entretien sérieux pour nous fixer sur l'état de ses affaires ; c'est là-dessus que nous pourrons nous régler pour la suite de nos négociations, car, ainsi que dit le proverbe, comme on connaît ses saints on les honore. »

Là-dessus nous nous endormîmes, et toute la nuit j'eus des rêves encore plus extraordinaires, naturellement, que les réalités surprenantes au milieu desquelles je vivais depuis quelques jours : quand on voit ce que la fantaisie d'un songe sait tirer des incidents les plus vulgaires, on pense quelles combinaisons folles peuvent sortir d'une cérémonie insensée comme celle que nous venions de voir.

Dès le lendemain, usant de la permission qu'il nous en avait donnée, nous demandâmes au roi un entretien.

Introduits après quelques formalités qu'on abrégea, je crois, en notre faveur, nous lui exposâmes les raisons qui, dans son intérêt, nous faisaient désirer d'être fixés sur la situation de ses affaires, pour nous mettre à même de le servir en connaissance de cause.

Nous lui demandâmes donc de nous dire : la population de son royaume ; les revenus du trésor ; le produit de l'agriculture ; le montant des droits de douane ; enfin le nombre des soldats qu'il pouvait mettre en ligne et des navires dont il disposerait au besoin pour la défense des côtes.

Il nous écouta, pardon de cette comparaison irrévérencieuse,

NOUS DEMANDÂMES UNE AUDIENCE.

dé l'air d'un homme à qui on demanderait combien il faut de queues de vaches pour monter au ciel !

Il nous considéra quelques instants en ouvrant de grands yeux ; puis, penchant la tête de côté, les paupières à demi closes, il parut se recueillir pour deviner pourquoi nous lui faisions ces questions, auxquelles il n'avait jamais songé de sa vie. Il ne savait qu'une chose, c'est que tout ce qui existait au monde était à lui, puisqu'il était le roi des rois : et alors à quoi bon compter ?

Après avoir réfléchi ou plutôt, rêvé quelques instants, il se tourna vers nous, fit un geste d'acquiescement, et dit :

« Je vais vous répondre.

« Mon royaume est le plus grand de toute la terre.

« Tous les rois de l'univers sont prosternés à mes pieds.

« Mes peuples sont tellement innombrables, que celui qui voudrait entreprendre d'en faire le compte aurait les cheveux blancs avant d'avoir achevé le quart de sa tâche.

« Tous mes sujets sont mes esclaves, et tout ce qu'ils possèdent est à moi.

« J'ai des trésors dont personne ne verra jamais le fond.

« Mes soldats sont des multitudes infinies, et chacun d'eux est invincible.

« J'ai deux éléphants blancs.

« J'ai dit. »

Abasourdis par cette tirade inattendue, nous nous regardions ne sachant que dire, et faute de paroles pour exprimer le sentiment très complexe dont nous étions agités, nous crûmes bien faire en levant les bras en l'air, ce qui, dans tous les pays du monde, indique l'étonnement et peut s'interpréter au besoin comme marque d'admiration.

Le roi parut flatté de ce mouvement, et comme nous le prolongions pour en accentuer la valeur, il nous fit de la tête un signe de satisfaction, et d'un petit geste de la main nous invita à baisser les bras.

« Il se contente de peu, hein ? » me dit Boralho à voix basse sans oser me regarder.

— Je vous en prie, Boralho, lui répondis-je de même, ne me faites pas rire !. »

Mais le roi, voulant sans doute mettre le comble à notre admiration, fit signe à un de ses officiers d'approcher, et lui dit :

« Récite à ces seigneurs les titres de gloire et de puissance dont je suis investi. »

C'était quelque chose comme le grand-chambellan de la cour. Costumé d'une espèce de houppelande toute raide de broderies d'or, d'un pantalon de soie à mi-jambe, avec une ceinture, des bracelets, un collier et des boucles d'oreilles d'or, le tout couvert de pierreries, il portait sur la tête un bonnet énorme renflé comme une jarre de Provence : un très grand personnage évidemment.

Il se mit à quatre pattes pour s'avancer jusqu'à dix pas du trône, et alors, la tête relevée en arrière à la façon d'un animal qui regarde en l'air ; roulant, au milieu de sa face jaune et plate, deux petits yeux étincelants comme des yeux de fouine, tout d'un trait, sans reprendre haleine, nasillant toujours sur la même note, il débita le morceau suivant, dont je puis garantir les propres termes, car un des grands de la cour, sur ma demande, m'en donna copie quelques jours après[1] :

« LE TRÈS HAUT PADUCCO. Syri Sultaan Nelmonam, welguxa, nemochadiun macivitha, Jouken der eauten lillaula fylan.

« Le Roi des rois qui fait croître et couler les eaux ; le Monarque qui est comme un Dieu, comme un Soleil au plus haut point de son élévation : aussi lumineux que la lumière dans son plus grand éclat ;

« L'élu de Dieu pour être estimé autant que l'Étoile du nord ; dont la naissance est toute royale, comme étant issu du grand Alexandre, et dont l'esprit est tout parfait, tout voyant et tout pénétrant ; semblable à un globe toujours roulant, et fait de manière à mesurer les abîmes de la mer ;

« Roi qui a orné les tombeaux de tous les saints trépassés ; qui est aussi juste que Dieu, et d'une puissance si vaste, que le monde tout entier peut se cacher à l'ombre de ses ailes ;

« Roi qui fait justice en toute chose, comme les rois qui l'ont précédé, et le plus magnanime de tous les princes ;

« Roi qui tient de la main de Dieu quantité de mines d'or ;

---

1. De peur qu'on ne soit tenté de penser que ce document a pu être modifié pour le faire paraître plus curieux, nous croyons utile d'avertir qu'il est rapporté textuellement, avec un autre aussi incroyable, dans les *Voyages de Jean Struys*, t. I, page 95.

qui a fait bâtir des Pagodes toutes d'or et de cuivre; qui s'assied sur un trône qui n'est qu'or et que pierreries ;

« LE ROI DE L'ÉLÉPHANT BLANC, qui est roi de tous les autres Éléphants, et devant qui tous les autres Éléphants sont obligés de se prosterner;

« Roi de qui les yeux sont aussi brillants que l'Étoile du matin ;

« Auquel sont soumis des Éléphants à quatre dents, des Éléphants rouges, de couleur de pourpre et de plusieurs autres couleurs ; comme aussi d'un Éléphant Buytenaque, pour lequel le Dieu tout-puissant lui a fait présent de plusieurs sortes de housses en broderies, en très grand nombre, et toutes semées de pierres précieuses ;

« Roi de quantité d'autres Éléphants instruits à la guerre, dont les harnais sont à l'épreuve du fer et du feu ; d'autres dont les dents sont armées de fer, et les harnais de cuivre ;

« Roi qui a des chevaux sans nombre ferrés d'or, dont les housses sont aussi d'or et toutes semées de pierreries, outre une infinité d'autres chevaux qui sont propres à la guerre ;

« Roi qui est au-dessus de tous les Rois, Empereurs, Monarques, Princes et Potentats de l'univers, depuis l'Orient jusqu'à l'Occident ;

« Le Souverain Empereur, qui tient sous l'ombre de ses ailes le grand, le riche, le pauvre, et l'incomparable royaume de Siam, la splendeur de la belle et célèbre ville d'Ayuthia, dont les portes et les issues sont habitées par une infinité de peuples, et qui est sans contredit la Capitale de l'univers ;

le seul Trône digne du plus grand des rois, auquel est soumis le plus beau et le plus fertile de tous les pays que le soleil éclaire ;

« Monarque très illustre, très puissant, très haut, qui est semblable au Dieu des armées; le très saint qui voit toutes choses ;

« Qui élève aux honneurs et aux dignités ceux qui ont l'esprit de s'insinuer en ses bonnes grâces, et qui fait au contraire brûler vifs ceux qui se révoltent contre lui ;

« Le plus excellent et le plus noble de tous les Rois ; Roi aussi puissant que Dieu, et en qui réside le pouvoir de faire tout ce que Dieu a fait et créé. »

Ayant enfin achevé de réciter cette litanie prodigieuse, le courtisan baissa la tête, et reculant, toujours à quatre pattes, alla reprendre son rang et se mit debout.

Cette fois il fallait répondre, car le roi s'était tourné vers nous en ayant l'air de nous demander ce que nous en pensions. Boralho, après quelques instants de réflexion, s'en tira de façon à confirmer la haute estime que j'avais déjà pour son caractère et sa sagesse.

« Ce que nous venons d'entendre, Sire, dit-il, nous donne une idée beaucoup plus merveilleuse de la puissance de Votre Majesté que nous n'aurions pu la concevoir : nous en tirons une raison d'être encore plus honorés de la faveur d'un si grand roi. Mais surtout nous nous réjouissons de vous voir allié au souverain notre maître, car il est aussi empereur de tous les rois, il a tant de maisons pleines d'or et de pierreries que personne n'en pourrait faire le compte, et ses armées et ses flottes sont tellement innombrables, que s'il le voulait, avec la dixième partie de ses marins et de ses soldats, il pourrait conquérir tout l'Occident. Notre plus grand bonheur sera de travailler à resserrer autant que possible son alliance avec Votre Majesté. »

Là-dessus nous prîmes congé, et rentrés dans nos appartements, nous pûmes d'abord donner carrière à l'envie de rire qui nous étouffait, après quoi nous nous dîmes que tout cela était fort drôle, mais qu'il était temps de parler un peu raison.

Après ce que j'avais vu au cours du voyage et à notre arrivée, j'avais cru que rien ne pourrait plus m'étonner dans ce pays invraisemblable, mais le discours du roi et surtout la litanie insensée dont il l'avait fait suivre, me laissaient véritablement stupéfait.

« Est-il fou, est-il imbécile? dis-je à Boralho.

— Hé! mon Dieu, me répondit-il, il est né imbécile et on l'a rendu fou, voilà la vérité. Comment voulez-vous qu'une cervelle humaine puisse résister à un pareil régime? Quelle idée réelle peut-il rester à un homme qui se croit roi des éléphants et capable de faire tout ce que Dieu a créé?

« Songez qu'il sort d'une race royale où, depuis des siècles peut-être, la même hérédité de folie se transmet, grossie des flatteries de chaque génération de courtisans; que toute son éducation s'est réduite à ces flagorneries idiotes, et que depuis le premier jour qu'il s'est assis sur son trône, il n'a jamais entendu autre chose. En dehors de cela il ne sait rien, ne pourrait rien savoir puisqu'il ne peut rien comprendre, et quand nous l'interrogerions pendant dix ans, nous n'en tirerions pas davantage.

« Cette espèce de chien couchant, qui nous a ânonné les titres de son maître, nous en a appris, sur le gouvernement et le roi de ce pays, plus que nous n'en saurions après trois ou quatre mois de séjour.

— Et alors qu'allons-nous faire?

— Rester ce qu'il faudra de temps pour ne pas brusquer notre départ, mais nous en aller le plus tôt que nous pourrons. Tâchons de profiter de notre séjour pour connaître par nous-mêmes le pays et ses ressources, les habitants et leurs dispositions, et nous arriverons peut-être à établir, seule chose qui nous importe, des 'ions de commerce.

« Quant au gouver ent, ce sera folie de vouloir nous rendre compte d'une cho qui n'ex te pas ; si le roi est attaqué par le roi de Pégu, lui averrons du secours. En attendant, nous lui laisseron. cinquante Portugais, qui tâcheront de mettre un semblan. lre dans ce ramassis de paysans et d'aventuriers qu'il appelle ses armées, et nous aurons, je crois, tiré tout le profit possible de notre ambassade. »

Je ne pouvais qu'approuver un avis aussi sage : ce que disait Boralho était l'évidence même. Partis de cet accord, nous passâmes le reste de la soirée à examiner et à choisir les moyens de faire notre enquête et de parcourir un peu le pays sans nous exposer à être trompés comme il arrive si souvent aux étrangers dans ces pays d'Extrême-Orient. Le lendemain lorsque nous nous levâmes, il y avait de grandes nouvelles.

Des espions étaient arrivés dans la nuit, rapportant que le roi de Pégu se disposait à mettre en marche une armée de seize cent mille hommes, avec vingt mille éléphants et trois mille rhinocéros de guerre, et que sa flotte, composée de dix-sept cents navires de rames, dont cent galères montées entièrement par des soldats étrangers, allait faire voile pour Martaban.

Déjà le roi avait convoqué son conseil, et sur l'avis des bonzes, décidé de partir immédiatement pour aller faire un pèlerinage à la pagode de Tinagoogoo afin de s'assurer la victoire contre son ennemi. Pendant ce temps on organiserait les moyens de défense de la capitale, où le roi, dès lors sans inquiétude possible sur l'issue du siège, reviendrait prendre le commandement de l'armée.

Connaissant l'exagération habituelle des Orientaux, nous ne pouvions faire grand fond sur ces nouvelles. Nous demandâmes à voir le roi, qui nous les confirma, nous suppliant d'adresser tout de suite une demande de secours, qu'il se chargeait de faire porter à Pedro de Faria par un de ses navires.

Après nous être consultés, nous fûmes d'accord que, tout raisonnement était inutile avec un pareil monarque, il n'y avait pas de difficulté à faire ce qu'il demandait, car Pedro de Faria saurait bien refuser pour peu qu'il y vît d'inconvénient, et s'il consentait, cet acte d'assistance ne pourrait qu'inaugurer avantageusement les relations que notre ambassade avait pour objet.

Le roi nous remercia, nous appelant ses amis, ses frères, avec tant d'effusion, tant d'exubérance, que nous vîmes le moment où il allait nous appeler ses éléphants! Il en pleurait presque, nous remerciant de lui avoir dès à présent sauvé la couronne et la vie. Il oubliait évidemment que les dieux de la pagode de Tinagoogoo allaient lui assurer la victoire, et cet oubli aurait pu nous faire douter de sa foi : mais il avait peur, et la peur, comme chacun sait, fait songer plutôt à ce qu'il faut craindre qu'à ce qu'on peut espérer.

Il conclut d'ailleurs en nous disant qu'au moment de partir pour ce pèlerinage, il ne voulait pas se séparer de nous et qu'il nous emmenait avec lui, entendant nous attribuer pendant le voyage les honneurs dus aux ambassadeurs du plus grand roi de l'Occident. Nous acceptâmes avec empressement, car nous trouvions là, dans des conditions uniques, l'occasion de recueillir sur les hommes et les choses du pays les renseignements que nous désirions emporter.

Le départ eut lieu le lendemain en un appareil encore plus magnifique qu'à notre voyage précédent. Nous fûmes placés sur un éléphant, immédiatement après le roi. Devant nous marchaient des chariots de musiciens faisant, au milieu des acclamations du peuple, un tintamarre abominable de cymbales, de tambours et de cloches.

Le pays que nous traversions était d'une fertilité extraordinaire, couvert sans interruption des plus belles cultures; on y voyait toute sorte d'arbres et de plantes produisant le sucre, la laque, le benjoin, le poivre, la cannelle, le riz, le coton, le lin, le safran, la myrrhe, la muscade, enfin de véritables trésors à charger des milliers de navires.

Lorsque nous nous informions de ce que tout cela se

vendait, les prix indiqués étaient si faibles que nous pouvions à peine y croire. Il y avait là une source de richesse infinie pour notre commerce, car le peuple était innombrable, et la terre manquait pour occuper ceux qui cherchaient du travail.

Outre ces productions agricoles, le pays abondait en musc, azur, cuivre, ivoire, pierres précieuses de toute sorte, mais surtout l'or y était en si grande abondance qu'on l'employait pour des ustensiles communs, jusqu'à s'en servir pour contenir la nourriture des éléphants.

A ces richesses naturelles s'ajoutaient les éléphants, chevaux, buffles, moutons, qu'on voyait répandus par toute la campagne; une immense quantité de gibier qui multipliait extraordinairement, les grands seuls ayant le droit de chasser; enfin des poissons de plusieurs espèces foisonnant dans les rivières et les canaux dont le pays est partout sillonné.

Ce royaume était donc évidemment un trésor, non pas seulement pour ses habitants, mais pour tout peuple qui commerçait avec lui, et nous pouvions nous rendre compte, par nos yeux, des avantages que le Portugal allait retirer de son alliance avec un aussi riche pays.

Au bout de huit jours de voyage nous arrivâmes à Tinagoogoo, où le roi, après avoir pris une journée de repos dans un des nombreux monastères de ce lieu de pèlerinage, fut salué le soir par plusieurs milliers de prêtres et de religieux lui apportant leurs bénédictions et leurs hommages, et venus pour prendre ses ordres au sujet de la fête du lendemain, qui allait se célébrer dans les rues de la ville.

Le lendemain matin, tandis que le roi s'y rendait en grand

cortège, nous aimâmes mieux y aller de notre côté, afin de voir de plus près les détails de la fête, dont le nom est *Massunterinao*, c'est-à-dire, commémoration des morts, et qui consiste en prières, sacrifices, pénitences et aumônes, à l'intention des âmes passées dans l'autre monde.

Car ces peuples, quelque grossières que soient leurs superstitions, sont convaincus comme nous qu'il y a une vie future ; que les vivants peuvent, par la prière et par les œuvres, communiquer avec les morts, leur faire parvenir des souvenirs d'affection, des marques de regret, et intercéder auprès de Dieu pour adoucir leur sort dans cette seconde vie.

Le spectacle auquel nous allions assister devait produire un bien grand changement dans les idées qu'à première vue nous nous étions faites de ces pays d'Orient. Jusqu'alors nous n'avions connu du royaume de Siam que les pirates, les marchands, les grands et le roi, et ne jugeant la nation que d'après ceux-là, nous n'avions qu'un mot à la bouche : barbares....

Mais quand nous eûmes appris, par l'énormité même des folies qu'on obtenait d'eux au nom du dogme de la vie future, ce qu'était leur foi, nos yeux se dessillèrent. Alors nous comprîmes comment des millions de braves gens, avec un gouvernement de fous et de bêtes féroces, pouvaient vivre cependant, et vivre heureux, dans le travail, la soumission, l'humilité chrétienne, vraiment, tandis que dans une espèce d'empyrée, à mille lieues au-dessus de leurs têtes, voilés d'une vapeur divine, ses rois et ses grands s'entr'égorgaient.

Certes, ainsi qu'on en pourra juger par la description qui suit, les absurdités que les bonzes leur imposent peuvent aller jusqu'à l'imbécillité, jusqu'au crime : mais c'est le fait de quelques milliers de fanatiques sur un milliard peut-être d'hommes dont l'Orient pullule. Et s'il n'y avait pas eu là des prêtres pour leur enseigner, par des légendes plus ou moins ingénieuses, qu'il y a un Dieu dans le ciel et une âme dans notre corps, au lieu d'être la partie la plus peuplée du monde l'Extrême-Orient ne serait depuis des siècles qu'un désert, une race sans dieu ni âme ne pouvant que finir par l'extermination.

La procession qui commença la fête était formée de *quarante mille* prêtres environ, venus de tout le royaume, et appartenant aux vingt-quatre sectes de la religion, distinguées par des devises et enseignes particulières.

Les prêtres d'un rang supérieur étaient portés dans des fauteuils ou des palanquins par des prêtres du second ordre vêtus de satin vert avec des étoles de damas incarnat retroussées sur les bras.

Au milieu des files de cette procession, des moines en robes jaunes, un cierge à la main, portaient des idoles d'argent massif. De quinze en quinze idoles venaient des chars de quatre à cinq étages, à huit ou dix roues, chargés d'au moins deux cents personnes, tant prêtres que soldats, et au plus haut s'élevait une idole d'argent massif.

Derrière chaque char suivaient des prêtres brûlant des parfums exquis, des troupes d'enfants vêtus de longues robes traînantes en soie cramoisie, et d'autres, avec des encensoirs, marchant à reculons, aux sons d'une musique étourdissante, chantaient d'une voix triste :

« Seigneur, adoucis la peine des morts, afin qu'ils te louent en paix! »

Et le peuple répondait en chœur :

« Que tel soit ton bon plaisir, et qu'ainsi il arrive chaque jour où tu nous montres le soleil! »

Chacun des chars était tiré par plus de trois mille personnes à l'aide de longues cordes enveloppées de soie, ce qui valait pleine absolution de tous les péchés, avec dispense de restitution de ce qu'on aurait volé. D'ailleurs, la place manquant pour tenir la corde, on se relayait continuellement, et comme il suffisait de toucher ceux qui la tenaient, il y avait des grappes de gens accrochés à ceux-là, et d'autres par derrière, de sorte que chaque corde traînait six ou sept rangs de dévots au nombre de plusieurs centaines.

Des deux côtés du cortège galopaient sans relâche des cavaliers qui, armés de bâtons énormes, assommaient les assistants, leur criant de ne pas troubler par leurs conversations les prières des prêtres, frappant d'une telle force qu'ils abattaient parfois trois ou quatre dévots d'un coup, sans que personne tournât seulement les yeux pour y regarder.

La procession parcourut ainsi plus de cent rues toutes couvertes d'un berceau de myrtes et de rameaux entrelacés, et pavoisées d'étendards et de bannières de soie.

De place en place étaient dressés des théâtres où se jouaient des farces, des tables où on donnait à manger à tout venant; en d'autres endroits on distribuait même de l'argent et des vêtements. En un mot, il s'y faisait tant de bonnes œuvres, et tout cela pour l'amour de Dieu, que si elles avaient été accomplies au nom de la vraie foi, Dieu les aurait agréées : mais si nous n'en avions pas la certitude, nous en conçûmes du moins l'espérance, connaissant l'infinie bonté du père de toutes les créatures.

Cependant la procession avait parcouru presque toute la ville : elle entra dans une espèce d'immense avenue, et là commencèrent des scènes de fanatisme auxquelles je n'aurais jamais pu croire si je ne les avais vues de mes propres yeux.

De certaines cabanes de bois établies sur le passage du cortège, on voyait sortir de temps à autre, par six, huit ou dix à la fois, des hommes couverts de parfums et enveloppés de couvertures de soie.

Le peuple leur faisait place, et ayant salué l'idole dressée au sommet du char, ils se laissaient tomber à terre, et les roues, passant sur eux, les écrasaient.

A cette vue les assistants s'écriaient :

« *Pachiloo a surun*, ce qui signifie : Mon âme soit avec la tienne ! »

Aussitôt descendaient du char une douzaine de prêtres, qui ramassaient les débris des pénitents, et les ayant recueillis dans de grands bassins préparés pour ce pieux usage, les montraient au peuple en disant d'un ton lamentable :

« Misérables pécheurs, mettez-vous tous en prière afin que Dieu vous rende dignes d'être saints comme celui-ci qui est maintenant mort par ce sacrifice dont l'odeur est agréable ! »

Et tout le peuple répondait :

« Nous espérons que le Dieu de mille Dieux le permettra ainsi ! »

A voir une scène aussi épouvantable, nous crûmes que ces actes de folie s'arrêteraient là : mais ils se continuèrent jusqu'à la fin de la cérémonie, et d'après ce que nous dirent ensuite plusieurs marchands dignes de foi, plus de six cents malheureux insensés se sacrifièrent ainsi dans cette seule journée.

Après ceux-là en venaient d'autres, appelés Xixaporaus, qui à tout instant venaient gambader comme des fous devant les chars, et à coups de rasoir s'enlevaient des bandes de chair qu'ils piquaient à la pointe d'une flèche, et les agitant en l'air comme pour les lancer au ciel, criaient qu'ils en faisaient présent à Dieu pour l'âme de leur père, de leur femme, de leurs enfants, ou de toute autre personne à l'intention de laquelle ils faisaient cette belle aumône.

A chaque fois que retombait un des morceaux de chair, le peuple se précipitait pour s'emparer de cette relique précieuse, mais avec tant de violence que plusieurs personnes s'y trouvaient étouffées.

Pendant ce temps, devenu plus enragé, le martyr continuait à se taillader le corps et le visage, jusqu'à ce qu'enfin, sans nez, sans lèvres, sans oreilles, ne formant plus qu'une masse sanglante, il tombât mort.

Aussitôt un prêtre descendait du char, coupait la tête du saint et la montrait au peuple, qui se mettait à genoux en récitant la prière suivante :

« Seigneur, fasse ta bonté que le jour arrive bientôt où, pour ton service, nous puissions faire de même! »

J'avais bien entendu parler des monstruosités auxquelles,

dans leur délire de fanatisme, peuvent se porter des peuples barbares, et quelle que fût mon horreur devant les scènes que je viens de décrire, l'idée qui les inspirait y mêlait je ne sais quelle épouvantable grandeur. Mais que des mendiants pussent en venir à se supplicier de même pour extorquer des aumônes, je n'aurais jamais osé l'imaginer : et c'est ce que nous vîmes dans cette même procession.

Certains de ces mendiants, donc, un rasoir à la main, s'en allaient parmi la foule, et s'arrêtant devant le premier venu, lui disaient :

« Fais-moi l'aumône pour l'amour de Dieu, sinon je me tue. »

Si on refusait, ils se coupaient la gorge ou s'ouvraient le ventre et tombaient morts, sur quoi les prêtres venaient, comme aux autres martyrs, recueillir leurs têtes pour les montrer au peuple.

D'autres avaient inventé un supplice qui, pour n'être pas sanglant, n'en était pas moins révoltant, et dont ils éclaboussaient quiconque tardait ou se refusait à les satisfaire. Tenant à la main un vase rempli d'une ordure infecte, ils demandaient l'aumône, disant :

« Donne-moi tout de suite, ou j'avale ces ordures, qui sont le manger du diable, et je t'en barbouille afin que tu sois maudit comme lui ! »

Aussi fallait-il voir avec quel empressement chacun accourait pour donner, en prévenant même la demande ! Mais s'il se trouvait un malheureux qui, faute d'argent ou même de promptitude, le fît attendre une seconde, le mendiant avalait un grand trait de l'effroyable breuvage et en barbouillait tous ceux qui lui tombaient sous la main.

Et ce qu'il y avait de plus inouï, c'est que les assistants, voyant tous ces gens barbouillés, les appelaient maudits et tombaient dessus à grands coups de poing et de bâton, disant que ces misérables étaient excommuniés pour avoir été cause que ce saint homme avait mangé de cette ordure comme en mangent les diables, et qu'il allait rester puant devant Dieu, sans jamais pouvoir vivre parmi les hommes ni se faire recevoir au paradis !

Jusque-là Boralho qui, en sa qualité de colonisateur et d'aventurier portugais, n'était pas autrement tendre, avait assisté à ces horreurs avec le regard de glace que l'habitude du carnage donne un peu à tous les conquérants.

Il y avait d'ailleurs en lui, et je le ressentais moi-même, quelque chose de ce secret mépris que le suicide et la folie inspirent à tout homme sain d'esprit et de cœur ; de plus il faut bien avouer que le sang d'un sauvage ou d'un barbare ne nous fait pas le même effet à voir couler que celui d'un homme de notre race : nous avions donc, vaille que vaille, assez bien supporté le spectacle de ces sacrifices, sacrifices volontaires où nous n'étions pour rien, et que nous n'aurions jamais pu empêcher.

Mais devant les folies de l'homme aux ordures, le cœur nous manqua décidément, et pâles comme des morts, sentant nos jambes se dérober, nous nous regardâmes d'un air de détresse.

« Dites-moi, Poban, murmura Boralho d'une voix étranglée,

car il osait à peine ouvrir la bouche, est-ce que vous ne trouvez pas que nous nous sommes assez amusés ? »

L'air consterné dont il me dit cela était si drôle sur ce visage d'ordinaire fort rude, que je ne pus m'empêcher de rire, et le prenant par le bras :

« Vous avez raison, lui dis-je, je crois que nous ferions bien d'aller prendre un peu d'air raisonnable loin de ces fous furieux. »

Et marchant à grands pas, la tête pleine de visions affreuses, le cœur sur les lèvres, nous enfilâmes la première ruelle pour nous éloigner le plus possible du passage de la procession, et après une assez longue course qui nous rafraîchit un peu, nous arrivâmes sans accident fâcheux au palais où nous étions logés.

Encore sous l'impression des choses horribles et dégoûtantes que nous venions de voir, nous nous mîmes à table, ne parlant guère et mangeant du bout des dents ; mais au rôti, au moment où l'un des convives mit le couteau dans un gigot saignant et que j'en vis ruisseler le jus, je fus pris d'un haut-le-cœur et obligé de me lever de table. Il faut croire que Boralho ne s'en était pas moins ressenti, car au bout de quelques minutes il vint me rejoindre, l'air pensif.

Après avoir fait quelques tours de promenade sans nous dire un mot, je sentis enfin un mouvement d'indignation me monter à la tête ! Je m'arrêtai, je fis face à Boralho, et lui mettant les deux mains sur les épaules, moitié riant, moitié colère, je lui dis que c'était abominable à lui de m'avoir mené voir de pareilles infamies ; que j'en étais malade ; que lui, qui connaissait la barbarie de ces sauvages, aurait dû me prévenir : là-dessus je me répandis en malédictions et en injures contre ce peuple idiot, ces prêtres sanguinaires, ces martyrs enragés, m'écriant que c'étaient tous des bêtes féroces, et qu'après avoir vu ces monstruosités, si on ne se sentait pas d'une race supérieure, on aurait honte d'être homme.

Boralho m'écoutait sans rien dire, fixant sur moi un si profond regard que je finis par baisser le ton jusqu'à ce qu'enfin, tout à fait interloqué, je m'arrêtai.

Passant alors la main sur son front et caressant ensuite sa moustache grise :

« Voilà comme il faut parler, me dit-il, quand on est jeune comme vous : il me semble m'entendre moi-même lorsque, ayant à peine votre âge, je débarquai sur cette terre inconnue, avec mes idées d'Europe, mes sentiments de chrétien, et un orgueil, comme nous l'avons tous, de conquérant.

« Mais depuis vingt ans que je vois de près les hommes et les choses, je rabats chaque jour un peu de mes jugements et de mes condamnations, et, vous le dirai-je, j'en viens tout doucement à me demander si nous valons mieux, ou même si nous valons autant que ces peuples qui, au moins par leur nombre, formant plus de la moitié de la race humaine, ont la majorité sur nous autres soi-disant civilisés.... »

A cette tirade inattendue, les bras me tombèrent d'étonnement, au point que, n'en pouvant croire mes oreilles :

« Boralho ! lui dis-je en lui serrant le bras, est-ce que vous parlez sérieusement ? Quoi ! ces bacchanales de fous, ces orgies de tigres.... Est-ce que je ne deviens pas fou moi-même, à entendre un homme tel que vous comparer notre civilisation si polie, si humaine, à cette sarabande de démons enragés?

— Pourriez-vous me dire, répondit-il très doucement, ce qu'un peuple gagne, en Europe, lorsque son territoire est envahi par l'ennemi et qu'on y met tout à feu et à sang dans l'intérêt de deux ou trois personnes, souvent d'une seule?

— Mais....

— Pourriez-vous me dire ce qu'un peuple gagne à être chargé de fers, enterré vivant dans des oubliettes, broyé dans des tortures qui dépassent l'imagination; pendu, décapité, écartelé, tenaillé, coupé en quartiers, brûlé à petit feu?

— Il faut pourtant bien une justice....

— Justice! Ah! ce mot-là vous suffit? Eh bien, dites donc aussi : gloire, et vous croyez qu'avec ces deux mots vous aurez justifié les crimes de la guerre et de la justice telles que nous les pratiquons en Europe?

— Quoi! ces massacres, ces supplices, et au nom de la religion, encore! Et quelle religion! Vous comparez cela....

— Combien avez-vous tué d'hommes depuis que vous êtes arrivé parmi nous? Pourriez-vous me le dire, Lazare Poban? Vous vous taisez. Il est vrai que vous les avez tués sans compter, n'est-ce pas? Sans parler des autres, nous en avons bien, rien qu'à Poulo Hinnor, envoyé dans l'autre monde quelque huit cents, hein? Et tout cela pourquoi? Dans un intérêt commercial, pour que les Portugais aient plus de facilité à se procurer des marchandises à bas prix, et pour que vous profitiez de leurs bénéfices.

« Et quand, au prix de quelques sacrifices sanglants de

temps à autre, ces prêtres sont parvenus à faire vivre, depuis plusieurs siècles, des millions et des milliards d'hommes dans l'ordre, la soumission, le travail, le bonheur, et, ce qui à soi seul vaut autant que tout le reste, dans la foi en Dieu et dans l'espérance d'une autre vie, vous criez à la barbarie et vous les traitez d'enragés et de bêtes féroces !

« Que diraient-ils de nous s'ils nous voyaient à l'œuvre dans ces guerres où, non contents de nous éventrer et de nous assommer à portée de la main, nous arrivons, par des raffinements abominables de férocité, à détruire, d'un seul coup de nos machines de guerre, des centaines et des milliers d'hommes à la fois !

« Mais que dis-je ? Ils les connaissent déjà, les malheureux, ces moyens de destruction contre lesquels leur pauvre courage se voit en toute rencontre balayé comme la feuille au vent : hors la terreur qu'elle leur souffle, que voulez-vous que notre civilisation leur apprenne de leurs devoirs envers Dieu et envers les hommes ?

« Croyez-moi, mon « jeune » ami, n'ayez point d'orgueil : avant de juger les autres, commencez par vous juger vous-même : vous finirez par reconnaître, tout bien considéré, que les hommes, partout et en tout temps, font le plus de bien et le moins de mal qu'ils peuvent... et dame, comme ils peuvent.... »

Je baissai la tête, ébloui du rayon de lumière que cet homme si supérieur à moi venait de jeter sur les vérités de la vie, et je ne pus me retenir de lui prendre la main et de la lui baiser en lui disant :

« Merci ! »

C'est la plus grande leçon que j'aie jamais reçue; personne ne m'avait jamais dit cela. Je puis affirmer que depuis ce jour je suis devenu un autre homme, je ne dis pas dans toutes mes actions, car la misère humaine ne perd jamais ses droits, mais dans mes idées, dans mes jugements. S'il pouvait arriver qu'on fît comprendre à tous les hommes cette règle suprême de la morale et de la vie, ah! la terre serait un lieu de délices!

Au reste, ainsi que je l'ai dit au commencement de ce récit, j'avais toujours été porté naturellement à prendre les choses du bon côté, et grâce à cette inclination, j'étais mieux préparé que personne fût à tirer profit de la leçon; mais quand on connaîtra les épreuves auxquelles ma destinée me réservait, on pourra voir quelle force d'endurance et de résignation j'ai puisée dans cette idée que la Providence, comme nous autres hommes, nous fait le plus de bien et le moins de mal qu'elle peut.

De bonne foi, nous ne pouvons pourtant pas avoir la prétention qu'il nous arrive toujours du bien et jamais de mal, car alors il serait bien plus simple d'aller tout droit en paradis sans passer par la terre. Or Dieu nous a mis sur la terre, et il ne nous y a pas mis pour nous y amuser : « il nous a créés et mis au monde pour l'aimer, le connaître, le servir, et par ce moyen obtenir la vie éternelle ».

Et voilà comment, ainsi que j'aime à me le répéter quand les orages de la vie grondent sur ma tête, tout est pour le mieux dans le meilleur des mondes possible.

Ceci bien entendu, on ne s'étonnera pas que, revenu de

mes préventions contre ces bons Siamois, je sois retourné, en compagnie de Boralho, à la fête dont la procession n'était que le prologue. Nous n'avions d'ailleurs plus de scènes sanglantes à affronter; nous allions assister à des pénitences qui, loin de nous navrer, devaient offrir des sujets d'observations curieux, et même drôles, s'il m'est permis d'employer cette expression profane. Nous assisterions ensuite à des cérémonies dans la pagode de Tinagoogoo.

Mais quelques éclaircissements théologiques sont ici nécessaires pour faire comprendre au lecteur le point de dogme qu'il s'agissait de solenniser.

Or il faut qu'on sache que « Le Serpent de Fumée », qui est le diable de la religion bouddhique, avait conçu le projet infernal de voler les âmes de ceux qui s'étaient sacrifiés la veille, afin de les empêcher d'aller au ciel. Il s'agissait de l'épouvanter pour l'empêcher de réussir à cet abominable dessein, et pour l'effrayer, toute la population, depuis une heure après midi jusqu'au lendemain matin, n'avait cessé de pousser des cris et des hurlements, en s'accompagnant de cloches, de tambours, de bassins, de conques marines, le tout formant un tintamarre, ou plutôt un charivari, si prodigieux, qu'il était impossible de s'entendre.

En même temps chacun des assistants faisait brûler des cierges, ce qui donnait à la foule l'aspect d'une mer de feu.

Tout ceci se faisait parce que « le Tinagoogoo Dieu de mille Dieux était parti à la recherche du Serpent Glouton pour le tuer avec une épée que le Ciel lui avait envoyée », et il fallait éclairer, afin que le Serpent Glouton ne pût pas profiter des ténèbres de la nuit pour se dérober à la poursuite du Tinagoogoo. Tous les ans, à jour fixe, le Serpent Glouton recommençait sa tentative, et à chaque fois le Tinagoogoo ne manquait pas de lui couper la tête, ce qui arrivait un peu avant la pointe du jour.

Lorsque nous parvînmes sur le lieu de la fête, vers sept heures, le soleil était levé depuis longtemps, de sorte que nous nous trouvâmes au milieu d'un véritable délire de joie. En tête d'une immense procession, on voyait descendre des marches du temple un groupe de prêtres qui, portant des bannières blanches, se répandirent de tous côtés parmi la foule, racontant aux fidèles que le Serpent Glouton avait été tué, ainsi qu'en témoignaient ces bannières blanches, signe de victoire.

A cette nouvelle, c'était de toutes parts une allégresse inexprimable ; les uns sautaient, dansaient, cabriolaient, en lançant leurs chapeaux en l'air, les autres pleuraient en se jetant dans les bras de leurs voisins, et tous, pour célébrer cet heureux événement, se faisaient les uns aux autres des présents en signe de félicitation.

« Eh bien, me dit Boralho en me montrant de sa main ouverte ce tableau de joie si franche, voilà le bonheur ! Ce rêve, après lequel tant de peuples soi-disant civilisés courent depuis des siècles, pour arriver la plupart du temps à se haïr les uns les autres, à se rendre la vie dure et lugubre, le voilà réalisé, avec quelques contes bleus, et par des prêtres imbéciles, encore ! Si jamais il vous est arrivé de douter de la nécessité d'une religion, en doutez-vous maintenant?

Ces réjouissances durèrent trois jours et trois nuits, que nous jugeâmes plus à propos de consacrer à d'autres occupations; mais lorsqu'elles eurent pris fin, nous allâmes voir la fin de la fête, qui consistait en une espèce de foire aux pénitences suivie d'exercices de dévotion dans le temple, en l'honneur du dieu Tinagoogoo.

ON METTAIT LE PÉNITENT DANS UN DES PLATEAUX DE LA BALANCE.

X

LE PESAGE DES CONSCIENCES. — LA MONNAIE DES PÉCHÉS. — BREBIS TONDUES. — UN DÉCAPITÉ DE BRONZE. — LES MANGEURS DE SCORPIONS. — TOUT LE MONDE EST FAIT COMME NOTRE FAMILLE. — LE TRIOMPHE D'UN BUVEUR. — LE PRESTIGE DE L'IVROGNERIE. — ÉMOTION BIEN CONCEVABLE DU TRIOMPHATEUR, SUIVIE D'UN DOUX SOMMEIL. — PUISSANCE DE LA PHILOSOPHIE.

Après mille peines pour nous frayer passage à travers la foule, nous pûmes enfin parvenir à la place où s'élevait le temple. Là étaient installées un grand nombre de balances suspendues à des traverses de bronze.

Aux dimensions considérables de ces instruments de précision, on ne se serait pas douté de l'usage auquel ils étaient destinés, car ils servaient à peser les consciences : c'est qu'on pesait en bloc, corps et âme, et le poids du pécheur mesurait celui de ses péchés. On plaçait donc le pénitent dans un des plateaux de la balance, et dans l'autre plateau celui-ci devait mettre l'équivalent de son poids en produits ou valeurs d'une nature en rapport avec son péché mignon. Moyennant ce, il était déchargé de tout ce qu'il avait pu faire de mal jusqu'au moment du pesage.

Ce dégraissage comportait naturellement, pour les pesés, l'aveu sincère de leur vice dominant : ils venaient donc tour à tour, l'air repentant et confus, murmurer leur confession à l'oreille du prêtre. Mais cette discrétion ne les mettait pas à l'abri de l'affront, puisque chacun n'avait qu'à regarder pour voir le titulaire de ces vilenies accroché d'un côté et le fond de sa conscience accroché de l'autre.

Rien de plus logique d'ailleurs, et de plus drôle, que ces absolutions au poids. Ainsi ceux qui se reconnaissaient coupables de gourmandise, ou qui dans le cours de l'année avaient négligé de faire les abstinences prescrites par le dogme bouddhique, se pesaient avec du sucre, du miel, des œufs et du beurre ; ceux qui s'abandonnaient à la mollesse, avec du coton, de la plume, des draps fins, de riches vêtements, toutes choses qui portent au péché.

Les tièdes en l'amour de Dieu, ou durs aux pauvres, payaient en monnaie sonnante de cuivre, d'étain ou d'argent, ou même, pour les cas très graves, en écus d'or bien trébuchants ; les paresseux s'acquittaient en bois, riz, charbon, fruits et pourceaux.

On obligeait les orgueilleux à tarer leur conscience avec du poisson sec, des balais, du crottin de cheval ou de la bouse de vache, pour les humilier par ce honteux rapprochement avec tout ce qu'on pouvait imaginer de plus sale ; quant aux gens qui avaient médit du prochain sans lui en demander pardon, ils s'en tiraient moyennant un porc, un cerf, un mouton, pourvu que la bête fût aussi grosse que le pécheur.

Mais une pénitence bien désagréable, qui, celle-là, ne se pesait pas mais s'appliquait, c'était celle des envieux, auxquels on donnait douze soufflets, et quels soufflets ! « pour les faire ressouvenir qu'il ne leur venait aucun profit de vouloir du mal aux prospérités d'autrui ».

Et en leur appliquant ces douze soufflets, on leur disait que c'était « à la louange des douze lunes de l'année ».

Restaient les pauvres. On ne pouvait rien leur faire donner puisqu'ils ne possédaient rien : mais ils avaient leurs cheveux, ils les offraient, et on les leur coupait. Plus de cent prêtres, assis en ligne sur des tabourets, et de grands ciseaux à la main, tondaient ces brebis galeuses, les débarrassant du même coup de leurs chevelures et de leurs péchés, qui tombaient pêle-mêle, formant une litière épaisse, car le tout était en énorme quantité, y ayant là, comme dans tous les pays du monde, infiniment plus de pauvres que de riches.

Au reste, de tous les tributs qui se percevaient, celui-ci n'était pas le moins profitable aux bonzes, car à l'instant on distribuait ces masses de cheveux à plus de mille prêtres inférieurs, qui en faisaient séance tenante des tresses, des bagues et des bracelets dans le genre de ces objets analogues, en crin tressé, qu'on achète dans nos foires pour les emporter en souvenir d'une journée de fête.

D'après ce que nous assura un des bonzes, rien que de la vente de ces objets, on tirait tous les ans plus de cent mille pardains d'or, qui représentent quatre-vingt-dix mille ducats de notre monnaie : ce qui prouve, par parenthèse, l'immense richesse d'un pays où, en dix ou douze heures, on pouvait trouver une pareille somme dans les poches de quelques milliers de pèlerins !

Et ce n'était là qu'une partie des aumônes recueillies par les bonzes dans cette seule fête, alors que le royaume de Siam était couvert de pagodes, de monastères, ayant chacun, comme Tinagoogoo, plusieurs fêtes par an et une quantité innombrable de dieux, de diables et de bonzes.

Après avoir parcouru un immense espace occupé par des théâtres, des cirques, des salles, où l'on donnait toute sorte de danses, luttes, comédies, intermèdes, concerts, avec accompagnement obligé d'aumônes et de sacrifices, nous parvînmes, en fendant une foule compacte, à pénétrer enfin dans le temple.

Cet édifice était d'une seule nef, éclairé d'une infinité de cierges de cire dans des flambeaux d'argent, et parfumé par des centaines de cassolettes où brûlaient l'encens et le benjoin.

L'idole de Tinagoogoo se dressait au milieu du temple, dans une riche tribune en forme d'autel environnée de plusieurs rangées de chandeliers d'argent. Tout à l'entour se tenaient des enfants vêtus de violet, et qui, aux sons d'une musique assez mélodieuse jouée par des bonzes, encensaient continuellement l'idole.

Devant l'autel dansaient des troupes de femmes magnifiquement parées, couvertes de fleurs, de bijoux et de pierreries, auxquelles les assistants donnaient leurs offrandes. Ces offrandes, remises aux prêtres, étaient présentées à l'idole avec toute sorte de cérémonies, de génuflexions et de prosternations.

La statue du dieu Tinagoogoo, faite entièrement d'argent massif, était bien le monstre le plus affreux qu'on pût rêver, et en le voyant je me demandais comment ces prêtres bouddhistes, qui sont pourtant fort intelligents, avaient pu avoir l'idée de représenter sous une forme aussi effrayante l'image d'un dieu bienfaisant : mais en y réfléchissant depuis, j'ai dû reconnaître que là encore, comme dans toutes les choses de ce pauvre monde, les bonzes avaient fait pour le mieux. Il s'agissait de donner au peuple une idée sensible de la puissance d'un dieu protecteur des hommes et exterminateur du diable : comme le diable est laid à faire peur, pour faire peur au diable lui-même il fallait que Tinagoogoo fût encore plus laid que lui.

Or, cette donnée fort sage étant admise, ce Tinagoogoo était un chef-d'œuvre d'horreur, dont le seul aspect aurait suffi pour donner la chair de poule, même quand on n'aurait pas su à quel terrible dieu on avait affaire.

L'idole avait plus de vingt-cinq pieds de haut, une tête gigantesque, des cheveux crépus et ébouriffés, des narines à y fourrer le poing, des lèvres boursouflées, une bouche énorme, et un air furieux; elle tenait à la main une hache en forme de doloire, avec laquelle, disaient les prêtres, le dieu avait mis à mort, la nuit précédente le Serpent Glouton de la Maison de Fumée, venu pour voler les cendres des morts.

Pour preuve de cet exploit, au pied de l'autel de Tinagoogoo était étendu le serpent, couché tout de son long, la tête coupée et, je puis en témoigner en toute conscience, ne donnant plus le moindre signe de vie, ce qui d'ailleurs lui eût été bien difficile, car il était en bronze. Mais ce détail ne déconcertait pas la foi robuste des pèlerins et ne suspendait pas leur indignation, car de toutes parts s'élançait contre la vilaine bête un assaut de gens furieux qui, avec des lances, des aiguillons, des hallebardes, venaient la larder de piqûres, en l'appelant :

« Orgueilleux! Maudit! Sombre habitant de l'enfer! Étang de perdition! Envieux des biens du Seigneur! Dragon nocturne affamé! » et autres aménités du même genre.

Pas n'est besoin de dire que la conclusion, comme pour tous les actes de piété dont il fallait s'acquitter au cours de ces fêtes, était une aumône, et dans des bassins béants au pied de l'idole, les offrandes pleuvaient, en or, en argent, en bijoux, en pièces de soie, en fins draps de coton.

Malgré tout ce que ces cérémonies avaient d'insensé, loin qu'il m'en vînt à l'esprit la moindre idée de moquerie, je m'y sentais saisi d'une sorte d'épouvante respectueuse. Pour qui croit en autre chose que « deux et deux font quatre », il est impossible de voir sans émotion, sans attendrissement, j'ose le dire, de pauvres barbares témoigner à leur manière de leur croyance en Dieu : c'est la pauvreté de la foi....

En sortant du temple, nous allâmes visiter les hermitages des pénitents, à quelque distance de là. C'étaient des grottes taillées de main d'homme, mais avec tant d'art qu'on les aurait crues naturelles. Il n'y en avait pas moins de cent quarante-deux, presque toutes habitées, où des hermites, vêtus de longues robes à la façon des bonzes, se livraient à la mortification de leur chair, convaincus que plus ils se faisaient souffrir sur la terre, plus ils étaient sûrs de gagner le ciel.

Les uns ne vivaient que d'herbes cuites, de haricots grillés, de fruits sauvages, que leur apportaient des pourvoyeurs chargés de les nourrir; les autres, enterrés dans des basses-fosses creusées au plus profond du rocher, n'avalaient que des mouches, des fourmis, des araignées, des scorpions, avec le suc d'une certaine herbe qui croît là en abondance, et qui ressemble à l'oseille.

Là, ne faisant pas un mouvement, ne prononçant pas une parole, ils passaient leurs jours et leurs nuits à méditer, les deux poings fermés, les yeux au ciel, jusqu'à ce que la mort, qui ne tardait guère, vînt mettre un terme à leur extase.

Ceux-ci sont les plus vénérés de tous : on leur fait des funérailles magnifiques, on leur élève des temples ; ce sont des saints, et pour parvenir à cette gloire ils ne craignent pas de se soumettre à ces horribles pratiques.

Comme nous exprimions notre stupéfaction de voir ces malheureux se torturer en s'imaginant se rendre par là agréables à Dieu, on nous dit que d'autres fanatiques se sacrifiaient de façon encore plus effrayante.

Les uns, de la secte de *Godomen*, se retirent dans les montagnes, et marchent, marchent, marchent, les bras en croix, la tête renversée, en criant sans interruption : « Godomen ! Godomen ! » jusqu'à ce que, à bout de forces et de souffle, ils tombent raides morts. Les autres, nommés *Taxilacons*, s'enferment tout simplement dans des grottes très étroites bien calfeutrées à toutes les ouvertures, y allument un feu de chardons et d'épines vertes, et se font asphyxier par la fumée.

Notre visite terminée, nous nous en retournions à la ville, l'imagination bouleversée des scènes extraordinaires qui s'étaient déroulées devant nous. Nous étions rêveurs, échangeant de temps à autre quelques mots vagues. Enfin Boralho entama la conversation.

« J'avais bien entendu parler, dit-il, de la religion de ces peuples, je croyais la connaître aussi bien que je connais leurs gouvernements, mais après ce que je viens de voir, je confesse que je n'en avais aucune idée. Je comprends maintenant pourquoi ces prêtres et ces religieux ont tant d'influence, et comment il se fait qu'ils parviennent à se faire payer le tribut colossal qu'ils lèvent sur la population : c'est qu'en définitive, comme ils vivent pauvrement, ce qui ne fait pas de doute, une fois qu'ils ont prélevé là-dessus ce qui leur est nécessaire pour leur existence, ils emploient tout le surplus en frais du culte ou en aumônes. Aimeriez-vous mieux que cet argent fût employé à fabriquer des armes et des machines de guerre pour exterminer les hommes et dévaster la terre, au lieu d'être consacré à faire la charité, à glorifier Dieu, et à faire vivre des milliers de prêtres qui sans cela mourraient de faim ? Et le travail, le commerce, fournissant à la construction de tous ces temples et aux frais de ce culte, qui en profite ? Les ouvriers et les artistes.

« Sans ces aumônes, des milliers de pauvres mourraient

DEVANT L'AUTEL DANSAIENT DES TROUPES DE FEMMES.

aussi de faim ou iraient sur les grandes routes détrousser les voyageurs, au lieu que ces pauvres sont des gens inoffensifs, qui aiment leurs concitoyens, qui adorent la religion, parce qu'ils n'en reçoivent que du bien.

— C'est vrai, lui dis-je, mais si ces prêtres gagnaient de l'argent par leur travail au lieu de s'en faire donner par tout le monde, et si les mendiants, de leur côté, travaillaient pour vivre, ce serait beaucoup plus moral, et l'argent qu'ils extorquent en offrandes et en aumônes resterait à ceux qui l'ont acquis légitimement. Mais ils trouvent plus commode de forcer les gens à les payer pour ne rien faire !

— Mon ami Poban, croyez-vous qu'un maître d'école travaille quand il enseigne à lire aux enfants ?

— Pourquoi me demandez-vous cela ? Certainement, qu'il travaille, et même au plus ennuyeux des métiers !

— Et le magistrat qui juge les procès, punit les coupables et protège les innocents, travaille-t-il ?

— Il travaille, ce n'est pas moi qui dirai le contraire : mais quel rapport ?...

— Est-ce que le prêtre serait moins qu'un maître d'école parce qu'au lieu d'apprendre à lire à quelques enfants il apprend à tout un peuple à connaître et à servir Dieu ? Est-ce qu'il ne juge pas les consciences et les actions des hommes ? Est-ce qu'il ne punit pas et ne protège pas, comme un magistrat ?

— Je n'ai jamais nié cela, mais....

— Je vous entends : vous trouvez que ce n'est pas la même chose ; que le magistrat juge au nom de la loi, tandis que le prêtre juge au nom de Dieu. S'il n'y avait pas de Dieu, vous auriez raison ; mais il y en a un : vous le croyez bien?

— Si je le crois ! Me prenez-vous pour un imbécile?

— Eh bien, alors, pourquoi ne voulez-vous pas qu'on donne aux prêtres de l'argent pour vivre, quand on en donne aux maîtres d'école et aux juges?

— Mais ceux-là ne sont pas de vrais prêtres, ce sont des imposteurs.

— Ils font connaître Dieu et exhortent les hommes à vivre honnêtement en vue d'une vie future : ceci est d'une vérité absolue, et d'un prix inestimable pour le bonheur de l'humanité. Il est déplorable qu'ils y mêlent tant d'erreurs et d'extravagances, mais que voulez-vous? ce sont des barbares.

« Vous n'avez qu'à voir l'ordre et la richesse de ce pays, et, sans aller plus loin, la joie et l'enthousiasme que tout ce monde faisait éclater tout à l'heure : évidemment ce monde-là est heureux, et enchanté des fêtes magnifiques qu'on lui donne en échange de quelques contributions volontaires qu'il paye de très grand cœur.

« Vous parlez des mendiants : mais quand la population d'un pays devient trop nombreuse, il n'y a plus de travail pour tout le monde ; ceux qui sont en trop, il faut que quelqu'un leur donne à manger, ou qu'ils se laissent mourir de faim. Grâce à l'influence religieuse, chacun y met un peu de son superflu, et ils vivent.

« Eh bien! mon ami Poban, qu'avez-vous à dire à cela?

— J'ai à dire qu'aujourd'hui comme hier, Boralho, vous êtes le plus juste et le plus sage des hommes. »

Le lendemain après déjeuner, voyant qu'il y avait encore beaucoup de monde dans les rues, nous étions sortis pour voir aller et venir cette foule aussi curieuse par le bariolage des costumes que par l'étrangeté des figures. Bien que les Siamois y fussent de beaucoup les plus nombreux, on voyait des hommes de tous les pays de l'Extrême-Orient, et c'était une chose singulière comme tous ces gens paraissaient bons enfants, gais, et affectueux les uns pour les autres.

« Qui se douterait, dis-je à Boralho, que ce soient là les mêmes fanatiques que nous voyions hier ivres d'une joie féroce à la vue du sang ?

— Mais, mon cher ami, le plaisir du carnage est un sentiment propre à l'espèce humaine; c'est une des prétendues supériorités de l'homme sur les animaux, qui ne tuent que pour manger. Les peuples civilisés répriment ce penchant, mais les barbares s'en donnent à cœur joie en toute occasion.

— Si l'on ne dirait pas que ce sont les plus braves gens du monde !

— Ils le sont, ils ne feraient pas de mal à une mouche. Au reste il n'y a pas qu'eux pour prendre plaisir à des spectacles où, pour tout l'or du monde, on ne voudrait pas avoir été acteur. Les courses de taureaux en Espagne, les tournois dans toute l'Europe, sont choses très sanglantes, et la foule s'y presse. Quelle excuse y trouverez-vous ? Ces sacrifices siamois sont affreux, mais enfin ils sont faits au nom d'un sentiment religieux qui vaut bien, convenez-en, celui d'une simple curiosité ? Vous verrez, vous verrez, quand vous aurez vécu aussi longtemps que moi dans ces pays étranges, vous finirez par trouver, comme dit le proverbe italien, que « tout le monde est fait comme notre famille ». Et c'est bien vrai. »

Boralho finissait à peine sa phrase que nous entendîmes, au bout de la rue, retentir une éclatante fanfare, et nous vîmes s'avancer, au milieu d'acclamations frénétiques, un éléphant sur le dos duquel était assis un Portugais. Deux hommes à cheval ouvraient la marche, s'arrêtant de temps à autre pour débiter d'un ton solennel la proclamation suivante :

« Peuple ! louez avec allégresse les rayons du centre du Soleil, de ce Dieu qui fait croître nos riz, car c'est à lui que vous devez la grâce de vivre en un temps où paraît dans votre pays un homme si saint ; un homme qui sait mieux boire que qui que ce soit sur la terre ; un homme qui a renversé sous la table les vingt plus grands buveurs de notre bande, par où sa renommée va s'accroître de jour en jour ! »

« Ah ! par exemple, dis-je à Boralho, voilà un genre de cérémonie qui n'a rien de navrant. Est-ce une plaisanterie ?

— Je ne sais pas, répondit Boralho, ils ont l'air convaincu : voyez plutôt. »

En effet, le cortège était rangé comme une vraie procession : les deux hérauts chevauchaient en tête d'un air solennel ; l'éléphant n'était pas moins officiel, tendant la jambe comme un suisse de cathédrale, balançant la tête de l'air d'un homme très fier de sa fonction, et de temps en temps levant sa trompe et agitant l'espèce de doigt qui la termine, comme pour confirmer la proclamation et signifier ceci au peuple :

« Qu'on se le dise ! »

Derrière, par quatre de front, des gens de tous les pays,

parmi lesquels nos Portugais, marchaient portant des palmes et des feuillages. En avant de l'éléphant, un corps de musique menait un prodigieux fracas de tambours, de trompettes, de cymbales, de cloches, de sifflets et de conques marines, et tandis que des bandes de gamins sautaient, criaient, faisaient la roue et la cabriole en signe d'admiration, une foule de plusieurs milliers d'hommes et de femmes se pressait et se bousculait, poussant de vrais hurlements d'enthousiasme.

« C'est trop curieux, dis-je, il faut que nous sachions ce que c'est ! »

Et entraînant Boralho, je m'approchai d'un des Portugais qui suivaient le cortège pour lui demander ce que cela signifiait.

« Ce que cela signifie ? Mon Dieu ! rien que de fort juste et de plus, très honorable pour notre pays : on canonise mon camarade François Temude, qui est à califourchon sur le cou de cet éléphant : ils sont en train d'en faire un saint parce qu'il boit mieux que les plus grands ivrognes du pays. Vous voyez, nous portons ces palmes comme emblèmes de sa sainteté.

— J'entends, dit Boralho, c'est un de ces triomphes comiques tels qu'on s'en décerne chez nous entre buveurs qui s'estiment.

— Pas du tout, répliqua le Portugais, c'est une glorification qui touche à l'apothéose. Il y a ici des *Chiammays*, commerçants fort riches, qui habitent la partie montagneuse du royaume. Ils sont une vingtaine que l'autre jour François Temude défia tous à boire.

« C'est ce matin que se vidait le défi. Comme ils mettaient

un grand amour-propre à ne pas être battus, ils ont fait durer l'épreuve tant qu'ils ont pu, mais ils ont eu beau boire, Temude a bu encore davantage, si bien qu'il les a tous vus tomber devant lui les uns sur les autres, les uns après les autres, et s'est trouvé debout, le verre à la main, et disant, d'une voix encore à peu près intelligible :

« Verse encore ! »

« Aussitôt que les vaincus eurent fini de cuver leur vin, le chef, chez qui s'était donnée la partie, fit convoquer par toute la ville les marchands de son pays, au nombre de plus de trois cents, et malgré tout ce que put dire Temude, on le fit monter sur l'éléphant pour le mener en triomphe chez le capitaine des Portugais, où nous allons de ce pas. Venez donc, c'est une bonne affaire pour la gloire du Portugal, et la cérémonie est trop intéressante pour que vous n'y assistiez pas jusqu'au bout. Tenez, ajouta-t-il en nous offrant à chacun une palme, prenez donc ceci : il faut que chacun y mette du sien afin de faire honneur à une pareille admiration pour l'un des nôtres. »

Et prenant en main les palmes, nous marchâmes gravement parmi le cortège. On alla ainsi jusqu'à la maison du capitaine des Portugais, où, ayant fait descendre François Temude de son éléphant, les buveurs le saluèrent avec toutes les démonstrations du plus profond respect ; puis, s'étant mis à genoux, ils le remirent au capitaine, lui recommandant d'en avoir soin comme d'un saint homme ou du fils de quelque grand roi.

« Il n'en peut être autrement, dirent-ils; puisque Dieu lui a fait la grâce extraordinaire de pouvoir si bien boire. »

On voit d'ici la figure de François Temude à recevoir ainsi des honneurs presque divins pour un genre de sainteté qui lui avait sans doute valu, comme aux intempérants qui boivent trop, plus d'une mauvaise affaire et, il faut l'espérer, de fréquents actes de contrition et des serments d'ivrogne plus nombreux encore. Il ne savait quelle contenance garder, et comme d'ailleurs il était encore sous l'influence du vin, il ne faisait que saluer à droite, saluer à gauche, saluer en avant, saluer en arrière, en répétant à chaque salut :

« Le vin de ce pays-ci est meilleur que je ne pensais.... Le vin de ce pays-ci est meilleur que je ne pensais.... Je jure sur mon honneur que le vin de ce pays-ci est meilleur que je....: »

A la cinquantième fois peut-être qu'il avait balbutié cette phrase, une tendre émotion finit par le prendre, et il se mit à pleurer.

Mais au moment où nous nous demandions, Boralho et moi, où il avait pu trouver, dans ce corps saturé de vin, l'eau pour alimenter ses larmes, il s'endormit comme un enfant, et il fallut le porter sur son lit, autour duquel les buveurs se rangèrent, le regardant ronfler avec vénération, et l'éventant pour le rafraîchir et lui chasser les mouches.

Séance tenante, ces surprenantes gens firent pour lui, entre eux et dans la foule, une quête qui produisit plus de deux cents taëls en lingots d'argent.

Là ne s'arrêta pas la béatification de François Temude : jusqu'au jour de notre départ, il ne cessa d'être visité par les habitants de la ville, qui venaient lui apporter de l'argent, des pièces de soie et toute sorte de cadeaux, comme on apporte des offrandes à l'autel d'un saint. La cérémonie étant achevée, nous nous en allions causant de cette prodigieuse aventure. Après avoir ri de tout notre cœur, nous devenions peu à peu rêveurs.

« Pour peu que je demeure encore dans cet étrange pays, dis-je à Boralho, il ne me restera plus sur les choses de ce monde une seule des idées sur lesquelles j'avais vécu jusqu'ici : ce que je vois depuis quelques jours me met la tête à l'envers. Tout s'y passe à rebours du bon sens : on dirait un peuple de fous, et malgré moi je sens une vive sympathie pour ces barbares, qui sont presque des sauvages, il faut en convenir. C'est un sentiment singulier que j'éprouve : sous ces extravagances, je cherche ou peut-être je devine, un fond différent des apparences grotesques qui me troublent. Si ce monde-là était toujours dans un pareil état d'esprit....

— Il n'y aurait pas d'existence possible, continua Boralho. A part le costume et la religion, la vie est la même dans tous les pays du monde, parce que les besoins, les plaisirs et les peines sont les mêmes pour tous les enfants de la terre. La paix, un peu de mouvement et de joie, le bonheur enfin, voilà ce que ces bons Siamois cherchaient l'autre jour dans ces fêtes. Ils y mêlent sans doute beaucoup d'abus et d'erreurs, mais nous autres chrétiens d'Europe, sommes-nous impeccables et infaillibles?

« De même pour cette scène d'ivrognes. Nous nous étonnons de voir ces Siamois transformer en une cérémonie religieuse ce qui ne serait chez nous qu'une farce de buveurs, et nous oublions que les Grecs et les Romains, qui étaient pourtant des blancs de race supérieure, avaient parfaitement divinisé l'ivrognerie en la personne de Bacchus, qu'ils adoraient comme un des dieux les plus puissants de leur ciel ; et il est très probable qu'ils rendaient aux grands buveurs des hommages empreints d'un respect religieux.

« D'ailleurs est-ce que de tout temps les hommes n'ont pas ressenti et manifesté de l'admiration pour ceux que des facultés exceptionnelles semblent désigner comme supérieurs au commun des hommes? François Temude boit comme personne, ni vous ni moi n'en pourrions faire autant : qui sait? c'est peut-être, au point de vue des idées absolues, un grand homme méconnu.

— C'est pourtant vrai, dis-je d'un air pensif, qu'il n'est pas de chose si absurde en apparence qu'on ne puisse justifier par la philosophie.... »

Sur cette réflexion « philosophique », nous nous mîmes à rire et nous allâmes nous coucher, car nous devions repartir au point du jour pour Ayuthia, où le roi était rappelé pour la défense de sa capitale.

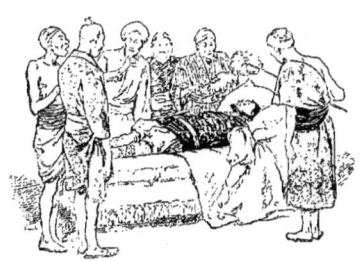

IL RESTA SEUL AVEC SA FEMME POUR PRENDRE UNE DÉTERMINATION.

XI

LES GENTILLESSES DU ROI DE SIAM. — ARRIVÉE DE L'ARMÉE ENNEMIE DEVANT LA CAPITALE. — LE POUVOIR DES MINORITÉS. — LE RIDICULE DANS LA TRAGÉDIE. — LA CAPITULATION. — L'ENTRÉE DU ROI DE PÉGU. — PITIÉ D'ABORD, JUSTICE APRÈS. — LA CLÉMENCE DU VAINQUEUR. — UN TOUR DE FORCE INOUÏ.

En arrivant à Ayuthia, nous trouvâmes tout sens dessus dessous. Le roi de Pégu, à la tête d'une armée de seize cent mille hommes, était décidément en marche sur Ayuthia, ravageant et massacrant tout sur son passage pendant que sa flotte, composée de dix-sept cents navires, cinglait vers le port de Martaban.

C'était dans toute la ville un tumulte et un désordre inexprimables.

On voyait arriver par milliers des paysans ramassés par tout le pays pour en faire une armée ; mais à part le vas-tu-viens-tu effaré de ces pauvres diables, il n'y avait rien qui ressemblât à des préparatifs de défense.

Tout le monde avait perdu la tête dans l'entourage du roi, qui, lui, était fou de peur. Seuls nos Portugais se multipliaient partout pour tâcher de mettre un peu d'ordre dans cette confusion ; mais ils trouvaient tant de difficultés et si peu de bon vouloir que nous en vînmes à nous demander si on avait envie de se défendre, et si la population tenait réellement à ce que le roi ne fût pas renversé de son trône.

Nous crûmes nous apercevoir que les grands, tout en ayant l'air de se donner beaucoup de mouvement, faisaient plus de bruit que de besogne, tandis que les gens du peuple, sans s'écarter de leur docilité habituelle, laissaient voir une indifférence extraordinaire, ne parlant pas plus de la situation que s'ils n'y avaient eu aucun intérêt. A force de questionner les uns et les autres nous finîmes par être fixés.

D'après ce que nous raconta un des seigneurs, ce roi de Siam que nous avions pris pour un simple imbécile excellent homme d'ailleurs, était une bête féroce. Personne n'osait rappeler, même par allusion, ses actes de cruauté, parce que celui qui l'eût fait était sûr d'être dénoncé et de périr dans des supplices affreux ; mais rien que par son dernier crime, on pouvait juger de quoi il était capable.

Quelque temps avant que nous fussions arrivés, une de ses filles étant venue à mourir, comme il vit qu'une partie du corps de la morte n'avait pas été consumée par le feu, il crut ou feignit de croire qu'elle avait été empoisonnée.

Là-dessus il ordonna de mettre à la torture toutes les femmes de sa cour, et comme pas une ne s'avouait coupable, il les fit brûler vives au nombre de trois cents.

Sa rage redoublant, il convoqua sous divers prétextes des grands, avec leur famille, de toutes les parties de son royaume, et une fois arrivés, on les forçait à passer pieds nus sur des charbons ardents ; leurs pieds étant brûlés, comme il arrivait toujours, les plus faibles tombaient dans le brasier, où on les laissait périr, et ceux qui, plus vigoureux, atteignaient l'autre côté, étaient livrés à des éléphants qui les écrasaient et leur arrachaient les membres.

Ces massacres duraient depuis quatre mois, et on commençait à espérer que le peuple allait enfin se soulever, car le monstre avait déjà fait brûler plus de huit cents personnes. Mais le peuple, loin de lui témoigner de la colère, ne voyait pas sans une satisfaction secrète périr ces grands qui l'opprimaient.

Car le roi ne s'en prenait qu'aux grands : eux seuls, du moins, furent mis à mort. A la fin, évidemment pour cacher son jeu, le roi condamna au feu deux ou trois cents domestiques de son palais : mais soit que ce fût un simulacre de bûcher, soit que les prétendus condamnés n'y eussent pas été jetés, ils s'en tirèrent tous sans même une brûlure, d'où le peuple conclut que décidément le roi n'en voulait qu'aux grands.

Tout s'expliquait dès lors : trahi d'avance par les grands, dont il avait évidemment fait faire un abatis sous prétexte de justice, il ne pouvait rien espérer du peuple qui, tout en se félicitant de la mort des victimes, n'en avait pas moins d'horreur pour le bourreau.

Notre première pensée fut de nous en aller, non seulement parce que ce monstre nous révoltait, mais parce qu'il allait être renversé de son trône et sans aucun doute mis à mort par le roi de Pégu, de sorte que notre traité avec lui n'avait plus d'intérêt.

Mais en ayant causé avec quelques-uns de nos Portugais, leur capitaine, nommé Jean Cayeyro, qui était depuis assez longtemps dans le pays, nous conseilla de rester.

« Vous n'allez pas vous battre pour lui, n'est-ce pas? nous dit-il, il n'en vaut pas la peine; d'ailleurs votre qualité d'ambassadeurs vous le défend. Si, comme c'est probable, le roi de Pégu devient roi de Siam, vous n'avez qu'à l'attendre, et quand il fera son entrée dans la capitale, vous vous trouverez tout portés pour lui faire votre ambassade. Vous avez le temps d'écrire à Pedro de Faria pour lui soumettre la question; mais il est à croire, surtout quand il saura ce que vaut le roi actuel, qu'il ne sera pas plus que vous d'humeur à s'attacher à sa fortune.

— Bon, dis-je, mais quelle mine voulez-vous que fasse le roi de Pégu à des ambassadeurs qui étaient en train de négocier avec son ennemi?

— La meilleure mine du monde. Dans ces pays-ci, les rois comme les peuples n'aiment rien tant que de voir des étrangers parmi eux : pour les peuples, c'est un plaisir de curiosité et un espoir de gain; pour les rois, c'est un prestige aux yeux de leurs sujets et surtout des rois voisins. Quant à votre sécurité, vous n'avez rien à craindre, on ne touchera pas à un cheveu de votre tête.

— Et vous, que comptez-vous faire ?

— Nous resterons tant que nous pourrons servir à quelque chose, car nous sommes engagés. Si nous voyons que les moyens de défense manquent absolument, nous ne nous battrons pas, comme des enfants, pour le plaisir de nous faire tuer. Enfin nous tiendrons conseil pour aviser. »

Après une longue conversation avec Boralho, cet avis nous décida à rester jusqu'à nouvel ordre à Ayuthia pour attendre les événements.

Nous n'attendîmes pas longtemps. Quinze jours n'étaient pas passés qu'on voyait paraître à l'horizon l'armée du roi de Pégu.

Dans ces guerres d'Asiatiques, les choses ne se passent pas comme chez les nations civilisées; il n'y a ni éclaireurs ni avant-garde : c'est une vague monstrueuse d'hommes qui roule en déferlant devant elle, comme un raz de marée renverse et submerge tout ce qu'il rencontre. De combat ou de défense, il n'en est pas question. Partout où le fléau passe, tout ce qui a vie, homme ou bête, est égorgé, tout ce que porte ou produit la terre, ravagé, brûlé, arraché; quand l'armée a passé, il ne reste de l'homme, de ses habitations et de son travail, que des ruines, des flammes et des morts.

Ces armées, composées de peuples entiers que poussent cent hordes de brigands et d'aventuriers écume de tous les pays du monde, traînent derrière elles des femmes, des enfants, des bêtes de somme, des bandes de chiens, d'ours, de loups, après lesquels viennent les marchands, les maraudeurs, les spoliateurs de cadavres, et enfin, formant une double arrière-garde, les vautours et les corbeaux.

On imagine ce que doit être la démoralisation des centaines de mille âmes qui, enfermées depuis de longs jours dans une ville de guerre, n'ont d'autre diversion à leurs angoisses que des nouvelles de jour en jour plus effrayantes.

Aussi, le jour où paraît enfin cette armée, où l'on peut voir de ses propres yeux, au milieu d'un ouragan de poussière, étinceler le fer des armes, fourmiller l'innombrable multitude des soldats; quand, à mesure que l'ennemi s'avance, on commence à distinguer les chevaux et les hommes, les lances qui pointent, les étendards flottants; que, grossissant par degrés, la rumeur lointaine devient bruit, puis grondement de tonnerre, puis enfin éclate au pied des murailles en cris et en fanfares, l'assiégé est à moitié vaincu.

En fait de matériel de guerre, de distance en distance étaient déposés sur les remparts quelques tas de pierres, des fagots pour les jeter enflammés sur les assiégeants, deux ou trois canons, et ainsi du reste. Sauf quelques centaines qui étaient armés d'arquebuses, les soldats n'avaient que des lances, des sabres, des arcs; en fait de machines de guerre, on attendait de voir celles de l'assaillant pour en construire à y opposer.

Quant à des approvisionnements de subsistances, on n'y avait même pas pensé, de sorte que, dans cette ville d'un million d'âmes qui tirait jusque-là des campagnes environnantes presque toute sa consommation, les denrées n'arrivant plus du dehors, tout manqua subitement : au bout de huit jours de siège, les pauvres mouraient déjà de faim par centaines ; au bout de quinze jours, ce fut par milliers ; encore une semaine, on ne saurait plus comment nourrir les soldats.

Dans cette situation, les Portugais venus avec nous se réunirent pour délibérer sur ce qu'ils devaient faire. Leur chef, Jean Cayeyro, tout en reconnaissant combien la situation était critique, leur dit qu'il ne désespérait pas de faire lever le siège par une sortie ; que l'armée du roi de Pégu était là répandue sur le terrain, sans retranchements, sans ordre, chacun installé à sa convenance, avec femmes, enfants, domestiques et bêtes de somme, comme si on était déjà en pays conquis ; qu'avec dix mille hommes, cinq cents chevaux et cent éléphants armés, si on se jetait à travers ces ménages, et qu'on fît arriver là-dessus tout ce qu'il y avait de troupes disponibles dans la place, cette innombrable multitude se sauverait de tous les côtés comme un troupeau de moutons.

D'après les détails très positifs et très concluants qu'il donnait, c'était presque assuré. Il termina en insistant avec beaucoup de force sur les conséquences énormes que ne manquerait pas d'avoir, pour l'influence et pour les intérêts du Portugal, un aussi beau coup de partie ; c'était, par le fait, nous emparer du royaume de Siam, et par suite réduire tous les autres rois de la presqu'île à n'être plus que les vassaux du roi, dont nous serions devenus nous-mêmes les véritables suzerains.

Après l'avoir entendu, je crus que ses compagnons allaient répondre par des acclamations : au lieu de cela, ce fut un tel tumulte de voix, de gestes et de cris, que pendant fort longtemps il resta impossible d'entendre un seul mot. Quelques voix cependant commencèrent à s'élever de divers côtés, mais bientôt couvertes par le bruit des conversations particulières.

Enfin cinq ou six Portugais, ennemis et jaloux de Jean Cayeyro, se portèrent de groupe en groupe, disant qu'il ne fallait pas l'écouter, qu'il parlait par ambition et par intérêt; que si on le suivait dans cette entreprise et qu'il y réussît comme c'était probable, il s'en retournerait en Portugal avec tant d'honneur et de gloire que ce ne serait pas assez au roi de le faire comte ou marquis, et qu'il le renverrait gouverneur aux Indes.

« D'ailleurs, ajoutèrent-ils, si le roi de Pégu s'emparait du royaume de Siam, et qu'il apprît le rôle que nous aurions joué dans la défense de la capitale, nous sommes dans le cas de perdre nos biens et nos têtes. Laissons donc Jean Cayeyro faire sa sortie tout seul; s'il met en déroute l'armée du roi de Pégu, qu'il en garde pour seul toute la gloire. Mais nous, n'allons pas nous compromettre, pour son seul intérêt, dans cette mauvaise et folle affaire. »

Comme il arrive invariablement toutes les fois qu'une assemblée dépasse un certain nombre, ce fut l'avis de ces cinq ou six intrigants qui prévalut, quoique, sans aucun doute, tous les autres, sans cette intrigue, eussent opiné pour la proposition de Jean Cayeyro.

C'est ce qui prouve comment, autant de fois que les pauvres humains s'obstineront à vouloir décider de leurs affaires par le plus grand nombre des intéressés, autant de fois ce sera l'avis de la minorité qui prévaudra.

C'est là certainement un des mystères les plus insondables de la cervelle humaine : cette loi régit le monde, elle est manifeste, elle est palpable, et personne n'a jamais pu l'expliquer.

Les Portugais l'abandonnant, le roi de Siam était perdu. De cent trente mille soldats qu'il avait rassemblés un mois auparavant, il ne lui en restait pas cinq mille. De temps en temps, après leur avoir fait parcourir la ville, avec ordre au peuple de les exciter par des acclamations et des cris de victoire, on les envoyait, au fracas d'une effroyable musique, avec d'immenses étendards flottants, des bannières à figures de monstres, de démons ou d'animaux fantastiques, parader au haut des murs et essayer de faire peur aux assiégeants en criant à tue-tête, agitant leurs épouvantails et leur faisant des grimaces.

Les assiégeants, de leur côté, n'étaient pas moins ridicules, car ils en faisaient autant, mais sans s'approcher à plus de cinq cents pas de distance, puis il lançaient une ou deux volées de flèches, qui tombaient à cent pas d'eux. Alors les assiégés descendaient du mur, les assiégeants ramassaient tranquillement leurs flèches, et tout le monde allait se coucher.

Au reste le roi de Pégu n'était pas mieux organisé, et sauf deux ou trois caricatures d'assauts qu'il avait essayées avec des échelles trop courtes, qui d'ailleurs cassèrent presque toutes aux dix premiers qui se risquèrent d'y mettre le pied, il n'osait pas plus attaquer, que le roi de Siam, se défendre. Mais il tenait la campagne, et il avait le nombre pour lui.

Ces guerres, il faut le redire encore, ne ressemblent aucunement à ce que nous voyons chez nous : on ne combat pas, on se rue, et c'est la plus forte masse qui renverse l'autre. Avant même que le choc ait eu lieu, le plus faible est perdu, car il lui suffit d'y regarder pour le voir.

C'est pourquoi le roi de Pégu se bornait pour ainsi dire à rester là-devant en attendant qu'on lui ouvrît les portes, mangeant comme quatre, buvant comme dix, pendant que l'armée et le peuple enfermés dans la ville employaient leur temps à mourir de faim.

Ce n'était donc plus qu'une question d'heures. Aussi, trois jours après le refus des Portugais, le roi demandait à négocier, offrant au roi de Pégu, s'il voulait lever le siège, trente mille bisses d'argent, qui valaient un million en or, plus un tribut annuel de soixante mille ducats.

Mais l'autre refusa, exigeant qu'avant toute chose le roi de Siam se rendît son prisonnier.

Une seconde fois celui-ci proposa de lui livrer la capitale et le royaume si le roi de Pégu reculait son armée à dix lieues en arrière pendant que lui se retirerait avec les siens et ses trésors. Il offrait pour cela trois millions en or.

Nouveau refus.

Dans cette situation désespérée, le roi de Siam assembla en conseil tout son entourage. Après en avoir délibéré, on résolut de démolir la ville, de mettre à mort tous êtres vivants incapables de combattre, de jeter à la mer les trésors et objets précieux, et de tout brûler.

Ceux qui seraient en état de porter les armes devaient se faire *Amoucos*, c'est-à-dire désespérés et résolus à vaincre ou mourir.

Le roi ayant approuvé cette résolution, on se mit à démolir

les maisons, à amasser des tas de bois pour brûler les décombres, et tout fut préparé pour le massacre général des femmes, des enfants, des vieillards, des infirmes et des animaux, qui devait s'exécuter le lendemain.

Mais Jean Cayeyro, à cette nouvelle, se rendit chez le roi, et lui dit que s'il persistait dans cette abominable résolution, il allait de ce pas, suivi de tous ses Portugais, ouvrir les portes au roi de Pégu, car si celui-ci était vainqueur, se trouvant autorisé aux plus terribles représailles, il ne manquerait pas de s'en prendre aux Portugais comme à tous ceux qu'il trouverait dans la ville.

Le roi, se raccrochant encore à l'espérance qu'au dernier moment les Portugais faciliteraient peut-être sa fuite, consentit à contremander le massacre et l'incendie, et en même temps ordonna de faire une dernière revue des soldats dont il pouvait disposer.

Il lui restait deux mille hommes, tellement démoralisés qu'ils ne pouvaient servir à rien. Désespéré, abandonné de tous, il resta seul avec sa femme, pour prendre une détermination suprême.

Quand ils eurent bien pleuré ensemble, ils se dirent adieu, car c'était la fin pour lui comme pour elle : il allait se rendre au roi de Pégu, s'en remettant à sa générosité !

Le lendemain matin le drapeau blanc, qui est aussi pour ces peuples un signe de capitulation, était hissé sur les remparts.

Aussitôt le généralissime ennemi envoya un cavalier auquel on dit, du haut de la muraille, que le roi de Siam désirait envoyer un message, pourvu qu'on donnât au porteur un sauf-conduit. Peu après arrivèrent deux officiers de haut grade, portant, enveloppé dans une feuille d'or battu, le sauf-conduit revêtu du sceau royal.

A la lettre du roi de Siam, qui était remplie des supplications et des promesses les plus humbles, le roi de Pégu fit une réponse toute confite en protestations et en serments, concluant qu'il oubliait tout le passé, et qu'il lui constituerait un apanage d'un revenu à ne lui laisser aucun regret de sa déchéance.

Les choses ainsi convenues, le roi de Pégu fit son entrée dans la ville. Il avait voulu déployer à cette occasion tout l'appareil de son rang et de sa puissance.

A partir de la tente du roi, tous les mercenaires étrangers, appartenant à quarante-deux nations de l'Orient, formaient la haie des deux côtés jusque fort avant dans la principale rue de la ville.

En tête figurait une troupe de Portugais commandés par un nommé Gonçalo Falcan, gentilhomme de très bon lieu; il était en grande faveur auprès du roi de Pégu, qui lui avait donné le titre de Krisna Pacau, c'est-à-dire *Fleur des Fleurs*, titre le plus honorable de la cour.

Or il se trouvait qu'à notre départ, Pedro de Faria nous avait justement donné une lettre de recommandation pour lui au cas où les circonstances nous le feraient rencontrer. Ceci nous confirma plus que jamais dans notre projet de rester, avec l'espoir de faire accepter par le roi de Pégu l'alliance que nous venions de conclure avec le roi détrôné.

LE GÉNÉRALISSIME ENNEMI ENVOYA UN CAVALIER.

Gonçalo Falcan marchait en tête de la garde du roi, composée de quatre mille Bramas armés d'arquebuses, de piques et de hallebardes, et de trois cents éléphants armés en guerre, portant les rois alliés et tributaires du Pégu, et les rajahs, dignitaires de la cour.

Enfin, sur deux éléphants, venaient le roi de Pégu et le *Roollim de Mounay Talapoy*, souverain pontife de tous les prêtres du royaume, et qui est pour eux comme le pape dans les pays catholiques.

Ce Roollim, reconnu pour un intermédiaire tout-puissant entre le roi et Dieu, est en apparence le second personnage du royaume, mais au fond il en est le premier. C'est lui qui, par l'action directe et constante du clergé, gouverne les pensées, les sentiments et les actes de toutes les classes de la population, depuis le menu peuple jusqu'à la plus haute noblesse ; pas plus que les autres, le roi ne peut rien sans lui, excepté commettre des crimes comme celui que j'ai raconté plus haut, qui ne s'adressent qu'à une classe privilégiée.

La suite du cortège suffisait pour juger de ce qu'allait être la « clémence » du vainqueur.

Immédiatement après la litière du roi marchait Nhay Konatoo, propre fille du roi de Pégu, épouse du roi détrôné. Elle était entourée de ses quatre enfants, deux fils et deux filles, dont l'aîné n'avait pas sept ans, et suivie de trente ou quarante dames de la cour, qui, la tête penchée vers la terre et fondant en larmes, marchaient soutenues par des suivantes.

Des deux côtés de ce triste cortège, des talapoins, moines de cette religion, pieds nus, la tête rase comme nos capucins, et roulant entre leurs doigts des espèces de chapelets, allaient de l'une à l'autre de ces pauvres femmes, les exhortant à la résignation, et quand elles tombaient en défaillance, les relevaient et leur jetaient des gouttes d'eau à la figure pour les ranimer.

Enfin, précédé d'une troupe de gens de pied et de cinq cents cavaliers bramas, paraissait le malheureux roi de Siam, porté sur un petit éléphant, en signe de son humiliation, et vêtu d'une longue robe de velours noir. Il avait les cheveux, la barbe et les sourcils rasés, pour marquer qu'il renonçait au monde, et il portait une vieille corde au cou en signe de sa soumission au vainqueur.

Quand il arriva à une porte de la ville où étaient rassemblés les femmes, les enfants et les vieillards, cette foule poussa par six ou sept fois une clameur si affreuse qu'on eût dit que la terre allait s'écrouler sous nos pieds. En même temps tous, se déchirant le visage avec leurs ongles ou à coups de pierres, parurent en quelques minutes défigurés et ruisselants de sang.

Certes nous venions de voir à Tinagoogoo des choses bien affreuses, mais cette scène, à laquelle on ne s'attendait pas, aurait tiré des larmes d'un roc. Et ce n'est pas trop dire, car tous, jusqu'aux gardes bramas du roi de Pégu, qui pourtant ne pouvaient avoir le cœur bien sensible aux infortunes d'un ennemi, pleuraient comme des enfants!

J'ai souvent repensé, depuis, à ce jour-là. Quand on songe

à la dureté, à la férocité de ces Asiatiques, qui voient journellement supplicier des centaines de leurs semblables sans en avoir plus de pitié que d'un chien ; quand surtout ce roi sur lequel ils s'apitoyaient ainsi était le même qui, peu de mois auparavant, avait fait brûler plus de huit cents personnes, et que la veille encore il ordonnait de démolir la ville, de l'incendier et d'exterminer tous les êtres vivants, on se demanderait vraiment ce que c'est que la pitié ; si ce n'est pas une espèce de délire du cœur des hommes lorsque la vue d'un être souffrant leur fait oublier la justice....

Que des femmes, des enfants et des vieillards se laissent aller au plus pressé, au plus simple, qui est de pleurer d'abord sauf à juger ensuite, c'est tout naturel et le contraire nous indignerait : mais lorsque, comme ce jour-là, on voit pleurer les bourreaux eux-mêmes, ne vous semble-t-il pas que c'est la voix de Dieu qui parle dans leurs cris, et qu'elle dit :

« Toujours, toujours, quoi qu'un homme ait fait, la pitié d'abord, la justice après. »

Moi je le crois ; car enfin, si bons que nous puissions être, Dieu est encore meilleur que nous.

Le cortège arriva ainsi jusqu'à la place du Palais, où avait été dressée une tente pour le roi de Pégu. Entouré de trente ou quarante seigneurs, il reçut la soumission du roi déchu, qui se prosterna à ses pieds dans un tel état d'anéantissement qu'il ne pouvait trouver une parole à dire.

Sur quoi, intervenant en sa qualité de chef de la religion, le Roollim de Mounay se leva, et s'adressant au roi :

« Seigneur, dit-il, c'est ici un spectacle à te toucher de pitié, malgré le crime du coupable. Souviens-toi qu'il n'est pas d'action plus agréable à Dieu, et qui attire aussi sûrement sa miséricorde, que l'acte de soumission qui s'accomplit à tes pieds. C'est à toi d'imiter sa clémence, de quoi nous tous ici présents te supplions. Que si tu accordes à nos prières ce que nous te demandons avec les plus vives instances, assure-toi que Dieu t'en saura bon gré, et qu'à l'heure de ta mort il étendra sur toi sa puissante main et t'absoudra de tous tes péchés. »

Il continua ainsi pendant assez longtemps, jusqu'à ce qu'enfin le roi, ayant l'air de se laisser toucher, dit qu'il pardonnait.

Je ne sais si le Roollim et les assistants crurent réellement à ce pardon, mais ils en remercièrent le roi avec des transports d'admiration pour sa clémence.

Quant à moi, connaissant le pouvoir du Roollim, je fus convaincu que la scène avait été arrangée entre le roi et lui, et je n'eus plus la moindre inquiétude sur le sort du roi de Siam ; car malgré ce que je savais de lui, je ne pouvais pas m'empêcher d'en avoir pitié.

Mon illusion ne devait pas durer longtemps. Le roi de Siam et sa famille furent conduits en prison, au sortir même de l'audience, par une forte escorte de cavaliers bramas sous les ordres d'un des hommes de confiance du roi de Pégu.

Pendant les deux jours qui suivirent on n'entendit parler de rien. Tout ce que fit le roi, du moins en apparence, fut de faire garder rigoureusement les portes de la ville. Il avait, dit-il, promis le pillage aux mercenaires étrangers, et il craignait que ses soldats ne prissent les devants, en envahissant la ville pendant la nuit pour mettre la main sur le plus précieux du butin; quand les mercenaires auraient vu cela, il y aurait eu des massacres.

Mais sous cette apparente sollicitude pour les mercenaires se cachait un intérêt personnel bien autrement cher à son cœur; c'était de mettre à l'abri du pillage les trésors du vaincu, et comme pour cela il lui fallait deux jours, il avait imaginé la question du pillage pour gagner du temps.

On peut se faire une idée de ces trésors quand j'aurai dit que mille hommes, y travaillant jour et nuit, suffirent tout juste à ramasser en ces deux jours les monceaux d'or, de pierreries et d'objets précieux de toute sorte, qu'on trouva entassés dans le palais.

Le troisième jour, les portes ayant été ouvertes, les soldats se ruèrent avec tant de violence que plus de trois cents hommes furent étouffés. Ce que fut le sac de la ville, on peut en juger d'après ce qu'était ce ramassis de brigands et de scélérats sans patrie, sans loi, sans foi, et qui, pour un écu, égorgeaient tout ce qu'ils rencontraient sur leur passage. Pendant trois jours le pillage dura, et avec un désordre si épouvantable que le roi fut obligé d'intervenir de sa personne pour arrêter les massacres des pillards entre eux.

Ceci fait, et comme don de joyeux avènement à ses nouveaux sujets, ce clément monarque, après avoir annoncé ses grands desseins par une proclamation publiée dans toute la ville au son des trompettes, fit raser le palais du roi de Siam, trente ou quarante maisons appartenant aux principaux officiers de la cour, et enfin tous les temples et pagodes de la ville. On estime à dix millions la valeur de ces édifices.

C'était là seulement un préliminaire : quand tous ces édifices eurent été démolis, il fit mettre le feu aux quatre coins de la ville : l'incendie, excité par un vent violent, acheva tout ce qui restait encore debout; les murailles, les tours, les parapets, qui étaient de bois en grande partie, brûlèrent jusqu'aux fondations.

Les flammes dévorèrent ainsi quarante mille maisons, dix-sept cents temples ou pagodes, et soixante mille idoles de divers métaux. Pendant le siège, les habitants de la ville avaient mangé trois mille éléphants!

On n'imagine pas ce que peuvent contenir de richesses ces grandes villes d'Indo-Chine telles qu'Ayuthia. On trouva là six mille pièces d'artillerie de bronze ou de fer, sans un boulet ni un grain de poudre, et d'ailleurs hors d'usage; cent mille quintaux de poivre, et autant de santal, benjoin, laque, aloès, camphre, soie; une immense quantité de vêtements brodés d'or, apportés par plus de cent navires venus des Indes, du Cambodge, de Ceylan, du Japon, de la Chine. Pour ce qui est de l'or, de l'argent, des perles et pierres précieuses, il n'est pas possible de l'évaluer, car les pillards ne se vantent guère de leur butin; mais il suffira de dire que le roi de Pégu en eut à lui seul pour plus de cent millions.

On aurait pu croire qu'après de pareilles horreurs ce barbare serait fatigué sinon satisfait, et qu'il prendrait au moins un jour ou deux pour souffler. Mais les ruines fumaient encore, la terre n'avait pas fini de boire le sang versé, que dès le lendemain, voulant du même coup faire disparaître le roi légitime et légitimer son propre pouvoir, il imagina, de concert avec les brames, une combinaison inconcevable, et qu'on pourrait prendre pour une fable faite à plaisir, si on ne connaissait jusqu'où peuvent aller, parmi ces races indochinoises, l'effronterie des tyrans et la crédulité du peuple.

Pour donner une couleur de légitimité à son pouvoir et, si l'on peut ainsi dire, s'appliquer le prestige royal vacant par la déchéance de son prédécesseur, il accomplit le tour de force le plus inouï dont l'histoire de la politique ait jamais donné un exemple : il résolut de faire exécuter le roi déchu, d'abord ; puis, séance tenante, de se faire sacrer par le roi de Siam lui-même !

Une première objection se présentait, que le lecteur a déjà aperçue : comment un roi qui vient d'être tué pourrait-il sacrer son successeur ? Et quand il le pourrait, voudrait-il sacrer de ses mains un successeur qui vient de lui faire trancher la tête ?

Eh bien, ces objections n'avaient pas arrêté le roi de Pégu, et la cérémonie prodigieuse dont on va lire la description, et à laquelle j'ai assisté du commencement jusqu'à la fin, fera voir au naturel comment il osa trancher la question.

Au moment où il inaugurait par le massacre et l'incendie sa nouvelle conquête, il ne pouvait pas se flatter d'un accueil bien tendre des autres villes du royaume. De plus, malgré ses crimes contre les grands, le roi déchu était aimé des masses populaires : on venait de le voir à la scène si pathétique qui avait éclaté sur son passage.

Voici donc comment les choses furent arrangées, de concert entre le roi de Pégu et les prêtres; car ceux-ci, de leur côté, avaient besoin de faire concevoir au peuple comment, après avoir soutenu l'ancien roi jusqu'au moment de sa défaite, ils commençaient à soutenir le nouveau dès le premier instant de sa victoire.

VERS LA FIN DU JOUR NOUS APERÇUMES UN VILLAGE DE PÊCHEURS.

XII

LE SACRE DU BOURREAU PAR LA VICTIME. — LA CLÉMENCE D'UN MORT. — GONÇALO FALCAN NOUS DÉNONCE AU NOUVEAU ROI. — ON NOUS MET A LA TORTURE. — JEAN CAYEYRO NOUS FAIT RELACHER. — ON NOUS EMBARQUE SUR LE FLEUVE MÉNAM. — SUR UNE ILE DÉSERTE. — LA FAIM ET LA SOIF. — L'OSEILLE DE MER. — UNE VOILE. — DES SAUVEURS JUDICIEUX.

Vers dix heures du matin donc, le lendemain du sac de la ville, le roi déchu fut tiré de son cachot.

En tête, et ouvrant la marche, quarante cavaliers, la lance en arrêt, faisaient livrer passage au cortège. En arrière, pareil nombre de soldats à pied, l'épée à la main, contenaient la foule. Quinze cents arquebusiers, mèche allumée, suivaient, escortant une troupe de *Tixe Lachoo*, c'est-à-dire *Avant-coureurs de la colère du roi*.

Venaient ensuite, cinq par cinq sur trente-deux rangs, cent soixante éléphants portant leurs châteaux drapés de soie et garnis de leurs archers l'arc tendu.

A leur suite, quinze cavaliers marchant sur trois rangs, tenant des enseignes noires tachées de sang, criaient :

« Que les misérables qui sont esclaves de la faim ou continuellement accablés de disgrâces par la fortune écoutent les cris de puissance du bras de colère qui va frapper les ennemis du roi, et que la vue du supplice qui va leur être infligé se grave pour toujours dans leur mémoire! »

C'était déjà, ce semble, suffisamment effrayant pour faire réfléchir les indécis. Mais derrière ces lugubres hérauts vêtus de noir, d'autres suivaient, ceux-là en rouge, accoutrés d'une façon qui les rendait encore plus lugubres ; de temps à autre ils sonnaient trois coups des cloches que chacun tenait en main, psalmodiant d'une voix lamentable :

« Cette rigoureuse justice est faite par le Dieu vivant, Seigneur de toute vérité, du saint corps duquel les cheveux de nos têtes sont les pieds. C'est lui qui veut qu'on fasse mourir l'usurpateur des États du grand roi de Pégu. »

Et une autre troupe, après avoir poussé des cris épouvantables, répondait à chaque fois :

« Qu'il meure sans qu'on ait pitié de lui, le coupable d'une telle offense! »

Ainsi qu'on le voit, l'exécution était présentée au peuple comme un acte religieux ordonné par Dieu lui-même, et sur tout le parcours du cortège, avant que le patient eût encore paru, cette proclamation le disposait à voir en lui non plus le roi qu'il aurait pu regretter, mais un coupable condamné par Dieu.

Et tout aussitôt, au milieu d'une troupe de cinq cents cavaliers bramas couverts de cottes de mailles, on voyait passer ce « coupable ».

Si la proclamation n'y eût pas suffi, le soin affreux qu'on avait mis à l'avilir et à le défigurer ne lui laissait rien qui pût rappeler sa grandeur passée; son visage même était méconnaissable.

Outre que, comme nous l'avons dit, sa barbe, ses cheveux et ses sourcils étaient rasés, on lui avait enfoncé sur la tête une couronne de paille garnie de coquilles de moules enfilées avec du fil bleu. Il était à califourchon sur une haridelle efflanquée, ayant en croupe le bourreau, qui le soutenait par-dessous les bras. Pour tout vêtement on l'avait affublé d'une robe noire tellement en lambeaux qu'on lui voyait la chair en vingt endroits.

Jamais, on peut le dire, la barbarie humaine n'aurait pu inventer un moyen plus violent et plus grossier pour « déconsidérer », si j'ose dire, un adversaire qu'on redoutait encore : mais le roi de Pégu ni ses conseillers n'avaient pas songé à la pitié.

Pourtant telle est la puissance de ce sentiment, qu'il domine tous les autres, même la terreur : en dépit de la proclamation menaçante qui retentissait encore à leurs oreilles, quelques-uns pleurèrent.

On laissa pleurer les petites gens. Mais pour les grands qui avaient l'imprudence de ne pas retenir leurs larmes, on les saisit et on les traîna en courant aux pieds du roi de Pégu qui, assis sur la place de l'exécution, attendait l'arrivée du cortège.

« Ah! dit-il, ils ont pleuré? Eh bien! puisqu'ils ont tant de chagrin de le voir se séparer d'eux, qu'ils partent devant pour lui faire préparer là-haut une belle réception et se retrouver avec leur cher roi. »

Et d'un geste il ordonna de leur trancher la tête.

Enfin, parvenu au bout de son calvaire, le malheureux roi de Siam fut jeté à bas de sa monture, un héraut lut à haute voix l'arrêt de mort, on hissa le patient sur l'échafaud, le bourreau lui trancha la tête, la montra au peuple, et le corps fut coupé en huit quartiers.

A l'instant, comme par un coup de théâtre, commença la scène incroyable que j'ai annoncée, à savoir, la réconciliation de la victime avec son meurtrier, suivie de l'investiture censée donnée par elle au roi de Pégu.

J'avais bien des fois entendu ou lu des déclamations plus ou moins véhémentes sur la tyrannie, sur l'outrage qu'elle inflige à la dignité humaine : mais à voir cette farce où l'odieux le disputait à l'absurde, je me demandais si je n'étais pas le jouet de quelque cauchemar!

Au moment même où l'exécution venait de finir, l'échafaud fut drapé de soie, et les huit quartiers du corps, couverts d'un linceul jaune en signe de deuil, demeurèrent exposés à la vénération du peuple.

Pendant ce temps, et jusqu'à trois heures, des hérauts se répandirent dans toute la ville pour convoquer, « sous peine de la vie », tous les habitants à venir assister à la cérémonie qui se préparait.

Il y avait d'autant moins à hésiter, qu'on accordait en même temps à tous ceux qui y seraient présents l'indulgence plénière, appelée *Axiperan*, qui emportait absolution de tous péchés, et notamment dispense de restitution quelconque pour les vols qu'ils auraient commis.

Il aurait fallu, comme on voit, être bien ennemi de soi-même pour ne pas se rendre à une pareille invitation, puisqu'en y allant on sauvait son corps et son âme, et qu'en n'y allant pas on était sûr de perdre tous les deux du même coup.

A trois heures précises, après que les gardes à cheval eurent fait ranger le peuple, on entendit une cloche tinter lugubrement cinq fois. A ce signal s'ouvrit la porte d'une maison de bois élevée à cinq ou six pas de l'échafaud.

Une procession des plus imposantes en sortit.

En tête s'avançaient douze hommes revêtus de robes noires tachées de sang, la tête voilée, et une masse d'argent à la main.

Venaient ensuite douze talapoins, et à leur suite un vieillard nommé Potasser, oncle du roi, entouré de douze petits enfants richement vêtus et portant sur l'épaule des coutelas damasquinés d'or et enrichis de perles.

Toute cette procession alla se masser à côté de l'échafaud et y faisant face, tandis qu'un groupe très nombreux de prêtres prenait position de l'autre côté.

Alors le vieillard, après avoir fait un nombre interminable de saluts et de génuflexions, se rapprocha de l'échafaud, et levant la tête vers les huit quartiers du cadavre, qui y étaient toujours exposés sous la draperie jaune, leur adressa, avec le plus profond respect et un sérieux imperturbable, la merveilleuse allocution que voici :

« O sainte chair, qui es bien plus précieuse que tous les royaumes d'Ava! Perle blanche d'autant de carats qu'il y a d'étoiles dans les rayons du soleil! Toi que Dieu a mise au comble de l'honneur, avec le sceptre d'une puissance supérieure à celle de tous les rois! Moi, qui suis la plus misérable des petites fourmis de ton garde-manger, trop comblé si je pouvais seulement recueillir une des miettes que tu as oublié de balayer; moi, si petit et si infime devant toi, que je puis à peine m'apercevoir moi-même;

« Je t'en supplie, par la fraîche prairie où ton âme sacrée repose maintenant, écoute ce que ma bouche va te dire pour te donner pleine satisfaction de l'outrage que tu as reçu en ce monde.

« Oretanau Chaumigrem, ton frère, prince de Pégu, Tanguu et Sanady, t'envoie prier par moi ton esclave, qu'auparavant de partir de cette vie il te plaise lui pardonner le passé, s'il t'a donné quelque sujet de mécontentement : qu'en conséquence tu prennes possession de tous ses royaumes, que dès ce moment il te rend sans en réserver pour lui la moindre partie.

« De plus il te proteste, par moi son vassal, qu'il te fait cette restitution spontanément, afin que les plaintes que tu pourrais faire contre lui là-haut ne soient pas portées devant Dieu.

« De plus, en expiation du déplaisir qu'il t'a fait, il s'offre, en cet exil de la vie, à demeurer capitaine et gardien en ton nom de ce royaume de Siam, duquel il te fait hommage avec serment d'accomplir toujours sur la terre tout ce que tu lui commanderas.

« Il n'y met qu'une condition : c'est que le produit qui proviendra de la vente de tes biens lui sera donné en aumône pour son entretien.

« Car autrement il sait bien qu'il ne lui serait pas permis de posséder le royaume de Siam, sans compter que les bonzes n'y consentiraient jamais, et qu'à l'heure de sa mort ils ne lui donneraient point absolution d'un si grand péché. »

A ces mots, et devant cette jonglerie de polichinelles, nous cûmes peine à nous retenir de pousser des cris d'indignation ; un bonze s'avança, et sans même se donner la peine de se cacher derrière un paravent pour donner quelque apparence à la chose, il prit une voix de ventriloque, la plus sépulcrale qu'il put trouver, de manière à contrefaire la voix du mort comme si le mort lui-même eût parlé, et il dit :

« Puisque je vois, ô mon fils, que tu confesses tes fautes passées, et que tu m'en demandes pardon en présence de cette assemblée publique, je te l'accorde de tout mon cœur, et il me plaît te laisser en ce royaume pour pasteur de ce mien troupeau, à condition que tu ne violes point la loi du serment que tu viens de me prêter, ce qui serait une offense aussi impardonnable que si tu venais en ce moment porter la main sur moi au mépris de la volonté de Dieu. »

Tout le peuple se mit aussitôt à crier :

« Qu'ainsi l'octroie mon Seigneur ! mon Seigneur ! »

Une fois rentrés chez nous, quand nous eûmes bien donné carrière au mépris et à l'indignation que nous inspirait cette abominable comédie, nous fûmes amenés, comme on pense bien, à nous demander ce qu'il allait advenir de notre ambassade.

Toute grotesque qu'elle fût, cette scène faisait bien voir à quel point le nouveau roi sentait la nécessité de faire ratifier et sanctifier son usurpation, mais on n'en pouvait tirer aucune lumière sur ses dispositions à l'égard du Portugal.

« Ce qui est bien clair, dit Boralho avec un amer sourire, c'est que c'est un homme dangereux : nous négocions, cette fois encore, avec un tigre.

— Mon Dieu oui, répondis-je, mais c'est toujours le cas avec ces rois de l'Indo-Chine : sans aller plus loin, l'autre valait-il mieux? Ils n'obéissent qu'à la peur et à l'intérêt. Je vois celui-ci entouré de Portugais ; Gonçalo Falcan est auprès de lui dans une situation de premier ministre : avant d'abandonner la partie, il me semble qu'il serait sage de voir quelles sont ses dispositions, et si nous ne pourrions pas trouver en lui un appui auprès du roi. »

Après une assez longue conversation, nous tombâmes d'accord sur ce point, et il fut résolu que nous irions, accompagnés de quelques-uns de nos Portugais, faire une démarche en ce sens auprès de Gonçalo Falcan.

Au premier abord il nous accueillit comme des compatriotes qu'on est bien aise de rencontrer, mais il ne nous fit aucune offre de service, et lorsque, pour le mettre sur la voie et nous y mettre nous-mêmes, nous commencions de le complimenter sur sa position à la cour du roi, il nous interrompit avec vivacité pour nous dire que tous ces honneurs étaient de pure parade, qu'il ne se mêlait pas de gouvernement, qu'il n'était qu'un soldat, et que ce rôle, le seul auquel il s'entendît, suffisait à son honneur et à son ambition.

Comme il n'y avait pas là un mot de vrai, nous nous regardâmes, Boralho et moi, pour nous demander si c'était la peine d'aller plus loin.

« Que pensez-vous? me dit Boralho, parlant entre ses dents sans que l'autre pût nous entendre.

— Je pense, répondis-je de même, que puisqu'il nous ment, c'est qu'il veut nous tromper : raison de plus pour éclaircir la situation. Mettons-le au pied du mur. »

Boralho, baissant les paupières, marqua qu'il était de mon avis, et prenant la parole :

« Seigneur Gonçalo, dit-il, vous n'ignorez pas que nous étions ici comme ambassadeurs de Pedro de Faria auprès du feu roi, pour négocier une alliance avec lui. Nous avions déjà conclu un traité. Comme c'est au roi de Siam que nous avons affaire, et non à telle ou telle personne, nous pensons, et nous voudrions en obtenir l'assurance, que le successeur « légitime » du prince avec lequel nous avons traité continuera cette alliance, à laquelle nous attachons le plus grand prix comme étant aussi honorable qu'avantageuse aux deux puissances contractantes, et nous avons cru pouvoir compter sur votre patriotisme de Portugais et votre dévouement au roi de Pégu pour espérer, par votre entremise, ce succès si désirable. »

A ce ton solennel et presque diplomatique, Gonçalo Falcan

comprit que nous n'étions pas ses dupes, et sans même se donner la peine de feindre davantage, il nous répondit d'un ton dégagé qu'il était bien fâché de ne pouvoir nous servir, mais que cela ne lui était pas possible.

Sur ce refus, après échange de quelques courtoisies plus glaciales les unes que les autres, nous prîmes congé de lui, et il nous accompagna jusque sur le pas de sa porte avec de grandes démonstrations de politesse ; mais au moment où nous nous séparions, il nous lança un regard si aigu et si perfide, que j'en sentis un frisson et ne pus m'empêcher de dire à Boralho :

« Mon bon ami, gardons-nous, cet homme prépare quelque chose ; ses yeux menacent déjà !

— Vous croyez ? Euh ! je le crois bien perfide, mais... il n'oserait pas ! Son hostilité, qui est évidente, peut nous créer des difficultés, mais enfin, avant de nous décider à partir sur ce qu'un mauvais chien nous aura montré les dents, il faut nous éclairer sur les dispositions du roi. Nous saurons cela par quelqu'un de ces prêtres qui au fond sont le vrai pouvoir dans ces pays-ci, et alors nous aviserons.

« En attendant, nous pouvons dormir sur les deux oreilles : ce n'est pas au moment où il se sent si peu d'aplomb sur son nouveau trône que le roi irait se mettre dans un cas de guerre avec le roi de Portugal, en touchant à ses ambassadeurs. Et d'ailleurs pourquoi, puisque nous n'avons pas eu la moindre relation avec lui ? »

Comment ne pas se rendre à des paroles si sages ? C'était l'évidence même, au point que le soir, lorsque je m'endormis, je me reprochai comme un enfantillage la vague inquiétude qui m'obsédait malgré moi.

Hélas! c'était un pressentiment : il ne devait que trop tôt se réaliser, et je n'allais pas tarder à voir comment le cœur devine le malheur qui marche sur nous au moment même où la raison nous démontre qu'il est impossible !

A peine avait-il reçu notre visite, Gonçalo Falcan n'eut rien de plus pressé que d'aller trouver le roi. Jaloux de son influence, et ne pouvant souffrir l'idée qu'un autre pût négocier au nom du roi de Portugal, il nous dénonça au roi de Pégu comme étant venus offrir à l'ancien roi de Siam une alliance contre lui; nous devions, dit-il, faire venir à Martaban une flotte qui aurait débarqué un corps de troupes destiné à s'emparer du royaume de Pégu. Nous étions donc des hommes dangereux, envoyés par une puissance ennemie : il ne suffisait pas de repousser le traité que nous avions conclu avec le feu roi, il fallait s'assurer de nos personnes, sauf à voir ensuite ce qu'on ferait de nous.

Cette dénonciation eut tout le succès que le traître pouvait en espérer : le roi, furieux et, bien entendu, sans même songer à vérifier les allégations de Gonçalo Falcan, lui ordonna de nous arrêter, Boralho, moi et tous les Portugais venus avec nous de Tenassérim.

Le lendemain matin, au moment où nous allions nous lever, notre maison fut investie par une troupe de cavaliers bramas qui nous saisirent, nous mirent des chaînes aux mains, aux pieds et au cou, et nous conduisirent, en nous maltraitant tout le long du chemin, à une prison où on nous jeta, pêle-mêle avec une centaine de nos Portugais, dans une espèce de fosse infecte.

On nous y laissa d'abord vingt-quatre heures sans manger ni boire, afin, suivant la coutume de la justice en ce pays, de nous affaiblir et de nous démoraliser.

Par un hasard qui devait nous sauver la vie, il se trouva que Jean Cayeyro, averti à temps, avait pu quitter la ville et qu'il allait se trouver sous peu en sûreté hors du royaume de Siam.

A la façon dont on procéda avec les autres Portugais, cette poursuite n'avait pour Gonçalo Falcan d'autre but que de s'emparer de leurs biens. Il les interrogea lui-même, les chargeant d'accusations absurdes; il ne prit même pas la peine de faire entendre un seul témoin ni de lire la moindre pièce. Tous, du reste, nièrent avec la dernière énergie, mais comme ils étaient jugés d'avance, le tribunal, après avoir commencé par confisquer tous leurs biens, les condamna à être fouettés, puis embarqués sur le fleuve Ménam pour être abandonnés au courant jusqu'à la mer, où ils s'arrangeraient comme ils pourraient.

La plupart d'entre eux avaient d'ailleurs, avant le jour de ce jugement, péri par suite des mauvais traitements et du manque d'air et de nourriture. Il n'en avait survécu que quarante-cinq, qui, après avoir échoué sur l'île déserte de Poulo Camude, firent une voile de fortune à leur barque à l'aide de leurs vêtements, et parvinrent à aborder près de Junçalam.

Ils remontèrent la rivière de Parlés et purent se présenter au roi de Queda, ami des Portugais. Celui-ci se chargea de les faire conduire à Malacca, mais ils furent atteints à la gorge d'une espèce de pustules charbonneuse dont tous moururent, sauf cinq qui purent enfin aller raconter à Pedro de Faria ce qu'ils avaient souffert, et lui apprendre comment nous étions menacés d'être mis à mort.

Mais à ce moment-là notre sort avait été décidé depuis plusieurs jours, car les cruelles aventures de ces malheureux duraient depuis deux mois lorsqu'ils étaient arrivés à Malacca.

Pour nous, comme le dessein de Gonçalo Falcan n'allait à rien moins qu'à nous faire mourir, le simulacre de procédure prit une marche atroce. N'ayant contre nous ni témoins ni indices, comme il fallait cependant, pour colorer du moins une condamnation capitale, un semblant de preuve, il avait entrepris de nous faire faire des aveux, et voyant que nous nous y refusions, il espéra nous en arracher par la torture.

Après trois interrogatoires sans résultat, on nous fouetta; comme nous ne parlions pas davantage, le bourreau nous fit dégoutter sur tout le corps de la laque enflammée dont les brûlures nous causèrent une si affreuse douleur que je ne sais comment nous n'en mourûmes pas. Vaincu par notre inébranlable fermeté, Gonçalo Falcan nous fit renvoyer en prison, et pendant plusieurs jours, n'entendant plus parler de rien, nous nous demandions avec effroi si notre condamnation n'allait pas nous être annoncée.

On peut penser dans quelles angoisses nous vivions depuis trente-cinq jours que nous étions enchaînés dans cette prison.

Boralho, malgré son admirable fermeté, commençait à perdre toute espérance.

« C'est un assassinat qu'il veut commettre, disait-il : quand un homme est capable d'un tel crime et qu'il ne tient qu'à lui, il assassine. »

Pour moi, au travers de tout ce que notre situation avait d'effrayant, fidèle à mes habitudes, j'espérais quand même.

Certes, le premier jour, au moment où je me vis dans cette prison épouvantable, avec les fers aux mains, aux pieds et au cou, j'avais eu un transport de désespoir! Il me semblait me retrouver tel que j'étais le jour où, enchaîné au banc de la galère, je me voyais menacé de rester là jusqu'à la fin de ma vie.

Mais le premier moment passé, croirait-on qu'au lieu de m'accabler, ce rapprochement finit par relever mon courage?

Je me disais que si j'avais été bien malheureux cette fois-là, j'avais été délivré; pourquoi n'en serait-il pas de même cette fois-ci? L'arrêt subit de la procédure, outre que nous y gagnions, vaille que vaille, un moment de relâche à nos tortures, pouvait indiquer un certain embarras de la part de notre ennemi. Qui sait? Peut-être qu'au moment de frapper le coup, il n'osait pas! Or tel était justement l'état de l'affaire : Gonçalo Falcan avait peur!

Une fois arrivé en pays ami, chez ce même roi de Queda où nos pauvres compagnons d'infortune avaient, trop tard hélas! trouvé un refuge, Jean Cayeyro envoya, par un messager habile et dévoué comme on en trouve dans ces pays d'aventuriers, une lettre à Gonçalo Falcan.

Il connaissait de point en point toutes ses mauvaises actions, mais notamment plusieurs actes de perfidie dont un seul, révélé au roi de Pégu, pouvait suffire à perdre le misérable.

Il le sommait d'arrêter immédiatement la poursuite, de nous mettre en liberté, de nous rendre ce qu'il nous avait pris, et de nous renvoyer sur un navire à Malacca, faute de quoi il lui donnait sa parole qu'avant trois jours le roi de Pégu serait informé, avec preuves écrites à l'appui, des actes de trahison que Gonçalo Falcan avait commis contre lui.

Enfin, après nous avoir laissés pendant trois jours sans plus nous tourmenter, on nous envoya un officier brama nous signifier une espèce de jugement aux termes duquel le roi de Pégu, voulant user de clémence, nous faisait grâce de la vie, confisquait, bien entendu, tout ce qui nous appartenait, et nous ordonnait de quitter à l'instant son royaume.

Quelque infâme que fût ce jugement, nous n'y vîmes que la délivrance, et c'est en pleurant de joie, et presque, oserai-je le dire? de reconnaissance, que nous sentîmes tomber nos fers.

La vie a des douleurs bien horribles, mais la joie d'en être délivré est plus grande encore; en vérité, les transports qu'elle nous cause dépassent ceux que le bonheur paisible devrait nous donner, et que nous ne savons pas sentir, tant nous sommes ingrats.

« Bon Dieu, cher Dieu ! m'écriai-je en tombant à genoux, est-ce pour cicatriser plus vite les plaies de notre pauvre cœur que vous nous envoyez tant de joie après tant de peine ? Est-ce pour nous apprendre à être désormais plus reconnaissants des bienfaits dont vous nous comblez chaque jour ? C'est l'un et l'autre, n'est-ce pas ? Aussi, croyez-le bien, tant que je vous saurai là, je ne désespérerai jamais. Si vous veniez à me manquer ; si, dans un moment de folie ou d'orgueil, je pouvais vous oublier ou nier votre existence, à quoi pourrais-je me raccrocher pour me résigner à la douleur ? Sans vous, ô mon Dieu ! il ne resterait plus au malheureux ou au pauvre qu'à se casser la tête contre les murs, n'est-ce pas ? »

Mais si le bonheur a des retours, le malheur, hélas ! a des rechutes, et nous ne devions pas tarder à l'éprouver bientôt. Dès le premier moment nous pouvions prévoir à quels dangers nous serions exposés, mais la joie d'être libres nous enivrait ; nous partîmes convaincus que nous étions sauvés, quand notre délivrance n'était que le commencement d'une nouvelle série d'affreux malheurs !

Rien qu'à la façon dont on nous libérait, nous aurions dû comprendre qu'on nous envoyait à la mort. En effet, sans nous laisser le choix de la route, on nous amena au bord du fleuve, on nous fit monter dans une méchante barque n'ayant pour tout gréement que deux avirons, et la poussant du pied, on nous dit : « Allez : descendez le fleuve ».

Avec nous on avait emmené trois marchands portugais nommés Luiz Pacheco, Diego Alvarez et Pedro Lima.

Nous étions si heureux d'être libres, que nous nous mîmes aussitôt à ramer de tout notre cœur jusqu'à ce que nous eussions perdu la ville de vue ; alors, laissant les rames et nous abandonnant au courant, qui était fort rapide, nous délibérâmes sur ce que nous allions faire.

Nous tombâmes tous d'accord que la première chose à faire était d'aborder au premier lieu que nous trouverions, afin de nous procurer des vivres et des ustensiles de pêche et d'acheter une barque assez forte pour nous porter au moins jusqu'à l'embouchure du Ménam. Une fois arrivés là, nous essayerions de côtoyer jusqu'à un petit port le plus proche possible, et d'y trouver un navire pour Malacca. Nous étions pourvus d'argent, ayant pu garder, cachées sous nos vêtements, d'assez fortes sommes en or; les trois marchands embarqués avec nous en avaient aussi.

Vers la fin de la journée nous aperçûmes ce que nous cherchions : un village de pêcheurs devant lequel étaient amarrées plusieurs barques. Nous fûmes bien accueillis, grâce au soin que nous avions pris, avant toute chose, de leur montrer quelques pièces d'or.

Ils nous firent manger ce qu'ils avaient, du riz et du poisson, après quoi nous entrâmes en marché avec eux pour leur acheter des provisions et nous faire céder une de leurs grandes barques à voiles sur laquelle nous avions jeté notre dévolu.

La négociation fut longue, hérissée des finasseries qui, dans tous les pays du monde, président aux marchés à conclure entre le riche et le pauvre; mais après leur avoir laissé défiler le répertoire habituel de protestations, de mensonges et de serments, nous leur offrîmes pour le tout dix pièces d'or qui les payaient au moins trois fois, et qu'ils acceptèrent sans pouvoir dissimuler leur joie.

Aussitôt, ayant chargé les provisions et mis la barque en

ordre, nous nous embarquâmes pour aller mouiller à quelque distance et, loin du bord, passer la nuit. Nous avions gardé notre ancienne barque comme canot, pour communiquer au besoin avec la rive.

Nous descendîmes ainsi pendant trois jours le cours du fleuve, nous arrêtant partout où nous trouvions à nous approvisionner de vivres frais, afin de toucher le moins possible à notre réserve de riz et de poisson sec.

Cependant le fleuve s'élargissait, et nous commencions à sentir la marée. Quoique personne de nous ne fût marin, Boralho et les marchands portugais avaient quelque pratique de la navigation, de sorte qu'il nous arrivait souvent de marcher à la voile tandis qu'un de nous gouvernait tant bien que mal. Mais arrivés au point où le courant, la marée et la brise de mer commençaient à se faire sentir avec force, nous nous sentions d'heure en heure plus inhabiles à conduire notre barque.

Jusque-là tout nous avait réussi, car il ne s'agissait pour ainsi dire que de se laisser aller au fil de l'eau; désormais il fallait compter avec la mer, car nous y étions presque.

L'inquiétude nous prit; si nous sortions de l'embouchure, c'était nous lancer à tous les hasards, et le jour où nous aurions quitté la terre de vue, nous étions perdus, ne sachant pas naviguer et n'ayant même pas de boussole.

Nous résolûmes donc de gagner la rive occidentale du fleuve, de débarquer au plus prochain village, et de nous diriger sur le port de Mergui, soit en embarquant à notre bord un patron pour nous y conduire, soit en y allant par la voie de terre comme nous pourrions.

Malheureusement pour nous, un vent violent commença de souffler de l'ouest en même temps que la marée descendait, de sorte que malgré tous nos efforts nous nous vîmes entraînés vers la rive orientale, dans la direction de plusieurs îles contre lesquelles nous faillîmes plusieurs fois nous échouer.

Nous avions cependant réussi à les éviter, lorsque le vent, ayant redoublé de violence, devint une tempête. Là-dessus la nuit vint; la marée, commençant à remonter, amena des vagues énormes à travers lesquelles notre barque menaçait à tout instant de chavirer; enfin le ciel se couvrit de nuages tellement noirs que nous nous trouvâmes au milieu des plus profondes ténèbres, n'y voyant pas à deux brasses du bâtiment; une pluie torrentielle se mit à tomber, et c'est en cet état que nous passâmes une partie de la nuit, ne sachant plus où nous étions ni où nous allions.

Enfin, sur les trois heures du matin, nous sentîmes une secousse affreuse, puis tout craqua, et nous nous trouvâmes, pêle-mêle avec les débris de notre pauvre barque, renversés sur une grève de boue et de cailloux entremêlés, ne sachant pas si nous étions sur une île ou sur la terre ferme, tant l'obscurité était profonde.

Quand le jour se leva, nous nous vîmes sur un îlot de quelque cent pas de longueur, formé d'un mélange de boue, de sable et de roche, et si peu élevé au-dessus de l'eau, qu'aux grandes marées il devait être submergé. On n'y voyait pour toute végétation que quelques herbes pareilles à des joncs, et une plante semblable à l'oseille, qui croît sur les rivages de tous les pays du monde.

N'ayant rien pu sauver, nous n'avions rien à manger : notre destinée était de mourir de faim, car nous ne trouvâmes sur le rivage que de l'écume et des coquilles brisées, et nous ne possédions aucun engin de pêche pour attraper du poisson.

La journée se passa pour nous dans un morne désespoir. Assis sur le rivage, nous restions muets, les yeux fixes, interrogeant l'espace pour voir si quelque barque ne passerait pas en vue.

Vers deux heures, Boralho, sortant de son accablement, nous dit qu'il serait peut-être utile de faire avec nos vêtements réunis une espèce de pavillon que nous laisserions flotter au vent.

Mais faute de mâts pour l'y attacher, nous en fûmes réduits, après l'avoir assemblé tant bien que mal, à le tenir à bout de bras pour qu'il pût flotter un peu au-dessus du sol; nous nous succédions de quart d'heure en quart d'heure à cet exercice qui dans l'état de faiblesse croissante où nous étions, devenait de plus en plus pénible.

La journée se passa, rien ne parut, et à mesure que les heures s'écoulaient, une faim horrible commençait à nous dévorer les entrailles. Sans l'eau dont nous pouvions nous abreuver, plusieurs de nous, plus faibles ou plus épuisés que les autres, auraient expiré.

Au moment où le soleil allait disparaître, pris d'un mouvement de désespoir, je m'écriai que c'était trop horrible, que

LA JOURNÉE SE PASSA DANS LA MORNE DÉSESPOIR.

je ne voulais pas mourir de faim, et que quand je devrais me manger les poings, je défendrais ma vie jusqu'au dernier moment !

En disant cela, je me mis à marcher furieux le long de la plage, et avec un geste de désespoir, j'arrachai une poignée de la plante dont j'ai parlé, et je la dévorai en disant :

« Eh bien ! quand j'en devrais mourir empoisonné, au moins je ne mourrai pas l'estomac vide ! »

Soit que cette marche violente m'eût ranimé le cœur, soit que ce simulacre de nourriture eût apaisé ma faim, non seulement je ne me sentis aucun mal, mais j'éprouvai un tel bien-être, que courant à mes compagnons, je leur apportai quelques touffes de la plante, en leur disant ce qui venait de m'arriver.

A l'instant tous, s'étant levés, se mirent à cueillir des feuilles et à les manger, et comme il y en avait en abondance, lorsque nous nous en fûmes bien gorgés, nous souffrions si peu de la faim que nous nous endormîmes d'un profond sommeil.

La fraîcheur du matin, en nous réveillant, nous rejeta dans l'horrible réalité. Nous commençâmes par élever de nouveau notre signal, puis nous parcourûmes les bords et l'intérieur de l'îlot pour ramasser des feuilles et les manger.

A mesure que le soleil s'élevait, nos réflexions prenaient un cours de plus en plus lugubre. Ne voyant, depuis un jour et demi, aucune apparence de navire, alors que nous étions dans l'embouchure d'un fleuve très fréquenté, nous en venions à penser que la passe ordinaire devait être bien loin en arrière et que probablement nous n'avions pas d'espoir d'être découverts sur l'île où nous étions.

Mais si nos maux étaient loin d'être à leur fin, nous ne devions pas mourir ce jour-là. Donc il était trois heures, et pleurant toutes les larmes de notre corps, nous appelions Dieu à notre aide, lorsque nous entendîmes un grand cri : c'était notre vigie qui, agitant frénétiquement le signal, nous appelait. Du haut d'un rocher où il était monté, il apercevait une embarcation !

Nous courûmes à lui. Loin, bien loin, mais paraissant se diriger de notre côté, une voile blanchissait au large. D'après ce qu'il nous dit, elle venait de changer de route, d'où nous pouvions espérer que son patron avait vu nos signaux.

Ah ! comment exprimer ce que nous éprouvions à suivre des yeux la marche de ce point blanc où notre existence était attachée ! Être là, près de mourir, voir passer la vie à l'horizon, ne pouvoir faire un pas pour la saisir, et attendre, non, rien ne peut donner une idée de cette angoisse où l'âme éperdue roule et se débat, passant à chaque seconde du désespoir à la joie, de la joie au désespoir !

La barque était loin, et à mesure que nous la distinguions mieux, elle nous paraissait d'un faible tonnage. Au bout d'une heure d'observation, il devint à peu près évident qu'elle se dirigeait sur l'île. Bientôt nous pûmes reconnaître à sa voilure une barque de pêcheurs du fleuve, semblable à celle que nous venions de perdre.

Enfin vers cinq heures elle arrivait le long du rivage à

portée de la voix. Nous nous jetâmes à genoux, exprimant par des gestes désespérés nos supplications.

L'équipage était composé de nègres portant le costume du pays. Les filets dont leur barque était pourvue montraient que c'étaient des pêcheurs, et comme nous avions été assez bien accueillis tout le long du fleuve par les pêcheurs que nous avions rencontrés, nous devions espérer que ceux-ci ne nous refuseraient pas leur assistance. Celui qui paraissait leur chef, étant monté sur l'avant de la barque, nous demanda en siamois ce que nous voulions et qui nous étions.

« Nous sommes chrétiens, répondîmes-nous, habitants de Malacca. Si vous ne prenez pas pitié de nous, nous allons mourir sur cette île.

— A ce que j'en puis juger à votre délabrement, répondit-il, je vois que vous ne nous seriez pas bons à grand'chose, pas même à nous dédommager de ce que votre nourriture nous coûterait. Si donc vous avez sur vous quelque argent, faites-le voir : si vous n'avez rien, ne comptez pas que nous vous prenions à bord.

— Tout ce que nous avions d'argent a péri dans le naufrage, lui dit Boralho. Prenez-nous comme esclaves, alors, pour nous vendre où vous voudrez. Mais si vous nous rameniez à Malacca, je puis vous jurer que le gouverneur, dont je suis proche parent, vous donnerait pour notre rançon tout ce que vous demanderiez.

— A cette condition je veux bien, reprit-il, mais prenez garde de nous tromper, car autrement je vous jette à l'eau pieds et poings liés. Au reste nous verrons bien. »

Là-dessus ils accostèrent, et nous firent monter dans la barque.

Nous eûmes là un moment de joie éperdue comme celle du noyé qu'on tire de l'eau : mais ce ne fut qu'un moment. A peine la barque était-elle en marche qu'ils nous mirent aux fers, attachés au pied du grand mât, nous demandèrent avec violence si nous n'avions pas d'argent, et comme nous leur répétions que non, ils nous frappèrent à coups de corde jusqu'à nous mettre en sang.

Pendant que durait ce supplice, nous ne cessions de leur dire de nous fouiller, qu'ils verraient bien que nous ne mentions pas; mais ils ne nous répondaient qu'en nous regardant d'un air narquois, et ils continuaient à frapper si impitoyablement que je tombai à demi mort.

Alors, s'étant fait signe de l'œil, ils allèrent brasser un certain breuvage ayant l'apparence de farine délayée, et me l'offrirent à boire, en m'assurant que j'en serais soulagé.

Malgré son horrible goût, j'en avalai une gorgée, mais au moment où j'essayais d'en prendre une seconde, j'eus un vomissement épouvantable, à la suite duquel je demeurai évanoui pendant près d'une heure. A force de m'asperger d'eau froide, mes pauvres compagnons parvinrent à me faire revenir, et exaspérés de cette horreur, reprochèrent aux nègres d'avoir voulu m'empoisonner.

Ils reçurent les reproches avec assez de patience, essayant de temps en temps d'interrompre pour placer un mot. Enfin, profitant d'un joint entre deux bordées d'injures, leur chef mit la main sur l'épaule de Boralho, comme quand on veut adoucir un adversaire justement irrité, et lui expliqua, de l'air le plus ingénu du monde, que s'il nous avait enchaînés, battus, s'il m'avait fait vomir, ce n'était pas du tout par colère ni par méchanceté, car notre malheur lui faisait beaucoup de peine, mais uniquement pour s'assurer si vraiment nous n'avions pas d'argent caché; qu'en pareil cas on ne pouvait pas agir autrement, puisqu'il tombe sous le sens qu'un homme qui a de l'argent caché dans ses vêtements ou dans son corps n'en conviendra jamais, à moins qu'on ne le tourmente ou qu'on ne le fasse vomir.

« Dans son corps? Le faire vomir! s'écria Boralho, et pourquoi, bon Dieu?

— Mais, pour lui faire rendre l'argent qu'il peut avoir caché....

— Caché où?

— Hé! dans son estomac, donc! »

Nous comprîmes alors pourquoi ces bons nègres avaient refusé si dédaigneusement de nous fouiller : ils nous croyaient au courant de leurs malices, et leur rire signifiait qu'ils n'étaient pas dupes des nôtres. Mais nous apprîmes par la même occasion quelque chose de plus horrible, c'est que ce vomitif, bien digne de ce nom, était fait de chaux délayée dans des jaunes d'œufs pourris!

Le nègre conclut, en nous disant d'un air dégagé :

« Vous voyez, nous sommes d'honnêtes gens ; nous suivons les usages de notre pays. Maintenant que nous sommes sûrs que vous ne nous aviez pas trompés, vous pouvez être bien tranquilles, nous ne vous ferons pas de mal, allez!

— Prenez-y garde, dit vivement Luiz Pacheco en leur montrant le poing, votre intérêt est de nous maintenir en meilleure santé possible, et du reste si vous nous traitez bien, nous vous ferons d'autant mieux payer quand vous nous aurez ramenés à Malacca.

— J'entends cela : en voilà un au moins qui est raisonnable et qui connaît les affaires. Pour vous prouver que moi aussi je suis un homme grave, je vais vous ôter les chaînes et vous faire donner à manger. Si vous croyez que je vous ai embarqués pour vous faire mourir de faim, vous êtes injustes et Dieu vous punira. »

En effet, on nous délivra de nos chaînes, et on nous donna à chacun deux poignées de riz grillé, avec large comme la main de poisson sec. Nous n'en fîmes qu'une bouchée, et aussitôt on nous vit tourner la tête de tous côtés pour chercher s'il n'y avait pas autre chose à nous mettre sous la dent.

« Nous n'avons rien de prêt, nous dit le capitaine, mais si vous avez encore faim, prenez dans la pêche, qui est à fond de cale, des petits poissons, et mangez-les.

— Crus? demandâmes-nous tout d'une voix.

— Hé oui ! Est-ce que vous ne venez pas de manger du poisson séché? Croyez-vous qu'il soit plus cuit que ceux qui nagent dans la mer? Sec ou mouillé, n'est-ce pas aussi bon ?

— On ne pourrait pas le faire cuire? »

Il nous regarda d'un d'un air étonné, haussa les épaules, et tourna les talons en disant :

« Est-ce que nous avons du feu !

— Quel pays! me dit Boralho en hochant la tête.

— Quelles gens! lui répondis-je en levant les bras au ciel. »

Et tout en soupirant, nous nous levâmes, et nous étant installés dans la cale, après avoir mâché chacun du bout des dents un petit poisson, nous en essayâmes d'un peu moins petits, qui passèrent et, que voulez-vous? quand nous arrivâmes au douzième, qui était énorme, nous nous en allâmes en nous brossant le ventre d'un geste honteux, et le grave Boralho ne put s'empêcher de me dire, avec un sourire quasi céleste :

« Décidément ce nègre avait raison : le poisson cru est une chose délicieuse.

— Et celui-là, insinua Diego Alvarez, était si frais!

— On ne peut pas être plus frais, dis-je, car il était vivant : pendant que je mâchais la tête, la queue, se croyant encore dans l'eau, cherchait à s'échapper à la nage ! »

Vous voyez, je vous l'ai dit bien des fois : pour savoir ce que c'est que la gaîté, il faut avoir passé par la tristesse.

NOUS N'AVIONS D'AUTRE RESSOURCE QUE DE RESTER ASSIS AU BORD DE LA RIVIÈRE.

XIII

UN NID DE PARESSEUX DANS LA BOUE. — TANT QU'IL Y A VIE, IL Y A ESPOIR. — MENDIANTS ! — LA COMPASSION DU BON MAHOMÉTAN. — COMMENT LE CŒUR DONNE DE L'ESPRIT. — NOS MAÎTRES NOUS VENDENT A NOTRE SAUVEUR. — LES REVENANTS. — LE MARCHAND QUI NOUS A RAMENÉS EST RÉCOMPENSÉ MAGNIFIQUEMENT.

Au bout de trois heures de navigation, nous débarquâmes devant un misérable village composé d'une centaine de huttes en roseaux et terre battue, et qui s'appelait Ciaca. Le sol, comme dans la plupart des embouchures des cours d'eau en Indo-Chine, était un marécage où l'eau et la terre, lasses de se disputer, s'étaient finalement réconciliées en une boue infecte ne laissant d'à peu près solide que la place où des désespérés, sans doute, fuyant devant quelque fléau naturel ou humain, avaient jadis fondé cet affreux refuge.

Enchaînées là par la misère du lieu, les générations s'y étaient, comme disent les savants, acclimatées, c'est-à-dire que, malgré le dénuement des choses nécessaires à la vie, le poison de l'air et des eaux, les crues du fleuve, qui parfois emportaient le village avec la moitié de la peuplade, ces gens restaient accrochés là depuis des siècles, vivant à peine trente ou quarante ans, mais pullulant, dans cette bourbe meurtrière, comme les reptiles et les insectes qu'on y voit grouiller par myriades.

Malgré donc la mort qui les abattait par rangées, ils repoussaient toujours, comme la mauvaise herbe sous la faux.

Dans ces pays d'enfer, où l'agonie commence à la naissance, les êtres humains qu'on voit se tenir encore sur leurs pieds ont l'air de survivants de quelque désastre, et leur âme n'est pas dans un état moins lamentable que leur corps.

Si leur résignation stupide ne s'expliquait par leur dégradation même, on ne concevrait pas comment ces hommes, qui ont comme nous un sentiment et une raison, ont pu rester là, de père en fils, accroupis dans leur abrutissement, au lieu de se lever, et renversant d'un coup de pied leurs huttes de sauvages, marcher devant eux jusqu'à une terre où ils pussent vivre.

Mais il y a une autre cause à cette apathie : la paresse. Ils souffrent, ils meurent de faim et de misère, mais ils ne font rien. Or, de tous les vices dont l'oisiveté est la mère, l'avilissement de la conscience est le plus démoralisant : une fois son parti pris de courber le dos sous les coups du sort comme un chien sous le fouet de son maître, l'homme qui a résolu de se soustraire au devoir du travail foule aux pieds sa dignité, sa conscience, et jusqu'à son bien-être, pour s'absorber tout entier dans l'ignoble jouissance de ne rien faire.

C'est ainsi que se forment chez nous les mendiants, les vagabonds, les maraudeurs, les braconniers, et tous ces beaux-fils qui, sous prétexte de faire de l'art ou de la littérature, ne font rien; c'est aussi de même qu'on trouve, dans ces stations inhabitables que les races supérieures ont méprisées, des tribus de bêtes humaines nichées dans la fange.

En entrant dans la cabane de « nos maîtres », nous pûmes nous faire une idée de ce que nous présageait ce bouge, où il n'y avait même pas assez de place pour nous étendre lorsque la nuit viendrait. Les cinq pêcheurs dont se composait l'équipage de la barque se partagèrent nos pauvres corps, dont ils étaient propriétaires indivis, et chacun emmena son esclave. Au reste, comme les cabanes se touchaient, ce n'était pas une séparation.

Malgré l'échantillon, peu favorable il faut en convenir, qu'ils nous avaient donné de leur cœur, ces hommes ne nous traitèrent pas trop mal : ils auraient d'ailleurs été bien embarrassés de nous traiter plus mal qu'eux-mêmes, leur régime se réduisant à l'abri sous un toit de roseaux qui les garantissait à peine du soleil et de la pluie, et à une nourriture composée de quelques poignées de riz et de deux ou trois poissons plus souvent secs que cuits.

Comme travail, ils ne savaient comment nous employer, puisque la pêche était leur unique occupation, à quoi nous ne pouvions leur aider. Ils nous donnaient à manger d'un air bourru, et on voyait bien qu'ils étaient furieux d'avoir à nous nourrir ainsi à rien faire.

On peut, d'après ce que je viens de dire sur cette agréable résidence, s'imaginer ce que devait être notre vie. Hors le temps des repas, ce qui n'était pas long, nous n'avions d'autre ressource pour nous distraire que de rester assis au bord de la rivière à voir couler l'eau, ou d'errer dans les trois ou quatre rues du village à regarder les enfants se battre ou se vautrer, dans la poussière ou dans la boue suivant le temps, en compagnie des dix ou douze poulets maigres qui formaient toute la volaille du pays.

Au reste, passant leurs journées en pêche, nos maîtres ne pouvaient pas nous obséder beaucoup, mais nous nous ennuyions si affreusement, que quand ils revenaient c'était pour nous une manière de joie; ils ne faisaient, il est vrai, qu'apporter des poissons comme ils avaient fait la veille, mais enfin c'étaient de nouveaux poissons, et cela nous amusait presque de les ramasser et de les compter. C'était faire quelque chose, penser à autre chose qu'à notre malheur.... Toute la journée du lendemain, nous parlions de ces poissons.

Mais quelle ressource !

Malgré tout quelque chose nous faisait supporter cette vie : le bonheur de vivre. Quand nous avions fini de gémir et de désespérer, je n'avais qu'à lancer mon mot, toujours le même, et qui ne manquait jamais son effet :

« Tout ça est bien vrai, disais-je, on ne peut pas être plus mal qu'ici : mais nous ne sommes pas morts, c'est quelque chose... en attendant mieux. Tant qu'il y a vie, il y a espoir, disent les médecins. Si, au moment de nous prendre à leur bord, ces bons pêcheurs nous avaient prévenus de ce qui nous attendait, aurions-nous choisi de rester là pour y mourir de faim plutôt que de vivre comme nous vivons ici? Prenons patience : nous avons là-haut un grand médecin ; s'il ne nous a pas laissés mourir, c'est qu'il nous guérira. Vous verrez, vous verrez, c'est moi qui vous le dis : je m'en suis tiré les autres fois, pourquoi ne m'en tirerais-je pas cette fois-ci? Allons, mes enfants, gai! gai! pour supporter les maux de la vie, rien de tel que de se faire une pinte de bon sang !

— Et avec quoi voulez-vous que nous nous la fassions, cette pinte de bon sang ? dit Diego Alvarez en jetant un regard désolé autour de lui.

— Ce n'est pas à terre qu'il faut chercher, c'est là-haut. »

Et lui mettant le pouce sous le menton, je le forçai à lever la tête vers le ciel et lui dis :

« Avec l'espérance. »

Malheureusement ces propos, tout consolants qu'ils pussent être au moment où nous les débitions, n'empêchaient pas notre situation de se prolonger et d'empirer. Nos pêcheurs étaient pauvres, pauvres, qu'ils nous en faisaient pitié. Nous étions pour eux une charge tellement lourde que chaque jour nous les voyions rechigner de plus en plus lorsqu'il s'agissait de nous donner à manger.

On se fera une idée de leur misère quand on saura que dans ce village, une carpe de vingt-cinq livres et une douzaine de harengs superbes se payaient un sou !

Mais ce sou, les richards seuls pouvaient le donner.

Tout le reste était à l'avenant : nous vîmes vendre aussi un sou douze melons qu'un bateau avait apportés.

En temps ordinaire, certainement les habitants de ce malheureux village ne dépensaient pas, tout compris, pour deux sous par jour, avec leurs trois ou quatre poignées de riz, un morceau de poisson, un caleçon et une jaquette de coton pour vêtement, et une cabane où il n'y avait d'autre mobilier qu'une marmite de terre, une cruche à l'eau, et un tas de joncs pour lit. Celui qui leur aurait fait cent livres de rente les eût mis dans l'opulence.

Il n'y avait que quelques jours dans l'année où ils pussent gagner un peu plus que d'ordinaire, c'était au moment de la pêche des aloses. Ces poissons se trouvent en si grand nombre dans la rivière, que les gens du village n'en peuvent tirer profit : mais au moment de la ponte ils les prennent par centaines, pour rejeter à l'eau le corps et ne garder que les œufs. Ces œufs, grâce à la colle dont ils sont agglutinés et qui les préserve du contact de l'air, ne se corrompent pas : on les met sécher au soleil ou à la fumée, et on en fait une espèce de caviar que des marchands expédient ou viennent acheter pour les ports voisins.

Un jour, comme nous voyions s'accentuer de plus en plus les mauvaises dispositions de nos pêcheurs, Boralbo, avec qui nous en avions causé plusieurs fois, prit le parti de rompre la glace.

« Je vois, dit-il, au patron, que vous nous portez sur les épaules ; ce n'est pas que je m'en plaigne, car nous sentons bien que nous sommes pour vous une charge : mais comme nous mourons presque de faim, cela ne peut pas durer. Pourquoi nous gardez-vous ? Pourquoi ne nous menez-vous pas à Malacca ? Plus tôt vous irez, plus tôt vous serez payés, et vous gagnerez là en un jour plus d'argent que vous n'en avez eu dans toute votre vie.

— Hé ! répondit l'autre, croyez-vous que c'est pour notre plaisir que nous vous gardons ? Nous avons bien cherché à vous vendre, mais personne n'a voulu vous acheter : vous n'êtes bons à rien, vous ne savez pas pêcher. D'ailleurs nous ne pourrions pas partir de longtemps, c'est la saison des œufs d'alose. Faites comme vous pourrez, mais nous sommes à bout ; cherchez votre vie : quant à vous nourrir à rien faire, cinq gros hommes que vous êtes, n'y comptez plus. Vous pourrez venir coucher dans la maison, voilà tout. »

Nous nous demandâmes ce que nous allions faire ; mais nous eûmes beau nous creuser la tête, dans ce village où il n'y avait pas moyen de gagner quoi que ce fût par son travail, notre seule ressource était de mendier.

Le premier jour, ne pouvant nous y résigner, nous restâmes sans manger : mais le lendemain lorsque nous nous réveillâmes, la faim nous mit à la raison, et pâles de besoin et de honte, nous allâmes de porte en porte implorer la charité de gens qui, étant à peu près aussi pauvres que nous, refusaient ou ne donnaient presque rien.

Ah ! je l'ai connu dans toute son horreur, ce supplice de la mendicité, où l'on sent, non pas de jour en jour, mais d'heure en heure, son âme s'avilir, sa dignité d'homme se ravaler à la bassesse du chien affamé ! J'ai bien souffert dans ma vie, j'ai passé par des malheurs inouïs, mais jamais je n'ai rien éprouvé d'aussi intolérable !

Je n'avais pas seulement de la honte, j'avais du remords. Oui, du remords, quand je pensais que c'était par ma faute, pour avoir voulu, dans ma fureur de cupidité, courir après la fortune, que j'avais abandonné mon pays, ma famille, mes amis, l'humble commerce qui me faisait vivre. Chaque fois que je tendais la main, si quelqu'un de ces malheureux, plus compatissant ou moins misérable que les autres, me donnait une faible aumône, je comparais sa pauvreté à celle que je n'avais pas voulu supporter, et j'étais obligé de m'avouer, en me frappant la poitrine, que devant Dieu et devant ma conscience, je ne le valais pas !

Cette affreuse vie durait depuis près de trois semaines, et ce que nous obtenions d'aumônes, déjà insuffisant pour nous soutenir, diminuait de jour en jour, de sorte que nous maigrissions à vue d'œil.

Mais à cette détresse venait se joindre quelque chose de plus affreux peut-être.

Ah ! la misère ! Elle écrase le cœur de l'homme, elle le pile, elle en fait de la boue ! Nous nous étions pris en haine ! A mesure que, notre faim croissant, nous voyions en sens contraire diminuer les aumônes, vous devinez, n'est-ce pas ? Nous étions jaloux les uns des autres !

La force des choses nous commandait de nous séparer pour mendier isolément : on donne à un mendiant, on refuse à une troupe de cinq mendiants. Nous nous étions donc dispersés : mais qu'il nous arrivât de nous rencontrer devant la même porte, nous nous montrions les dents la première fois, et la seconde, nous nous serions battus si nous en avions eu la force. Quand par hasard nous nous parlions, c'était, je le dis quoique ce soit incroyable, pour nous faire mutuellement les plus sanglants reproches, chacun accusant l'autre d'être la cause du malheur de tous.

Le vrai était que nous nous trouvions trop nombreux, et que quand nous interrogions la figure hâve de nos compagnons, ce n'était pas pour y chercher l'espérance de les voir guérir, c'était....

Non! je ne le dirai pas : c'est trop horrible!

Lorsque nous avions fini notre quête, que nous faisions à l'heure des repas, dans l'espoir de trouver la charité plus miséricordieuse à table qu'à jeun, nous nous en allions, toujours seuls, nous traîner aux alentours du village, et là nous restions des heures, accroupis à regarder la terre ou étendus à contempler le ciel.

Notre abrutissement, en nous réduisant presque à l'état de machines, nous poussait à revenir au même endroit. Pour mon compte, j'allais toujours au bord de la rivière : il y avait là quelques barques, parfois il arrivait un bâtiment, et j'avais la chance d'y attraper une aumône, une poignée de riz; et puis, comme cette embouchure est presque une mer, je trouvais de temps en temps sur la grève un coquillage, un crabe ou quelque poisson mort, je le faisais griller sur un feu que j'allumais : c'était un repas....

Un jour que j'étais couché, la figure en l'air, les bras écartés, ressemblant plus à un mort qu'à un vivant, tant j'étais pâle et décharné, je vis se pencher tout à coup au-dessus de moi un visage à longue barbe coiffé d'un turban. Je reconnus un marchand mahométan arrivé depuis peu dans le village, où il venait s'approvisionner : il faisait le commerce des œufs d'alose.

« Que faites-vous là étendu au soleil, au risque d'attraper la fièvre ou un coup de sang? me dit-il, vous ne paraissez pas vous soucier beaucoup de votre santé !

— Ma santé ! lui répondis-je d'un ton amer en me mettant sur mon séant et appuyant mes deux mains à terre, mon agonie, vous voulez dire? Si je pouvais mourir, c'est ce qui m'arriverait de plus heureux, mais je ne peux pas; il faut que j'aie l'âme chevillée dans le corps. Il y a bien la ressource de me jeter à l'eau, mais je crois en Dieu et je ne veux pas que mon âme aille en enfer : sans cela il y a beaux jours que ce serait fait.

— Quoi ! me dit-il en me prenant les mains avec un air de bonté infinie, vous êtes malheureux à ce point? Et après m'avoir considéré un moment sans rien dire, il reprit : Vous n'êtes pas de ce pays-ci ; ne seriez-vous pas Portugais? »

Je lui racontai alors ce qui m'était arrivé, et quand j'en fus venu à lui dire comment et à quelles conditions les pêcheurs s'étaient engagés à nous ramener à Malacca :

« Je ne conçois pas, lui dis-je, pourquoi ils ne veulent pas réaliser leur promesse : ils y trouveraient un profit considérable, car un de nous, nommé Boralho, est parent de Pedro de Faria; moi-même je suis un de ses protégés; nos trois autres compagnons sont des marchands considérables, et

« QUE FAITES-VOUS LA ÉTENDU AU SOLEIL? »

celui qui entreprendrait de nous ramener reviendrait riche. »

Je demeurai un instant la tête baissée, n'osant achever, me disant que ce n'était plus la peine, qu'il était trop tard.... Mais une voix secrète semblait me dire :

« Parle ! mais parle donc, malheureux ! Tu l'as donc oublié, que tant qu'il y a vie il y a espoir ?

« Dans l'état où vous me voyez, dis-je en soupirant, je sens bien que je ne pourrais vous inspirer grande confiance.

— Je ne suis pas, me répondit le mahométan, de ceux que l'aspect d'un malheureux porte à des sentiments hostiles : moi-même je suis pauvre.

— Eh bien, alors, si ma misère n'est pas pour me démentir à vos yeux, je vous jure devant Dieu, je vous jure sur mon salut éternel, que si vous nous ramenez à Malacca, vous y serez récompensé au delà de tout ce qu'il vous plaira demander. Vous pouvez me croire, repris-je en lui serrant la main : c'est un mourant qui vous parle, vous le voyez bien : car si vous ne nous sauvez pas, avant huit jours nous aurons fini de souffrir. »

Il m'écoutait d'un air désolé, balançant la tête et agitant ses bras comme un homme désespéré.

« Assez, assez, dit-il, vous me fendez le cœur ! Je vous crois, pauvre malheureux, et votre sort me touche d'autant plus que j'ai vécu parmi les Portugais, et malgré tout je leur suis attaché. D'ailleurs, pauvre comme je suis, je ne demanderais pas mieux que de gagner un peu d'argent. Mais tout ce que je possède au monde ne vaut pas cent *pardains*, qui ne feraient pas cent cinquante livres de votre monnaie. Il faut que je paye les œufs d'alose que je viens acheter ici, et pour y gagner si peu! J'ai cru, quand j'ai commencé, que je pourrais faire quelques bénéfices à ce commerce, mais j'y trouve à peine ma vie.

« Pour vous emmener avec moi, il faudrait vous racheter à ces pêcheurs : mais si je le leur demande, ils élèveront leurs prétentions bien au delà de ce que je pourrais donner.

— Personne n'a voulu nous acheter : ils ne peuvent pas être bien exigeants. Si peu que vous leur donniez, ce sera toujours quelque chose. Croyez-moi, décidez-vous, vous n'aurez pas à vous en repentir : qui ne risque rien n'a rien.

— Eh bien, dit-il après quelques moments de réflexion, j'essayerai. Seulement c'est à condition que vous ne parliez à âme qui vive de tout ceci. Je vais voir. Revenez demain ici à pareille heure, montez dans ma barque et attendez-moi. »

Ce mahométan, comme nous eûmes lieu de le reconnaître par la suite, vérifiait en lui une observation que j'ai faite bien souvent : c'est que les gens qui ont bon cœur sont presque toujours spirituels; est-ce le cœur qui donne de l'esprit ou l'esprit qui donne du cœur, je n'en sais rien et je n'ai pas perdu mon temps à le chercher : il me suffit de savoir que quand je vois l'une de ces qualités dans les gens que je rencontre, l'autre n'est pas loin.

Aussi quand celui-ci m'eut ainsi parlé, je n'eus pas l'ombre d'un doute qu'il ne réussît, et ma pauvre espérance, qui ne faisait plus que vaciller au fond de mon âme comme une veilleuse prête à s'éteindre, se ranima, jetant une flamme dont je me sentis tout réchauffé.

En me quittant, l'excellent homme alla trouver le patron des pêcheurs, et se gardant bien de lui parler de ce qui l'amenait, entra en matière en lui demandant s'il pourrait lui procurer bientôt des œufs d'alose, dont il voulait acheter un plein chargement.

Il se montra, dans la discussion du marché, aussi bonhomme que possible, de quoi le pêcheur fut non moins flatté que satisfait, car les marchands étrangers, outre qu'ils payaient fort peu cette marchandise, le prenaient ordinairement de très haut avec les pauvres gens dont ils exploitaient le travail.

Voyant son homme bien disposé, le marchand se leva et lui dit adieu comme s'il s'en allait. Mais au moment de passer la porte, il s'arrêta, et se retournant à demi :

« A propos, lui dit-il d'un air négligé, vous avez donc des mendiants ici, maintenant? Qu'est-ce que c'est donc que cet homme que je viens de rencontrer au bord de la rivière? Dans quel état il est, le malheureux! A son costume, ou plutôt à ses haillons, on dirait un Portugais.

— Oh! répondit l'autre d'un ton bourru, ne me parlez pas de ça : c'est un des cinq Portugais que nous avons eu la malheureuse idée de recueillir sur cette île là-bas. Ils nous promettaient monts et merveilles si nous voulions les sauver pour les conduire à Malacca, où on nous payerait bien ; nous les avons pris, par pitié, espérant trouver au moins à les vendre ; mais personne n'en veut, ils ne savent rien faire ;

d'ailleurs quand ils seraient bons à quelque chose, on n'en pourrait rien tirer, car ils sont plus malades et plus abrutis les uns que les autres. Ma foi, fatigués de les nourrir, nous les avons lâchés dehors comme des chevaux de rebut, et ils vivent en mendiant aux portes. »

Comme il voyait la figure du marchand se rembrunir à ces derniers mots, le pêcheur, frottant son pouce contre ses doigts, baissa les yeux et murmura d'une voix sourde :

« Vous me direz peut-être que c'est dur : mais que voulez-vous, nous n'avons pas de quoi les nourrir : nous ne sommes pas plus riches qu'eux; notre pêche nous rapporte juste de quoi manger. Nous leur donnons à coucher, voilà tout.

— Et si on vous en débarrassait....

— Ah! on nous rendrait un fameux service! Ils nous pèsent, ajouta-t-il d'un ton encore plus bas en portant sa main à son front.

— Je vois : ce qui vous pèse, c'est l'engagement que vous aviez pris avec eux?

— Je ne saurais vous dire, répondit le pêcheur, mais je voudrais les voir au diable!

— Qu'est-ce que cela peut valoir, un mendiant moribond comme celui-là?

— Pas l'aumône qu'on lui donne chaque jour. Moins que rien, puisqu'il coûte.

— Écoutez. Vous me donnez envie de jouer un coup de dé. Vous croyez que si on entreprenait de les conduire à Malacca, ils mourraient en route?

— J'en suis convaincu.

— Si je vous en offrais vingt pardains, qui font vingt-quatre livres, me les vendriez-vous? Je risque de les perdre, mais si par impossible ce qu'ils vous ont dit était vrai, j'aurais la chance de gagner peut-être quelque petite chose.... Ce serait un billet de loterie. »

Le pêcheur allait jeter un cri de joie : il le réprima, et le remplaçant par un haut-le-corps :

« Vingt pardains pour cinq esclaves! dit-il, vous n'y pensez pas!

— C'est vrai, répliqua le marchand en lui prenant le bras, vous avez parfaitement raison : gardez-les. Et il fit mine de s'en aller.

— Vingt pardains! reprit l'autre, ça fait quatre pour chacun! Un porc se paye plus cher!

— Je vous dis que vous avez raison : gardez-les. Eh! tenez, je n'en suis pas fâché : vous m'empêchez de faire une sottise.

— D'abord, reprit le pêcheur d'un air embarrassé, ils ne sont pas à moi plus qu'à mes compagnons.

— Raison de plus : gardez-les.

— Et il faudrait au moins que j'eusse le temps de les consulter.

— Gardez-les.

— Mais je ne demande pas mieux que de les vendre, moi!

— Vendez-les-moi donc. Et décidez-vous, oui ou non, parce que si vous voulez attendre jusqu'à demain, il n'y a pas de marché de fait. »

Le pêcheur se gratta la tête un moment, puis, prenant son courage à deux mains :

« Vous mettrez bien vingt-cinq pardaıns ?

— Si vous insistez, je n'en donne plus que quinze.

— Tope ! dit le pêcheur en frappant dans la main du marchand.

— Marché conclu. »

Dieu du ciel ! nous étions sauvés !

Une heure après, nous nous trouvions tous cinq réunis dans la demeure du bon mahométan. Nous étions ses esclaves, mais le meilleur des frères ne nous aurait pas mieux accueillis. Sous sa gravité un peu sévère, il n'était pas difficile de découvrir une émotion qu'il s'efforçait vainement de nous cacher : on voyait battre son cœur.

Avec une hâte un peu désordonnée, il nous donnait toute sorte de soins touchants, comme quelqu'un qui sent que le temps presse ; il voyait bien que notre salut était une question, non de jours, mais d'heures.

Il commença par nous donner à manger. Ce que nous dévorâmes dans ce premier repas dépassa toute croyance : nous lui faisions tellement pitié que ses yeux étaient tout brillants de larmes.

Le repas fini, il nous fit boire du raki, espèce d'eau-de-vie, qui nous réconforta d'une façon extraordinaire, puis il nous servit du thé bien chaud, dont l'effet ne fut pas moins puissant.

Avec le soulagement du corps, ce repas nous rendit le sentiment de notre conscience, qu'une espèce de délire avait épuisé ; et quand, apaisés quoique non rassasiés encore, nous

nous retrouvâmes réunis dans un même bonheur, la haine qui nous avait séparés fondit comme la neige au soleil, et nous nous embrassâmes en nous demandant pardon.

Un sommeil de plomb, qui nous tint pendant près de douze heures, acheva de nous remettre, non certes en bon état, mais infiniment mieux que nous n'étions la veille, nous faisant vraiment renaître comme des plantes sèches qu'on aurait arrosées. Nous n'en revenions pas! En quelques heures, que de bien on peut faire à des malheureux! C'était vraiment presque aussi rapide que le sauvetage des noyés qu'on retire de l'eau.

A partir de ce jour nos forces se relevèrent de plus en plus vite, et lorsque nous partîmes sur la barque de notre sauveur, nous étions assez vigoureux pour l'aider, sinon dans les manœuvres, du moins dans les soins assez multipliés qu'il fallait donner à la conservation des œufs d'alose dont la barque était chargée. Il y avait cinquante barils de ces œufs, contenant chacun un millier de grappes d'œufs de la grosseur du poing. Souvent, en manipulant cette marchandise, le bon mahométan nous disait avec un soupir :

« Ah! si les Portugais ne faisaient pas payer des droits si exorbitants aux navires qui entrent dans leurs ports, il y aurait pourtant là de quoi gagner une belle somme! Mais vous verrez : quand tout sera vendu, il me restera à peine le dixième de ce que j'aurai reçu des acheteurs.

— Soyez tranquille, lui dit Boralho, nous arrangerons cela, croyez-moi. »

Au bout de trois semaines que nous mîmes à faire le voyage,

côtoyant la terre du plus près possible, nous arrivâmes enfin, sans avoir eu trop de mauvais temps, dans les eaux de Malacca. Le 7 janvier, nous embouchions le détroit de Singapore, et quatre jours après, par un temps admirable, vent en poupe, nous entrions dans le port de Malacca.

Quand je mis le pied sur le rivage, je faillis m'évanouir de joie !

Je me croyais tout à fait remis de mes souffrances, et quoique ma marche ne fût pas ferme, comme il arrive aux gens qui viennent d'être longtemps secoués sur la mer, je m'imaginais avoir une figure comme tout le monde; mes compagnons, qui marchaient avec moi, ne se doutaient pas mieux de l'effet que nous faisions. Les passants s'arrêtaient avec des airs étonnés, quelques enfants nous suivaient, et c'est ainsi que nous arrivâmes à la citadelle. Nous donnâmes nos noms, demandant à parler à Pedro de Faria.

Un cri de joie, venant du fond de l'appartement, nous avertit que nous étions annoncés. La porte s'ouvrit, et Pedro de Faria, les bras ouverts, se précipita sur nous.

Mais à la vue de ces cinq spectres dressés devant lui, il recula. Il ne nous reconnaissait pas !

« Grand Dieu ! cria-t-il, est-ce bien vous ? Parlez, que votre voix me dise bien que vous êtes bien ces amis que je croyais perdus ! »

Nous parlâmes. Il se jeta dans nos bras.

Ce que fut l'entrevue, on peut en juger d'après l'histoire que j'ai racontée de nos malheurs. Quand nous eûmes achevé, il ordonna de faire appeler à l'instant notre sauveur. Après l'avoir remercié dans les termes les plus chaleureux, il lui donna soixante ducats, deux pièces de damas de Chine en valant au moins autant, et lui annonça qu'il l'exemptait de tous droits de douane sur ses marchandises, ce qui représentait encore plus de cinquante ducats.

Le pauvre marchand, qui n'avait jamais possédé tant d'argent, se confondait en remerciements : il était riche, de sorte que, sans compter la reconnaissance que nous lui portions pour nous avoir délivrés, nous lui dûmes encore un des plus doux plaisirs qu'on puisse éprouver en ce monde, celui de voir Dieu récompenser un honnête homme d'avoir fait le bien. D'ailleurs ce retour de fortune ne s'arrêta pas là pour nous. De tous côtés, au bruit de nos aventures et de nos malheurs, de nombreux visiteurs vinrent nous voir, et leur compassion se traduisit par des aumônes si généreuses que nous nous trouvâmes tous, en fin de compte, plus riches que quand nous étions partis.

Pendant le premier mois que je passai à Malacca, ne faisant rien que me reposer de tant de souffrances, je me sentais comme en paradis. Au moment où le navire vénitien me délivrait de l'esclavage, il m'avait semblé que je ne pourrais plus éprouver pareille joie ; mais à mesure que de nouvelles infortunes, toujours plus cruelles, sont venues fondre sur moi, je puis dire que le bonheur de vivre, à chaque fois que j'étais sauvé, me semblait croître en proportion de ce que j'avais souffert.

Oui, j'étais comme dans un paradis où, depuis le sable de la grève jusqu'aux vagues infinies de la mer, depuis l'ombre des nuits jusqu'à la lumière du soleil, tous les êtres de la nature me souriaient, me caressaient, comme s'ils n'étaient là rassemblés autour de moi que pour mon bonheur. Je passais tout le jour à m'émerveiller de voir la terre si belle, les hommes si bons. Au milieu des soins dont nous entouraient nos amis, le passé ne nous semblait plus qu'un mauvais rêve, et nous oubliions que, dans les lieux maudits d'où nous échappions à peine, des monstres à figure humaine arrosaient la terre de sang.

Je connaissais la mort; dans les combats, dans les tempêtes, au milieu des scènes épouvantables que je venais de traverser, je l'avais vue dans toutes ses horreurs; mais je ne savais pas encore ce que c'est que la vie! Pour le savoir, il faut, comme moi, l'avoir sentie s'échapper goutte à goutte pendant que notre corps se dissout et s'évanouit dans l'épuisement et l'angoisse, et tout à coup, à l'instant même où sonne l'heure du salut, la voir renaître! Alors on aura savouré le plus grand bonheur qu'il soit donné à l'homme de connaître : celui de se sentir vivre! Certes je le payais bien cher, ce bonheur-là : mais en vérité, quand je songe aux délices dont il m'a fait jouir, je ne sais si, même à ce prix, je ne voudrais pas recommencer!

Cependant, à mesure que mes forces revenaient, l'oisiveté commençait à me peser; l'activité qui s'agitait de toutes parts autour de moi me ranimait, et je sentais de jour en jour plus vivement le besoin de travailler. Après la leçon que je venais de recevoir, je m'étais cru, au début de ma convalescence, guéri pour jamais de l'envie de courir les aventures : mes résolutions valaient à peu près celle du joueur qui vient de perdre, jure de ne plus toucher une carte de sa vie, et qui le lendemain recommencera.

Comme, au fond de mon cœur, il me restait l'épouvante de ce qui venait de m'arriver, je n'osais pas m'avouer à moi-même que j'étais incorrigible ; aussi, pour m'engager à une entreprise qui me fixât à terre, ayant devant moi une somme assez considérable provenant des dons qui m'avaient été faits, je me hâtai d'en employer la plus grande partie en marchandises que je chargeai à destination du Portugal, et à la suite de cette première opération, dont je devais tirer un important bénéfice, je repris le commerce que je faisais avant mon départ.

L'intérêt et le profit que j'y trouvais m'occupaient assez l'esprit pour en chasser, à tout jamais les rêves d'aventures ; et sans une circonstance qui ne provint pas de moi mais du hasard et d'un mouvement d'amitié de Pedro de Faria, je serais resté à Malacca, et j'y aurais certainement, sans courir le moindre risque, fait fortune en quatre ou cinq ans.

Mais ma destinée ne le voulait pas.

Il y avait deux mois et demi que j'étais de retour, et mon commerce allait prospérant de plus en plus grâce au crédit qu'on m'accordait, lorsqu'un jour, me promenant avec Boralho et Pedro de Faria sur le port, nous assistâmes à l'arrivée d'une énorme galiote venant de Tanixumaa, l'une des îles Lieou-Kieou, dépendance du Japon.

En apprenant la provenance de ce navire, Boralho et Pedro de Faria poussèrent des exclamations.

« Eh mais ! me dit Boralho en se tournant vers moi, voilà qui va vous intéresser vous qui avez rencontré Joel Kerbabu à Lisbonne ! Il vous a bien raconté ses aventures à Tanixumaa et à Bungo ?

— Je crois bien ! Moitié merveilles, moitié horreurs.

— C'est de là que revient ce navire. Les merveilles, vous allez les voir quand on déchargera ; quant aux horreurs, c'est de l'histoire ancienne, il n'y a plus là pour nous que des bras ouverts et, ce qui n'est pas moins précieux, des coffres pleins de trésors. Non seulement ces honnêtes gens nous achètent nos marchandises à des prix fous, mais ils nous vendent les leurs pour rien ; quand, au retour d'une campagne dans ce pays-là, un armateur fait sa balance, si on ne le soutenait pas, il s'évanouirait de bonheur ! Ces bons Japonais nous aiment tellement que beaucoup ne peuvent se résigner à laisser partir nos navires ; ils s'y embarquent, et il ne se passe pas de semaine que nous ne voyions arriver un de ces seigneurs qui sont les gens les plus aimables, les plus distingués qu'on puisse voir, et qui viennent ici uniquement pour avoir le plaisir de passer quelques jours avec leurs amis les Portugais. »

Là-dessus on pense bien que nous ne pouvions manquer d'aller assister au débarquement des passagers, parmi lesquels nous vîmes trois Japonais magnifiquement habillés. En reconnaissant Pedro de Faria, le capitaine du navire courut à lui, et après les salutations échangées, lui demanda de lui présenter les trois seigneurs japonais, à quoi Pedro de Faria répondit en s'avançant vers eux, et en leur souhaitant la bienvenue au nom de toute la colonie et du roi de Portugal.

Ainsi engagée, cette première entrevue prit les proportions d'une véritable solennité. Pedro de Faria, sans en avoir l'air, entraîna les Japonais jusqu'à sa maison, leur fit servir une collation magnifique, et lorsqu'ils voulurent se lever pour se retirer, leur dit que la maison était à eux, et qu'il les priait instamment de vouloir bien y accepter l'hospitalité pour tout le temps de leur séjour.

A la façon dont un homme sait accueillir une politesse, on peut juger de son éducation : ils acceptèrent comme n'auraient pas mieux fait nos gentilshommes les plus courtois.

Une fois cette installation accomplie, Pedro de Faria leur présenta tout naturellement les amis qui s'étaient trouvés avec lui au débarquement et leur avaient fait cortège. J'étais du nombre, comme on a vu, et présenté à mon tour, j'attirai particulièrement leur attention par ma qualité de Français, de sorte que nous entrâmes en conversation et nous promîmes de nous voir souvent, car ils se montrèrent passionnément curieux de s'instruire des choses de France.

Ce qui ne pouvait manquer arriva : il ne s'était pas passé trois jours que ces trop aimables seigneurs m'avaient complètement tourné la tête. Je partais avec eux, ils devaient me recevoir dans leur maison ; ils m'ouvraient là-bas un crédit illimité ; tous les plaisirs m'attendaient ; je ne pouvais manquer de faire fortune rien que dans ce voyage, puisque si je voulais charger dix navires et davantage, il ne tenait qu'à moi. Et de fait, en choisissant bien ses marchandises on y gagnait, haut la main, de 100 à 150 pour 100 !

Comment résister, surtout quand Pedro de Faria, poussé à

la fois par son amitié pour moi et par le désir de voir se développer les relations avec le Japon, se mit de la partie en me confiant, pour le port de Ning-Po, une cargaison que j'y devais vendre avec une forte commission à mon profit? De plus il me chargeait d'une mission auprès du gouverneur de ce comptoir, à l'effet d'organiser un convoi de quelques bâtiments chargés d'aller vendre des marchandises dans les ports du Japon. Enfin il me donnait carte blanche pour m'arrêter, au cours de ma campagne, partout où je trouverais à établir pour le compte du Portugal des relations de commerce ou d'amitié.

Me voilà donc de nouveau ambassadeur, mais cette fois chez des peuples amis, et de plus avec la perspective d'une richesse assurée. Cinq ou six mois devaient me suffire pour mener à fin cette nouvelle aventure, et comme elle s'annonçait, avec toute apparence, sous les plus brillants auspices, j'étais ravi, et dans mon impatience je comptais les heures.

Enfin tout étant prêt, on put fixer le jour du départ, et Pedro de Faria nous donna le dîner d'adieu. Je partais seul, le sage Boralho n'ayant pu se décider à courir de nouveaux hasards : il avait besoin, me dit-il, de quelque temps de repos pour retrouver son aplomb ; il se sentait encore trop endolori des coups dont nous venions d'être roués si libéralement par la fortune.

Plût à Dieu que je fusse resté sage comme lui ! Mais j'étais jeune, l'attrait de la nouveauté, les plaisirs qui m'attendaient là-bas, ne laissaient pas de liberté à ma raison ; sans doute je venais de passer par de terribles épreuves, mais en définitive je m'en étais tiré.

Et puis ma bastide! Je l'avais toujours devant les yeux, cette bastide; elle était le refrain de toutes mes réflexions, de toutes mes lamentations, le point de mire de tous mes actes. Il me la fallait, cette bastide, pour me reposer lorsque je n'en pourrais plus!

Il est vrai que de temps à autre un éclair de bon sens me revenait, et je me demandais s'il n'aurait pas été plus simple de ne pas tant me fatiguer à courir les naufrages et les massacres, et qu'alors je n'aurais pas tant besoin d'une bastide pour me reposer ; mais à l'idée de me remettre à vivre tranquillement au fond d'un comptoir, il me prenait des sueurs froides, et j'envoyais la sagesse au diable en m'écriant :

« Ce n'est pas vivre, ça, c'est mener l'existence d'un colimaçon! Plutôt la mort! »

Et voilà comment l'expérience rend l'homme sage.

NOUS NOUS ÎMES AU PLACER EN SOURIANT.

XIV

PEDRO DE FARIA ME DONNE UNE MISSION POUR NING-PO. — LES JAPONAIS ET LEUR CARACTÈRE. — DÉPART DE NING-PO. — TEMPÊTE. — NAUFRAGE. — TRAVERSÉE DES LAGUNES. — LA FAIM.

Nous partîmes donc un beau matin, accompagnés de plus de cinq cents personnes qui avaient voulu faire une ovation aux Japonais. Je dois avouer que l'intérêt politique et commercial y était pour beaucoup, mais il n'est pas moins vrai que ces Japonais, dans le peu de jours qu'ils avaient passé à Malacca, s'étaient fait adorer par leur humeur charmante et leur exquise courtoisie.

Pendant six semaines que dura la traversée, nous nous liâmes étroitement ensemble, et j'eus là occasion d'apprécier dans sa haute valeur le caractère loyal, chevaleresque et délicat de leur race, qui est certainement la plus éminente de tout l'Extrême-Orient.

Les deux qualités principales qui les distinguent à un si haut degré sont l'honneur et l'amitié. Ils les portent presque au délire, jusqu'à s'entre-tuer pour la plus légère offense, ou à s'ouvrir le ventre en croix lorsque ce n'est pas le cas d'un combat singulier. Si quelqu'un a éprouvé un tort ou une injustice, tous ses amis prennent les armes pour le venger, puis les amis de ses amis, pendant que, du côté de l'offenseur, d'autres troupes armées viennent soutenir l'attaque, de sorte qu'il n'est pas rare de voir s'élever des séditions où toute une ville se partage en deux camps. On raconte qu'un jour, à propos de l'enlèvement d'une jeune fiancée, plus de six cents personnes furent massacrées.

Sans doute on ne peut qu'exécrer les gens qui, lâchement et sans s'exposer à aucun danger, tuent un homme comme on tuerait un chien : mais comment s'empêcher d'avoir du respect et de la sympathie pour ceux qui risquent bravement leur propre vie afin de remplir un devoir?

Le malheur est que les hommes violents ou peu éclairés ne savent pas toujours distinguer ce que c'est qu'un devoir, et il leur arrive trop souvent, en prétendant accomplir un acte de justice, de commettre un crime, et ce crime est presque toujours un meurtre.

Dans mes conversations avec mes Japonais, j'essayais souvent de leur faire comprendre ce qu'avaient de déplorable ces habitudes de violence. Ils en demeuraient d'accord, mais ils soutenaient qu'ils étaient obligés d'agir ainsi parce que dans leur pays la justice n'existait pas à l'égard des nobles, n'étant rendue que par des subalternes qui n'oseraient jamais poursuivre un seigneur, car s'ils s'avisaient de l'essayer ils seraient tués. Il en résultait que quand le coupable se trouvait être de la haute classe, il fallait, ou courber la tête si on était de la classe inférieure, ou se faire justice soi-même si on appartenait à la noblesse.

« Voilà, leur disais-je en forme de conclusion, ce que c'est que de ne pas vouloir se soumettre aux mêmes lois que ses concitoyens. Vous vous faites un orgueil de ne pas être jugés comme le commun des martyrs, et tandis que les pauvres gens se font rendre justice sans qu'il leur en coûte une goutte de sang, vous, messeigneurs, vous vous égorgez par douzaines pour un grief qu'un juge redresserait en quatre mots.

— Tout cela est fort juste, me répondaient-ils, mais il faudrait changer nos mœurs et renoncer aux privilèges de la noblesse.

— Faites-le.

— Nous y pensons. Revenez nous voir dans deux ou trois cents ans d'ici, et vous trouverez peut-être un pays tout neuf.

— C'est la grâce que je vous souhaite, répondis-je, comme disent nos prédicateurs à la fin de leurs sermons. »

Et les Japonais continueront ainsi à se massacrer jusqu'à ce que la civilisation ou le christianisme, en pénétrant dans leurs belles âmes, fassent disparaître de chez eux des mœurs indignes d'un peuple si noble, si généreux, et si bien fait pour marcher à la tête des nations de l'Extrême-Orient.

En arrivant à Ning-Po, nous trouvâmes la place encore sous

le coup de l'effroyable naufrage qui avait eu lieu environ dix-huit mois auparavant, et où près de six cents personnes avaient péri. Joel Kerbabu, échappé par miracle, m'en avait raconté tous les détails. La cause en était dans l'imprévoyance qui avait signalé le départ d'une flotte où, pour n'en citer qu'un exemple, deux navires s'étaient mis en mer sans capitaine ni pilote !

Le but de ma mission à Ning-Po était, pour prévenir des catastrophes semblables, de remettre au gouverneur des instructions réglant à l'avenir les conditions auxquelles serait soumis tout marin ou armateur sortant du port pour un voyage de long cours.

Le soin de cette affaire me retint là quinze jours, pendant lesquels les Japonais, partout accueillis comme ils le méritaient, ne contribuèrent pas peu à préparer la reprise de nos affaires avec leur pays. Ils y réussirent même si bien qu'ils finirent par entrer en relation avec quatre des principaux négociants de la ville, et s'associèrent avec eux pour aller ensemble au Japon, d'où les négociants reviendraient avec des marchandises du pays.

Il en résulta que nous dûmes nous séparer d'eux, les laissant à Ning-Po pour aller de notre côté à Tanixumaa, où nous devions les attendre. Nous nous dîmes au revoir en souriant, ne nous doutant pas que nous nous voyions, hélas ! pour la dernière fois ! Enfin ceux-là du moins arrivèrent à bon port, comme nous devions l'apprendre bien longtemps après.

Quant à nous, ayant fini de régler nos affaires avec le gouverneur, nous partîmes trois jours après, heureux et impatients d'aller rejoindre nos amis et, bien entendu, n'ayant aucune inquiétude, car quand on part pour un voyage de mer, on n'en a jamais : rien n'est gai comme le moment où, se balançant doucement sur les flots, le navire déploie ses voiles comme un oiseau ses ailes, et s'élance dans l'infini ! D'ailleurs nous avions un excellent navire, parfaitement commandé ; notre traversée ne devait pas durer plus de six ou sept jours, nous avions bon vent, le temps était magnifique, et tout faisait présager qu'il était pour durer.

Pendant les huit premiers jours, tout allait à merveille ; nous marchions vent arrière par une brise de sud-est bien fraîche et bien constante, et si cela continuait encore un jour, nous arrivions au port.

Mais cela ne continua pas. Le matin du neuvième jour, le vent tourna au sud, augmentant si vite de violence, qu'en trois heures nous étions déjà détournés de notre route de plus d'un degré. Vers dix heures, la mer devint monstrueuse, les lames couvrirent le navire d'un bout à l'autre, de sorte que personne ne pouvait tenir sur le pont. Cependant, bien que réduit à la moitié de sa voilure, entre les rafales qui le secouaient et les lames qui menaçaient de l'engloutir, notre navire était à tout moment près de sombrer.

Dans ce danger suprême, il fallait absolument nous débarrasser de nos voiles, sous peine de périr. Plusieurs de nos matelots, n'écoutant que leur courage, demandaient à se dévouer ; mais la tentative était si dangereuse, que notre capitaine ne voulut pas prendre la responsabilité de les désigner : il fit tirer au sort, parmi les dix plus anciens de l'équipage, à qui serait chargé d'aller faire tomber les focs et les grandes voiles.

Les deux matelots, attachés par la ceinture à de longues cordes, s'avancèrent sur le pont, faisant deux ou trois pas, accrochant la corde où ils pouvaient, puis atteignant un autre endroit où l'accrocher de nouveau, et ainsi de suite, de sorte qu'à travers des coups de mer continuels, on les voyait disparaître sous les vagues pour aller reparaître un peu plus loin. Vingt fois nous les crûmes perdus. Nous les vîmes enfin atteindre le pied du beaupré; d'un coup de hache, ils tranchèrent les cordes qui tenaient les focs tendus, et ces deux voiles tombèrent, soulageant l'avant du navire, qui se releva aussitôt.

Redescendant alors du château de proue, il leur fut plus facile, grâce à la corde qu'ils avaient laissée accrochée le long de leur passage, de revenir sur les deux mâts. Ils réussirent de même à en faire tomber les voiles en coupant les cordes qui les tenaient tendues, et à ce nouvel allègement, notre pauvre navire commença de rouler beaucoup moins, de sorte que la position devenait moins dangereuse.

Tout notre intérêt se portait désormais sur les deux matelots, et haletants de terreur et d'espérance, nous tendions les bras pour les recevoir. Leur œuvre accomplie, nous les vîmes, se halant sur la corde tendue, arriver enfin si près de la porte de la dunette qu'il leur restait tout au plus trois pas à faire pour s'y retrouver à l'abri. Mais au moment où, respirant enfin, nous les croyions sauvés, une lame de fond, une de ces montagnes d'eau qui s'élèvent parfois au-dessus des autres vagues, vint s'abattre sur le pont, arrachant les bordages, le grand mât, les manœuvres, le cabestan, et enlevés comme des plumes au milieu de ces débris, nos deux matelots, roulés dans les airs par un tourbillon d'eau et d'écume, disparurent comme si la mer les avait dévorés.

A partir de ce moment nous n'étions plus qu'une épave poussée au gré du vent, des courants et de la marée. La tempête se calma par degrés, et si le navire n'eût pas été aussi désemparé, nous aurions pu espérer encore. Mais nous n'avions plus de mâts, plus de voiles ; les bordages étaient presque tous emportés, désarticulant en plusieurs endroits une partie de la membrure ; enfin le gouvernail était cassé, ce qui ne nous permettait plus de nous conduire.

Dans cette affreuse situation, nous ne pouvions rien faire pour nous sauver ; le hasard seul nous gouvernait, et tout ce que nous pouvions concevoir de plus beau en fait d'espérance, c'était que le navire pût se soutenir encore assez de temps pour aller échouer sur le rivage ou sur une île voisine de la côte.

Mais pour notre malheur, le vent changea de direction et nous repoussa vers le milieu du golfe de Nankin. Pendant cinq jours et cinq nuits, nous restâmes là à flotter et tourner comme un bouchon. La position devenait de plus en plus terrible, parce que l'eau et les vivres commençaient à nous manquer.

C'est dans ce misérable état que nous vîmes fondre sur nous une nouvelle tempête. N'ayant plus aucun moyen de nous défendre, déjà affaiblis par l'insuffisance de nourriture, nous ne pouvions que prier Dieu, et encore plutôt pour nos âmes que pour nos corps.

Cette agonie devait enfin avoir un terme : vers la pointe du jour, sans que rien n'eût pu nous faire pressentir le voisinage de la terre, nous sentîmes tout à coup une secousse, puis, avec des craquements épouvantables, le navire s'ouvrit, se dispersa en mille miettes, et nous nous trouvâmes, par marée haute, sur un rocher qui devait découvrir à basse mer, mais qui, par le gros temps qu'il faisait, était balayé sans relâche par de longues lames qui rasaient tout à bord morceau par morceau, emportant à chaque fois quelques malheureux accrochés aux débris.

Le hasard, ou pour parler comme on doit, la bonté de Dieu, fit que je me trouvai, au moment du naufrage, avec le capitaine, le pilote, et un matelot portugais nommé Mendoza. Nous nous étions retirés vers le château de poupe, et pendant qu'il s'écroulait, nous avions pu, en nous tirant les uns les autres par les bras ou par les cheveux, nous hisser jusque sur le pont de la dunette. Cette partie du bâtiment, étant plus élevée, devait mettre plus de temps à s'effondrer, et c'est ce qui nous sauva. Tandis que nous voyions disparaître les uns après les autres tous nos compagnons, nous restâmes au-dessus du niveau de l'eau jusqu'au moment où, la mer ayant commencé de se retirer, nous vîmes s'étendre rapidement le banc de sable où nous venions d'être jetés, et pûmes espérer qu'il nous serait possible de gagner la côte.

En face de nous, et paraissant s'élever à mesure que la mer baissait, une mince tranche de sable jaunâtre semblait marquer le rivage d'une terre basse, sans arbres, sans aucune élévation, mais qui, aux yeux exercés de nos deux marins, présentait un

NOUS NOUS LIONS RETIRÉS VERS LE CHATEAU DE POUPE.

aspect fixe différent des bancs de sable que la mer déforme en les lavant continuellement.

Nous n'avions pas à délibérer sur ce que nous devions faire : il fallait gagner le rivage, ou attendre sur ce banc de sable que la marée prochaine vînt nous noyer; à pied, à la nage, n'importe, nous devions traverser toutes les flaques d'eau qui nous séparaient de la terre.

Sans doute nous avions quatre heures de marée devant nous, mais outre que le vent pouvait changer et la ramener plus vite, nous ne savions si nous ne trouverions pas en travers de notre route des canaux profonds où quelques courants nous retarderaient. Aussi, pour nager plus vite et diminuer notre fatigue, nous prîmes chacun les meilleures planches que nous pûmes trouver parmi les débris de notre pauvre navire, et nous y attachâmes une corde aux deux bouts, de façon à pouvoir les réunir, s'il y avait lieu, en une sorte de radeau.

Cela fait, nous nous jetâmes à genoux en invoquant la protection de la sainte Vierge, et moi je fis vœu à Notre-Dame de la Garde, patronne des marins provençaux, de lui brûler un cierge haut comme moi et gros comme mon bras si elle me tirait de cet affreux péril.

Nous partîmes, marchant en ligne droite sur le point du rivage qui nous paraissait le plus proche. Comme, d'après ce que nous en pouvions voir, le fond que nous traversions était à peu près le même partout, nous nous faisions une règle absolue de ne jamais nous arrêter pour choisir un passage, et nous franchissions tout ce qui se présentait, flaque, trou, rocher, banc de sable; toujours en ligne droite.

Nous avions ainsi, en moins de trois quarts d'heure, atteint la moitié de notre course, lorsque nous nous trouvâmes devant un canal assez large où l'eau coulait avec une grande rapidité, et qui paraissait profond. Nous essayâmes d'y trouver un gué, mais il n'y en avait pas à portée de nos yeux : fidèles à notre résolution, nous ne cherchâmes pas plus loin. Nous réunîmes nos quatre planches, qui nous fournirent un bon soutien pour nous aider à nager, et nous étant avancés dans l'eau, nous perdîmes pied aussitôt. Notre radeau nous aidait bien à nous soutenir, mais emporté par la force du courant, il nous entraînait. Si nous l'abandonnions, nous pouvions, vu notre extrême faiblesse, ne plus avoir assez de force pour gagner le bord.

Nous passâmes là quelques secondes dans une angoisse indicible, dérivant avec une extrême rapidité et ne sachant pas jusqu'où nous pouvions être entraînés.

« Que faire ? disaient mes compagnons, si nous restons accrochés, nous pouvons aller en pleine mer : si nous lâchons, nous n'aurons pas la force d'arriver au bord !

— A Dieu va-t'! m'écriai-je en lâchant les planches, je lâche, faites comme moi. »

Et me mettant à nager à grandes brassées, je fis si bien que j'entraînai mes trois compagnons, et nous arrivâmes à l'autre bord, à quelque cent pas de notre point de départ, mais enfin sur le sol ferme, tandis que notre radeau, s'éloignant avec une rapidité surprenante, s'en allait vers une immense flaque d'eau où certainement nous nous serions perdus.

A partir de ce moment, nous trouvâmes un fond moins raviné, un sable où nous marchions plus vite, et ayant encore passé à la nage deux canaux où nous avions presque pied, nous finîmes par atteindre une plage où, si loin que notre vue pût s'étendre, nous pouvions nous croire en terre ferme.

Après une heure environ de repos, nous délibérâmes sur ce que nous devions faire : passer la nuit sur cette plage, tâcher d'y ramasser quelques moules ou quelques crabes, ou nous avancer tout de suite vers l'intérieur. La faim nous pressait, et nous ne savions pas si nous trouverions plus loin quelque chose à manger : mais la soif, que notre immersion dans l'eau avait suspendue, commençait à se faire sentir : entre ces deux menaces de mort, nous nous décidâmes pour la plus pressante, puisqu'on meurt beaucoup plus vite de soif que de faim, et nous marchâmes, espérant trouver dans le voisinage un ruisseau ou une source comme il s'en rencontre souvent près des bords de la mer.

Après avoir marché pendant près de trois heures sans découvrir autre chose que des buissons rabougris, nous remarquâmes enfin par-ci par-là quelques brins de jonc qui paraissaient indiquer un sol moins sec, et peu de temps après nous arrivions à un marécage immense où reluisaient des flaques d'eau.

Malgré son goût saumâtre, cette eau nous permit de nous désaltérer, ce qui nous réconforta mieux que ne l'aurait fait, en une rencontre moins désespérée, le meilleur vin du monde.

Je fis là une nouvelle école à ajouter à tout ce que mes autres malheurs m'avaient appris : je ne savais pas ce que la soif peut faire souffrir à la pauvre gorge d'un aventurier, et je faisais connaissance avec une douleur inédite : mais je ne savais pas davantage, par la même raison, quel bonheur on éprouve à se désaltérer, et j'éprouvais une jouissance dont je n'aurais jamais eu l'idée si je ne m'étais trouvé en passe de mourir de soif.

Je n'irai pas jusqu'à dire que cette eau m'avait grisé, mais positivement elle me monta à la tête, car elle m'inspira un élan de gaîté; un élan modeste, comme en peut avoir un pauvre diable qui n'a pas mangé depuis plus de vingt-quatre heures et qui a fait près de dix lieues à pied ou à la nage, mais enfin un élan.

« Allons, allons, mes amis, dis-je en riant presque, nous voilà sauvés à moitié; il ne manque plus que de trouver quelque chose à manger : il doit y avoir dans ce marais des tortues ou des colimaçons d'eau. Essayons de faire une pêche. Ce coup de vin de mare m'a tout ragaillardi et, ma foi, j'ai eu tant de plaisir à boire que pour un peu je regretterais ma soif. Bah! bah! tout est bien qui finit bien. Ne nous décourageons pas, allons toujours jusqu'à ce que nous sachions si ça ne finira pas bien. Je ne sais pas ce qui vous est arrivé dans votre vie en fait de malheurs, mais quant à moi, j'en ai tant vu que j'ai pris le parti de n'y pas croire : pendant que ça dure, je me dis que c'est un coup de vent à supporter, je courbe la tête. Possible qu'un beau jour je ne la relèverai pas : mais c'est que je serai mort, et quand on est mort, on ne sait même plus qu'on a vécu. Alors pourquoi se tourmenter? En attendant, vous voyez que je m'en suis toujours tiré, et je me tirerai encore de celle-ci. A chaque malheur je me répète ça : faites comme moi, mes amis; quand ça ne servirait pas à autre chose, ça donne de la force, et comme dit l'autre, l'espérance, quand on n'a pas autre chose, est un aliment facile à digérer, et qui nourrit l'homme.

— Allons, dit Mendoza, je vois que vous avez l'eau gaie ; je n'ai qu'un regret, c'est de ne pas avoir sous la main une bouteille de bon vin pour trinquer avec vous.

— Ce n'est que partie remise, répliquai-je : avant huit jours nous trinquerons sans eau, c'est moi qui vous le dis : je le vois là, fis-je en posant mon doigt sur mon front, comme si j'y étais déjà. »

Cependant la faim nous pressait. Je me mis à fouiller les bords des flaques d'eau dans l'espoir d'y ramasser des coquillages : chacun de nous fit de même, mais sans rien trouver, jusqu'à ce que, voyant se dessiner dans la mare un courant d'eau claire qui couchait et faisait onduler les herbes du fond, nous remontâmes en le suivant des yeux, et finîmes par voir qu'il venait de plus loin, à travers une terre blanche couverte d'herbes très hautes.

CÉLÉ- QUAILE MÈTRES D'UNE MARCHE, PENDANT NOUS AÎMES LE TERRAIN CHANGER DE NATURE.

XV

LA FAIM. — LES CHARBONNIERS. — L'HOSPICE DES VOYAGEURS. — LE PRÊTRE. — UN VILLAGE DE BRAVES GENS. — LA MAISON DES TANIGOBES. — LA CHARITÉ DES HABITANTS DE SUZOANGANCE. — LE JEUNE GENTILHOMME. — UN CHÂTEAU CHINOIS.

Nous avions bien peur des tigres, qui, très communs dans ces contrées, fréquentent précisément les terrains couverts d'herbages, où ils sont sûrs de trouver des cerfs et des sangliers; mais nous avions encore plus peur de mourir de faim, de sorte que nous entrâmes dans le lit du ruisseau pour voir si nous n'y trouverions pas quelques poissons ou écrevisses.

J'avais plus d'une fois, quand j'étais enfant, pêché à la main dans les ruisseaux des environs de Marseille : je me rappelai très bien comment je faisais pour fouiller avec la main dans les trous et les racines du bord : je m'y remis tout de suite, et fus assez heureux pour attraper une carpe de plus de trois livres et une grosse anguille. Satisfaits de cette provision, nous nous hâtâmes de sortir du ruisseau pour nous retirer sur une élévation presque entièrement entourée d'eau et y passer la nuit, espérant être à l'abri des tigres, qui n'aiment pas plus l'eau que le feu.

A propos de feu, nous aurions bien voulu en faire, tant pour cuire notre poisson que pour écarter les tigres ; mais malgré tous nos efforts pour nous en procurer en frottant des morceaux de bois l'un contre l'autre, nous ne pûmes y parvenir, le bois n'étant pas assez sec. Force nous fut donc de manger notre poisson cru, ce qui fut très pénible à mes compagnons, en dépit des encouragements que je leur donnais, les assurant que c'était une très bonne manière d'accommoder la carpe et l'anguille, et leur prêchant d'exemple à grands coups de dents. C'est que, comme on ne l'a pas oublié, j'avais fait mon apprentissage de poisson cru chez nos pêcheurs siamois, tandis que pour eux c'était toute une éducation à faire.

En attendant il fallut bien en passer par là et, sauf quelques haut-le-cœur inséparables d'un début de ce genre, ils digérèrent, de sorte qu'au bout d'une heure, réconfortés et ragaillardis, ils ne demandaient qu'à recommencer. Mais la nature, qui ne perd jamais ses droits, réclamait du sommeil, et nous nous endormîmes au milieu d'une délibération où nous avions entrepris de désigner un de nous pour veiller pendant le premier quart de la nuit, après quoi nous devions nous.

remplacer à tour de rôle. Donc, tout le monde dormant, on ne veilla qu'en rêve, et il fallut que le soleil insistât longtemps pour nous réveiller, car il devait être au moins huit heures lorsque nous ouvrîmes les yeux.

Notre premier mouvement fut de nous tâter pour nous assurer si nous n'avions pas été dévorés, et une fois remis de ce moment d'inquiétude, comme nous avions bien dîné et bien dormi, nous nous mîmes à rire, tant il est vrai que rire est un besoin quand on veut s'empêcher de pleurer.

En effet la situation n'était pas aussi gaie que nous : il fallait nous remettre en marche ; la journée serait décisive, car si nous ne trouvions pas de lieu habité, nous succomberions de fatigue ou d'épuisement, et si nous en trouvions, nous avions cent chances contre une d'être traités comme on traite les étrangers en Chine, c'est-à-dire arrêtés, enchaînés, jugés pour la forme et, pour le fond, décapités.

Mais il n'y avait pas de choix, et nous marchâmes vers le nord-est, où nous découvrions à l'horizon de hautes collines boisées.

Après quatre heures d'une marche pénible à travers cet éternel marais, nous vîmes le terrain changer de nature, et ayant franchi une bande de sable et de cailloux pareille aux grèves de la mer, nous commençâmes de rencontrer des indices de culture. Arrivés près de la lisière d'un bois touffu qui s'élevait sur une colline, nous poussâmes un cri de joie : une fumée s'élevait à mi-côte au-dessus des arbres : là nous allions trouver des hommes !

Amis ou ennemis, nous ne songeâmes pas à nous demander

ce qu'ils étaient ; mort ou salut, notre sort allait se décider. Nous nous mîmes à genoux, et ayant imploré la protection de Dieu, nous partîmes.

Après deux heures de marche, nous entrions dans la forêt. Mais une fois sous le couvert, nous ne voyions plus la fumée et ne savions plus de quel côté nous diriger. Faute de mieux nous nous guidions par le soleil ; nous avions vu que la fumée venait du nord, nous marchions donc de façon à avoir le soleil à notre gauche.

Plusieurs fois nous rencontrâmes des arbres plus élevés que les autres, et du haut desquels nous aurions certainement vu la fumée : mais aucun de nous n'était en état d'y grimper. Pour comble de malheur le ciel se couvrit, et nous nous vîmes alors perdus, n'ayant plus aucun indice pour suivre une direction quelconque.

Au moment où, désespérés et ne sachant que faire, nous nous croyions condamnés à mourir de faim dans cette forêt, le vent se leva, et nous sentîmes une odeur de fumée venant du côté opposé à celui où nous marchions. Plus de doute, nous étions près du foyer allumé !

Nous nous espaçâmes d'une centaine de pas les uns des autres, et avançant en ligne, nous suivîmes au flair, comme auraient pu faire des chiens de chasse, le courant de la fumée. Nous l'échappions belle, car sans ce vent nous tournions le dos à la vie, et ç'aurait été cruel, car nous n'étions pas à deux portées de fusil d'une cabane de charbonniers, à laquelle nous arrivâmes en quelques minutes de marche.

Cinq hommes, portant le costume de paysans chinois, travaillaient à un tas de charbon en train de se consumer. En les abordant, nous nous jetâmes à genoux, les suppliant au nom du ciel de nous indiquer un endroit où nous pussions trouver du secours, étant près de mourir de faim et de fatigue. Notre seul aspect plaidait pour nous mieux que nos prières.

Un d'eux, nous regardant d'un air de profonde compassion, nous répondit :

— Plût à Dieu que vous n'eussiez qu'un seul mal, car peut-être y pourrions-nous porter remède ; mais rien que pour couvrir les plaies dont vos corps sont criblés, tous nos sacs ne suffiraient pas. Vous voyez comme nous sommes pauvres : tout ce que nous pouvons faire, c'est de vous donner un peu du riz dont nous allions souper, et de l'eau chaude à défaut de vin. Vous passerez la nuit, si vous voulez, dans notre cabane, et demain vous pourrez aller ici près à un petit hameau où il y a un hospice de secours pour les pèlerins qui passent d'ordinaire par ce pays-ci. »

La distance étant rapprochée, nous jugeâmes que le mieux était d'y aller tout de suite, et après avoir mangé chacun deux bouchées de riz, dont nous remerciâmes de tout notre cœur, nous reprîmes notre marche vers l'hospice où, étant arrivés au bout de deux heures, nous fûmes accueillis par quatre religieux qui en avaient la direction, et qui nous reçurent avec une grande charité.

Il y a ainsi dans toute la Chine des établissements de ce genre pour assister les voyageurs : ce sont des fondations pieuses faites par des testateurs riches en mémoire des êtres chers qu'ils ont perdus, et ils font cela, comme nous autres chrétiens, dans l'espérance d'assurer au mort une éternité bienheureuse.

On peut voir là un touchant exemple de la croyance universelle qui, dans tous les temps et chez tous les peuples, fait sentir à l'homme que son âme est immortelle ; qu'elle est responsable, dans une autre vie, de la façon dont elle aura vécu ici-bas, et que les mérites et les prières des survivants peuvent adoucir le jugement de Dieu sur les morts qui comparaissent devant lui.

Lorsque nous eûmes raconté à ces religieux nos tristes aventures, ils nous dirent qu'en effet nous avions tous les droits à la charité ; que leur établissement n'était destiné qu'à héberger les pauvres pour quatre jours au plus ; que cependant, vu notre extrême misère, ils allaient tâcher d'obtenir des habitants du hameau, bien qu'ils fussent fort pauvres, quelques aumônes pour nous soulager.

Afin d'exciter plus sûrement la compassion, ils nous emmenèrent avec eux de porte en porte. Les bons habitants de ces humbles maisons ne nous refusèrent pas la charité, et les religieux recueillirent à notre profit deux taëls en menue monnaie, un demi-sac de riz, un peu de farine, des haricots, des oignons, plus quelques lambeaux de vêtements dont nous nous accommodâmes comme nous pûmes.

Une fois restaurés par ce maigre repas, nous demandâmes si nous ne pouvions pas rester nous reposer quelques jours : car il nous était presque impossible de marcher davantage. Les religieux nous répétèrent que ce n'était pas possible, mais qu'ils allaient nous recommander d'une façon pressante à des confrères à eux qui dirigeaient un hôpital dans une ville nommée Sileyjacau, distante de trois lieues à peine.

Ils écrivirent en effet une lettre des plus touchantes, qu'ils nous remirent. Après leur avoir rendu les grâces que nous leur devions, nous partîmes dans l'après-midi, et environ le soleil couché, nous allâmes frapper à la porte de l'hôpital de Sileyjacau, où, sur le vu de la lettre dont nous étions porteurs, nous fûmes reçus à bras ouverts.

La maison était tenue par des religieux nommés *Tanigores*, dont la confrérie, répandue dans toute la Chine, s'est donné la mission de faire la charité, particulièrement aux voyageurs et aux pauvres sans asile. Ayant pris connaissance de notre triste situation, ils en furent fort touchés, nous logèrent dans une bonne chambre, et firent appeler un médecin, qui pansa nos plaies et prescrivit des remèdes pour nous rétablir.

Nous passâmes là dix-huit jours, traités par ces bons religieux comme si nous avions été leurs frères; tous ces soins étaient accompagnés des discours les plus affectueux, où se mêlaient des sentiments de religion et d'humanité tellement sincères, tellement profonds, que souvent il nous semblait entendre parler des prêtres chrétiens.

Enfin, ayant recouvré la santé, voyant nos forces revenues, nous nous décidâmes à reprendre notre route vers Nankin, où nous espérions trouver une occasion pour regagner Malacca.

La séparation nous fut bien cruelle. Au moment de nous lancer de nouveau dans les hasards d'un voyage en pays inconnu, nous sentions plus vivement que jamais tout ce que nous devions à ces âmes charitables, et qu'il faudrait un miracle pour nous faire trouver à chacune de nos stations un pareil accueil.

Notre première journée de marche nous conduisit à un village nommé Suzoangance. Nous nous assîmes auprès d'une fontaine où les habitants venaient puiser de l'eau. Le premier qui nous vit, après nous avoir interrogés, nous dit d'attendre là, mais qu'il n'y avait pas de maison de pauvres, et qu'il ne savait ce qu'on pourrait faire pour nous.

A ces mots nous le suppliâmes vivement de ne pas nous abandonner; il répondit d'un air ému que Dieu ne nous laisserait pas sans secours. Quelques minutes après, il revenait ramenant un prêtre vêtu d'une longue robe de damas rouge. Ce prêtre, tenant à la main une poignée d'épis de blé, nous commanda de nous approcher. Il jeta les épis dans la fontaine, nous fit mettre les mains dessus, et dans un langage très solennel, où il prit Dieu à témoin, nous demanda de prêter serment que ce que nous allions dire était la vérité : à cette condition il nous ferait faire la charité, ainsi que nous sommes tous obligés de la faire aux pauvres.

Nous prêtâmes ce serment, après quoi, lorsque nous eûmes raconté notre histoire, il nous dit de venir avec lui, et autorisa les assistants à nous faire l'aumône. On nous installa sous le portail de la pagode, nous donnant tout ce qui nous était nécessaire et des nattes pour dormir. Le lendemain nous allâmes quêter de porte en porte, et nous obtînmes quatre taëls d'argent, grâce à quoi nous pûmes acheter des chaussures et des chapeaux, dont nous manquions.

En quittant ce village hospitalier, nous allions devisant de

NOUS NOUS ASSÎMES AUPRÈS D'UNE FONTAINE.

ce qui nous arrivait depuis quelque temps, et nous disant que décidément un bon vent soufflait pour nous. Trois fois de suite nous venions de trouver, au hasard de notre passage, des populations charitables, conduites par des prêtres éclairés : nous étions évidemment dans un bon pays, et si, à une telle distance de la capitale de la province, nous avions déjà trouvé une civilisation si avancée, nous ne pouvions manquer d'être accueillis de même à mesure que nous nous rapprocherions de Nankin.

Notre première station semblait confirmer ces espérances, car nous fûmes traités presque en amis chez un gentilhomme, grâce à la rencontre que nous fîmes de son fils, qui monté sur un superbe cheval, revenait de la chasse, un faucon au poing et suivi de plusieurs domestiques portant ses armes et le gibier qu'il venait de tuer.

Il s'arrêta, nous demanda qui nous étions, et comme nos réponses l'intéressèrent, nous dit de venir avec lui au château de son père, où, après nous avoir fait attendre quelques minutes devant la grille, on nous fit entrer.

Nous fûmes introduits dans une habitation seigneuriale. On nous fit traverser une vaste cour entourée de galeries à colonnes, comme nos cloîtres, et dont les murs étaient décorés de peintures représentant des femmes de grandeur naturelle, à cheval, partant pour la chasse un faucon au poing. Au fond de la cour s'ouvrait un superbe portique avec une arcade richement sculptée et dorée ; au haut était suspendu par une chaîne d'argent un écusson d'armoiries en forme de bouclier, représentant un homme à corps de tortue, les pieds en haut et la tête en bas, avec cette devise : « *Ingualec finguau potim aquarau* », ce qui signifie : « *Il en est ainsi de tout ce qui est à moi* ».

Nous apprîmes depuis que ce monstre représentait l'emblème de la vanité des biens du monde, où tout est à l'envers de ce qu'il devrait être.

On nous fit monter par un large escalier à une vaste salle ornée de draperies de soie et de meubles de laque, où la famille était réunie. Un vieillard était étendu sur un lit de repos; à côté se tenaient sa femme et ses deux filles, travaillant à des ouvrages de tapisserie, celles-ci vêtues de robes de damas blanc et cramoisi. De l'autre côté du lit était debout le jeune gentilhomme fils de la maison.

LE VIEILLARD NOUS INTERROGEA DE NOUVEAU.

XVI

ON NOUS ARRÊTE COMME VAGABONDS. — NOUS SOMMES RENVOYÉS PAR-DEVANT LA COUR CRIMINELLE DE NANKIN. — LA PRISON. — LES AVOCATS DES PAUVRES. — NOUS PARTONS POUR PÉKIN. — LA CAMPAGNE CHINOISE. — LA CHARITÉ. — LA FEMME CHRÉTIENNE. — LE TRÉSOR DE LA PRIÈRE. — SUR LA RIVIÈRE. — UNE VILLE FLOTTANTE. — LES BATEAUX A CANARDS.

Après nous avoir fait raconter nos aventures, la vieille dame nous dit de ne pas perdre courage, et de compter sur sa charité.

Le vieillard, prenant alors la parole, nous demanda s'il n'y aurait pas un de nous qui sût guérir les fièvres?

Sur ce, l'une des jeunes filles, qui avait l'air plus spirituel que l'autre, ne put s'empêcher de sourire, et s'adressant au vieillard :

« Vraiment, mon père, ils paraissent plus pressés d'apaiser leur faim que de s'expliquer sur des connaissances dont probablement ils ne se sont jamais occupés. Il me semble qu'il faudrait leur donner d'abord à manger, sauf à les faire causer plus tard de sujets moins intéressants pour eux.

— Vous êtes donc toujours la même? dit la mère en interrompant sa fille. Vous vous mêlerez donc toujours de dire votre avis quand on ne vous le demande pas? Mais je vous ferai bien perdre cette habitude.

— Je l'espère aussi, répondit la jeune fille, mais de grâce faites perdre la faim à ces pauvres gens, et je perdrai ma mauvaise habitude tant qu'il vous plaira. »

En entendant cela, je ne savais que penser de cette jeune fille, car sans doute elle était mal élevée de parler ainsi à sa mère : mais d'un autre côté elle le faisait par compassion pour nous. Si j'avais été son oncle, je l'aurais peut-être grondée : elle avait pitié de ma misère, je ne pus m'empêcher de la trouver adorable, d'autant qu'elle était jolie comme un cœur, et d'une distinction suprême. J'avais tort, très tort : mais quand il est affaibli par les privations et par la souffrance, l'homme ne peut pas toujours résister aux arguments, trop souvent absurdes, que de beaux yeux lui font prendre pour des raisons.

Le vieillard alors nous interrogea de nouveau sur ce qui nous était arrivé et nous réduisait à courir ainsi le monde sans savoir où nous allions. Lorsque nous lui eûmes répondu, il resta quelques instants tout pensif, puis se tournant vers son fils :

« Eh bien, lui dit-il, que te semble de ce que tu viens d'entendre? Grave bien leurs paroles dans ta mémoire, afin de ne jamais oublier Dieu, et de lui rendre grâces de t'avoir donné un père qui te mît à l'abri des travaux et des dangers de la vie. Mais tu es plus propre à tuer des lièvres pour t'amuser qu'à retenir mes leçons. »

Le jeune homme ne répondit rien et se contenta de sourire en regardant ses deux sœurs.

Enfin on nous servit un repas, sur lequel nous nous jetâmes au grand plaisir du vieillard, qui ne pouvant manger qu'avec dégoût, était ravi de nous voir si bon appétit. Les jeunes filles ne s'en amusèrent pas moins, surtout à nous voir nous servir de nos mains pour porter la viande à notre bouche, quand en Chine on se sert pour cela de petits bâtonnets en forme de fuseaux.

Nous étant ainsi largement repus et abreuvés, nous prîmes congé de nos nobles hôtes en leur souhaitant toute sorte de bonheurs.

Le digne seigneur, non content de ce qu'il avait fait pour nous, voulut encore nous donner trois pièces de toile de lin et quatre taëls en argent, et comme il était tard, ne voulut pas nous laisser partir et nous fit coucher dans une chambre où nous dormîmes de grand cœur, faisant les plus doux rêves après l'heureuse journée que nous venions de passer. Au point du jour nous partîmes.

Toutes les fois qu'il vous sera arrivé quelque chose d'heureux, croyez-moi, dépêchez-vous d'y rêver. Les réalités de la vie sont si précaires, si fugitives, qu'il faut les prolonger tant qu'on peut par le rêve, sans s'inquiéter de ce qui doit venir après : ce sera tout bénéfice, puisqu'au lieu de souffrir à l'avance du malheur qui vous menace peut-être, vous aurez gagné quelques bons moments.

Je rêvais donc encore à cette heureuse journée, à la bonté de cette noble famille, à mesure que nous avancions à travers ces campagnes si bien cultivées, peuplées de nombreuses habitations où tout respirait l'ordre et le travail ; je me sentais de plus en plus confiant en notre destinée, et je me voyais déjà m'embarquant à Nankin sur un beau navire qui nous ramenait à Malacca.

Nous rencontrions à chaque pas des voyageurs à pied ou à cheval, des paysans allant aux champs, des femmes portant au marché les légumes ou les fruits. Personne ne nous disait rien, quoiqu'on nous regardât avec la curiosité que la vue des étrangers inspire naturellement aux gens du pays qui les rencontrent ; aussi, devant cette indifférence, nous n'aurions jamais pu croire à ce qui nous attendait avant la fin de la journée.

Il était à peu près trois heures, et le soleil étant fort brûlant, nous dûmes nous arrêter à l'entrée d'un hameau pour nous y reposer un peu. Nous n'y étions pas depuis un quart d'heure que nous vîmes trois hommes, occupés à teiller du lin, jeter là leur ouvrage et se mettre à courir vers d'autres paysans, leur criant que nous étions des voleurs, et qu'il fallait nous chasser ou nous envoyer à l'officier de justice du district.

Il se fit aussitôt un rassemblement de gens venus de tous côtés, et après un colloque très animé où ils parurent avoir beaucoup de peine à s'accorder, vingt d'entre eux se détachèrent, et s'armant de bâtons, de couteaux et d'instruments de culture, s'approchèrent, nous entourèrent, et nous ayant ordonné de les suivre, nous amenèrent à une petite ville nommée Taypore, qui était à deux lieues de là et où séjournait un *Chumbin*, c'est-à-dire un de ces intendants de justice qui de trois ans en trois ans sont envoyés en tournée dans toutes les parties de la Chine pour rendre compte, à la fin de leur voyage, de ce qu'ils auront eu lieu d'observer sur l'état des mœurs et de la police.

On nous mena devant lui, et nous ayant interrogés, lorsque nous lui eûmes dit que nous étions des naufragés, siamois de nation, et que nous cherchions à gagner Nankin en mendiant sur la route, avec le dessein de nous embarquer pour retourner dans notre pays, il parut satisfait et allait nous faire relâcher. Un de ses greffiers, qui avait assisté à l'interrogatoire, lui dit que cela ne pouvait pas se passer ainsi; que nous étions des fainéants et des vagabonds, gueusant de porte en porte et abusant de la charité du public; qu'aux termes du septième livre des Ordonnances du royaume, il devait nous faire arrêter et conduire à Nankin pour y être jugés.

Là-dessus on nous mit les fers aux mains, aux pieds et au cou, et on nous enferma dans un horrible cachot où, en même temps qu'on nous laissait presque mourir de faim, on nous accablait chaque jour de coups de fouet sous prétexte de nous obliger à avouer nos crimes.

Ce supplice dura vingt-trois jours, pendant lesquels une troupe de faux témoins, qui d'ailleurs ne nous avaient jamais vus de leur vie, vinrent déposer contre nous de mille horreurs que sans aucun doute les gens de justice leur dictaient en ayant l'air de les interroger, car ces malheureux étaient d'une telle stupidité que jamais ils n'auraient été capables de les imaginer.

La conclusion fut que le Chumbin rendit une sentence par laquelle il nous renvoyait par-devant la cour criminelle de Nankin, étant incompétent pour prononcer contre nous la peine de mort que, suivant lui, nous avions encourue.

Lorsqu'on nous signifia la sentence, nous ne pûmes en croire nos oreilles! Nous n'avions pourtant fait aucun mal à ce juge, et même son premier mouvement avait été de nous laisser aller en paix. Nous devions avoir bientôt l'explication de cette monstruosité, qui était tout simplement que le greffier était payé à tant la page pour ses procédures.

Alors, pour gagner de l'argent, il avait commencé par effrayer le juge, puis, l'ayant ainsi forcé à nous poursuivre, avait soudoyé des témoins, leur soufflant des dépositions horribles, pour nous perdre, et interminables, pour grossir la somme des salaires qui en résulteraient à son profit. Grâce aux protecteurs que nous allions heureusement trouver à Nankin, comme on verra bientôt, nous pûmes plus tard voir le dossier que ce misérable avait accumulé contre nous : c'était à n'y pas croire, il y en avait certainement de quoi charger deux chevaux, et bien chargés, encore!

Enfin on nous tira de notre affreuse prison pour nous embarquer, avec une quarantaine d'autres gens accusés comme nous et pas plus coupables probablement, sur un bateau qui nous porta jusqu'à une grande ville nommée Po-

ON VOUS ACCABLAIT CHAQUE JOUR DE COUPS DE FOUET.

Tiu-Lo, où on nous déposa dans une prison. Nous y passâmes neuf jours, après quoi, ayant été embarqués de nouveau sur le fleuve, nous arrivâmes en sept jours à Nankin.

A la façon dont nous fûmes traités, je crus que cette fois notre dernière heure allait venir. Tout mon courage était épuisé au bout du second jour, et moi qui, au plus profond de malheurs dont chacun aurait dû me désespérer, n'avais jamais perdu l'espérance, je ne voyais plus devant moi que la mort, et je la souhaitais comme une délivrance.

« Eh bien! me dit le capitaine en me voyant assis à terre la tête entre les genoux, vous qui n'avez jamais cessé de nous assurer que nous finirions par nous tirer de peine et que tout est bien qui finit bien, qu'avez-vous à nous dire cette fois?

— J'ai à vous dire, répondis-je d'une voix sourde sans lever la tête, que tant va la cruche à l'eau qu'à la fin elle se casse. »

La prison où nous étions enfermés contenait plus de quatre mille malfaiteurs poursuivis ou condamnés pour les crimes les plus graves. On y était tellement pressé qu'on y trouvait rarement à s'asseoir.

Le soir même de cette arrivée, on nous avait déjà volé le peu d'argent que nous avions sur nous, et le lendemain en nous réveillant nous étions couverts de poux. A peine nourris, couchant à terre, confondus dans une tourbe de malfaiteurs qui tenaient autour de nous des propos infâmes et nous injuriaient quand ils ne nous maltraitaient pas, nous restâmes six semaines dans cet enfer, après quoi on nous fit comparaître devant le juge.

Là nous eûmes beau nous défendre, on ne nous écouta même

pas, et tenant pour constants les faits consignés dans l'enquête par le Chumbin de Taypore, le juge nous condamna à être fouettés et à avoir les pouces coupés, peines réservées aux voleurs.

On nous reconduisit en prison, où nous fûmes fouettés si horriblement, que la terre, autour de nos malheureux corps, était couverte d'une mare de sang. Notre pauvre ami Mendoza, le plus faible d'entre nous, ne put supporter cet affreux supplice : il tomba évanoui, et ayant râlé quelques instants, expira sous nos yeux.

Cette exécution faite, on nous porta dans une espèce d'infirmerie où se trouvaient un grand nombre de blessés ou de malades, les uns couchés, les autres étendus à terre. On nous plaça sur des lits.

Nous vîmes alors s'approcher de nous des religieux de la même confrérie que ceux qui nous avaient si bien traités à l'hospice de Sileyjacau; penchés sur nous de l'air le plus compatissant du monde, ils pansèrent nos plaies, nous donnèrent à manger, et pendant onze jours que nous restâmes dans leur infirmerie, nous soignèrent avec tant de charité que nos plaies guérirent et que nous sentîmes la force et la santé revenir de jour en jour.

Mais hélas! plus nous nous sentions nous ranimer, plus approchait le moment où, renvoyés de cet asile, nous allions retomber dans l'affreuse prison, ou être mis dehors, sans ressources, à travers une ville immense où la police devait être bien plus sévère que dans les campagnes, et où nous ne manquerions pas d'être arrêtés comme mendiants, car nous n'avions pas même de quoi acheter un morceau de pain pour nous tous.

J'en étais là de ces tristes réflexions, lorsqu'un grand mouvement se fit dans la salle, et on vit entrer deux hommes de haute mine revêtus de longues robes de satin violet et tenant en main des baguettes blanches, insignes de leur office.

A leur aspect tous les malades se levèrent en criant :

« Que les ministres de Dieu soient avec vous !

— Plaise à Dieu vous donner patience en vos misères et adversités, » répondirent-ils en élevant leurs baguettes.

Aussitôt ils se mirent à distribuer de l'argent et des vêtements aux prisonniers malades, et étant arrivés à nous, nous demandèrent avec autant d'intérêt que de courtoisie qui nous étions, d'où nous venions, et pourquoi nous étions là.

Après qu'ils nous eurent écoutés, ils demeurèrent quelques instants comme consternés de ce qu'ils venaient d'entendre, puis, levant les mains au ciel, s'agenouillèrent et dirent :

« O puissant seigneur qui régnez au plus haut des Cieux et dont la miséricorde est infinie, béni soyez-vous à jamais pour avoir laissé arriver jusqu'à vous les plaintes de ces malheureux, afin que les crimes des officiers de justice ne passent point impunis! Aussi espérons-nous qu'ils seront châtiés tôt ou tard par votre bras. »

Ils commencèrent par faire comparaître immédiatement devant eux le greffier et se firent représenter la minute du jugement. En ayant pris connaissance, ils lui ordonnèrent, sous peine de grande punition, d'aller chercher le dossier de la procédure et de le leur rapporter, ce qu'il fit aussitôt; puis il eut à rendre compte de tout ce qui s'était dit et passé aux débats de notre affaire.

La fustigation nous ayant déjà été infligée, le jugement était irréparable en cette partie, il n'y avait pas à y revenir : mais sur la seconde partie de la sentence qui nous condamnait à avoir les pouces coupés, nos protecteurs dressèrent une requête d'appel, qu'ils firent présenter tout de suite au Chaem, président d'une cour appelée *Chambre du Créateur de toutes choses*; et devant laquelle il y a droit d'appel dans toutes causes « importantes et sérieuses », comme dit la loi.

Mais le lendemain, en réponse à cette requête, arriva une dépêche du Chaem, refusant en termes fort secs d'y faire droit. Nos protecteurs étaient, de leur titre, *Avocats des Pauvres*. En cette qualité ils avaient droit de porter directement, à la chambre dont je viens de parler, les affaires intéressant leurs protégés. Cette chambre, qui se composait de vingt-quatre Talagrepos, religieux d'un ordre analogue à celui de nos capucins, se fit apporter le procès, et l'ayant examiné, envoya aussitôt au Chaem et à la chambre du Créateur de toutes choses un mandement portant défense de connaître de la cause.

Le Chaem et la chambre, déférant à cette injonction, se dessaisirent de l'affaire, et rendirent un arrêt portant que nous étions renvoyés devant l'*Aytau des Aytaus* ou cour suprême de justice à Pékin, pour voir modérer en notre faveur, s'il y avait lieu, la sentence prononcée contre nous.

En nous annonçant cette heureuse nouvelle, un de nos protecteurs, nous regardant d'un air de compassion profonde, nous dit :

« Plaise à Dieu vous guider dans la connaissance de ses œuvres, et vous faire recueillir le fruit de vos tribulations, comme il récompense ceux qui ont toujours craint de l'offenser. »

Ainsi, grâce à la protection de ces pieux personnages, nous pouvions espérer échapper à la cruelle mutilation dont nous étions menacés. D'après tout ce que nous voyions, l'ordre auquel ils appartenaient devait être bien puissant pour que, sur une simple injonction de leur part, la cour souveraine d'une capitale telle que Nankin se fût déjugée en notre faveur. Pour la troisième fois nous étions sauvés par des religieux, et je me confirmais dans cette idée qu'en Chine, comme dans tous les pays de l'Extrême-Orient, si les prêtres n'étaient pas là pour contre-balancer par leur autorité morale la cruauté des gouvernants et l'imbécillité féroce des juges, la justice et la police auraient depuis longtemps exterminé la population.

Huit jours après, nous étions, en compagnie d'une quarantaine d'appelants comme nous, embarqués sur un navire. La veille, les Procureurs des pauvres étaient venus nous visiter et nous adresser une dernière exhortation. Ils commencèrent par nous pourvoir, en vivres et vêtements, de tout ce qui nous était nécessaire pour le voyage, puis nous demandèrent si nous avions besoin d'argent.

« Hélas! répondis-je, nous avons été volés, le jour même où nous sommes entrés en prison, du peu qui nous en restait; si nous ne vous avons pas parlé de notre misère, c'est que nous voulions vous prier de mettre toute votre charité dans une recommandation pour nous, aussi pressante que possible, à vos confrères de Pékin ; car si nous arrivons là sans y trouver personne pour nous protéger, nous sommes perdus ! »

Je rapporte la réponse qu'il nous fit. On y verra comment, sous la diversité du temps et des peuples, l'idéal de la vie est le même pour tous les hommes ; comment, partout et toujours, le dernier mot qu'on ait pu trouver pour expliquer la douleur et la faire prendre en patience, c'est qu'elle sert à expier le mal que nous avons commis. Quand on n'a pas de religion, on pense là-dessus ce qu'on veut : mais il faut convenir que si ce n'est qu'un rêve, il est incompréhensible que la race humaine, depuis six mille ans qu'elle fait ce rêve, ne s'en soit pas encore désabusée.

« Ne parlez pas ainsi, nous dit-il donc, car bien que votre ignorance puisse vous en excuser devant Dieu, vous n'en faites pas moins un grand péché. Sachez que plus votre pauvreté vous abaissera aux yeux du monde, plus vous serez élevé aux yeux de la divine majesté, pourvu que vous preniez en patience des peines contre lesquelles la chair se révolte parce qu'elle est faible et rebelle. Car de même que l'oiseau ne peut voler sans ailes, ainsi l'âme ne peut s'élever sans épreuves. D'ailleurs, pour ce qui est de la lettre que vous nous demandez, nous vous la donnons très volontiers, afin que la faveur des gens de bien ne vous manque pas dans les dangers que vous allez courir. »

Il serait trop long de rapporter cette lettre, véritable mémoire où, après avoir raconté notre procès dans tous les détails, nos bons protecteurs « maudissaient », en propres termes, la Chambre du créateur de toutes choses et les juges au criminel, et terminaient en nous recommandant, au nom du Seigneur, à toute la charité de leurs confrères de Pékin.

La barque où l'on nous conduisit marchait à la rame, et c'était nous qui ramions. J'avais là un retour de fortune qui me remettait, hélas! au premier jour de la longue série de mes malheurs. Quand je me vis, comme à bord du corsaire turc, assis à un banc, une rame à la main, il me sembla que tout ce qui s'était passé depuis s'évanouissait comme un rêve, et que l'affreuse destinée que j'avais vue s'ouvrir une fois devant moi allait se rouvrir pour se continuer désormais jusqu'à ma mort. Mais au bout de quelques heures, à la façon dont notre gardien nous traitait, je vis que la condition ne serait pas aussi dure qu'à bord d'une galère de pirate.

Au bout de deux jours nous étions en très bons termes avec lui, et comme nous nous reposions à tour de rôle, étant plus nombreux qu'il ne fallait, nous trouvions des distractions continuelles dans les scènes variées que nous présentaient les bords du fleuve.

Bien que la vue des campagnes du royaume de Siam m'eût déjà donné une idée surprenante de sa fertilité et de l'industrie de ses habitants, ce que je voyais m'étonnait encore davantage. D'abord le pays était tellement peuplé qu'il y avait plus de monde sur les chemins qu'on n'en voit dans les rues de nos villes d'Europe.

La rivière où nous naviguions, les canaux sans nombre qui sillonnaient en tous sens la surface du sol, n'étaient pas moins peuplés que les routes, et tout le long de leurs bords, entre les embarcations qui allaient et venaient, des barques étaient ancrées à poste fixe, servant d'habitation à des familles entières.

Aussi loin que la vue pouvait s'étendre, on découvrait des plaines immenses où fourmillaient, presque comme dans une ville, des maisons entourées d'arbres, au delà desquelles, dans toutes les directions, s'élevaient les toits et les clochers des pagodes et des châteaux de plaisance.

J'avais peine à comprendre comment une population aussi pressée, ne vivant que des produits de l'agriculture, trouvait assez de terre pour suffire aux besoins de chacun. Notre gardien, qui était originaire de la campagne et avait un petit bien dans un village où nous allions nous arrêter en passant, me dit que chez lui, et d'ailleurs dans presque toute la Chine, une famille de six ou sept personnes vit parfaitement de ce qu'elle sait tirer d'un terrain de deux cents pas en carré.

En effet, ayant pu voir, au cours de ce long voyage où j'ai traversé plus de la moitié de la Chine, ce que ce peuple a de persévérance et de génie pour exprimer de la terre tout ce qu'elle peut produire et pour en ranimer sans relâche la fertilité, je crois pouvoir dire sans exagération que les Chinois sont les premiers agriculteurs du monde. Au reste je ne suis pas le seul que ce spectacle ait émerveillé, car saint François-Xavier, lorsqu'il en parlait, disait que si les peuples d'Europe savaient travailler comme les Chinois, ils seraient bien plus riches et beaucoup plus heureux.

Le troisième jour nous arrivâmes à une ville nommée Pecasser, où le chef de police du lieu permit à trois d'entre nous d'aller mendier dans les rues sous la garde de quatre hallebardiers. Nous recueillîmes pour plus de vingt ducats d'aumônes, tant en habits qu'en argent, sans compter le riz, la farine et autres vivres qu'on nous donna. Nous fûmes bien touchés de la charité de ces bonnes gens, et même nous nous étonnions de l'excès de leurs aumônes, qui dépassaient de beaucoup nos besoins.

Mais nous ne tardâmes pas à nous en rendre compte : dans ce pays étranger, ceux qui font l'aumône à un prisonnier doivent la doubler s'ils veulent la faire selon leur cœur, car le hallebardier a le droit d'en prendre la moitié pour lui.

L'aubaine ne fut donc pas moins fructueuse pour nos gardes que pour nous-mêmes, et nous comprîmes pourquoi le chef de police avait mis tant de bonne grâce à nous « donner la permission » de mendier : par le fait, c'était la donner aux gardiens, et je crois qu'on peut sans témérité supposer qu'à son tour il dut prélever une part, celle du lion peut-être, sur ce que les gardes avaient retenu pour eux.

Bon naturel chez la population, immoralité impudente chez les agents de l'autorité, je retrouvais en Chine ce que j'avais vu dans tout cet Extrême-Orient, et c'est ainsi que nous nous en allions depuis trop longtemps, hélas ! à travers cette société étrange, entre l'autorité, qui nous rouait de coups, et le peuple, qui nous caressait de sa charité.

Mais la question était de savoir qui des deux se lasserait plus tôt, l'autorité, de nous battre, ou le peuple, de nous soulager ; et malheureusement, c'était comme un fait exprès, nous n'avions pas un bon moment, que tout aussitôt après il ne nous tombât une tuile sur la tête. Avant la fin de la journée nous en faisions la cruelle expérience.

Notre quête finie, les hallebardiers, que leur recette avait mis en belle humeur, nous proposèrent de nous mener voir une fête qui se donnait dans une pagode où le peuple accourait en foule de tout le pays à la ronde. Cette pagode avait été autrefois un palais où était né le roi actuellement régnant. La reine sa mère étant venue à mourir et ayant demandé à être ensevelie dans la chambre même où elle avait mis le roi au monde, on avait transformé le palais en un temple dédié à Tohin-aret, fondateur d'une des sectes les plus répandues de la Chine.

Tous les bâtiments de ce temple, ainsi que les jardins et les parterres qui l'entourent, sont suspendus sur trois cent soixante piliers faits d'un seul morceau et hauts de vingt-sept pieds.

Chaque pilier, dédié à l'un des jours de l'année chinoise, laquelle n'en compte que trois cent soixante, est l'objet d'un culte particulier, et on 'le fête 'le jour dont il porte le nom. Au principal pilier on voit enchâssée une statue de l'idole couverte de bijoux et éclairée par une lampe d'argent qui ne s'éteint jamais.

Sous la colonnade qui supporte le temple, des grilles en laiton merveilleusement ouvragées forment des passages où circulent les pèlerins, en tout temps nombreux, puisque dans ce temple c'est tous les jours fête extraordinaire, et qu'on est sûr, à quelque moment qu'on y vienne, d'y trouver une colonne où gagner des indulgences.

La chambre d'en haut, consacrée à la sépulture de la reine,

est une chapelle circulaire, garnie du haut en bas de plaques d'argent si finement ciselées que la valeur du travail y dépasse de beaucoup le prix de la matière.

Au milieu, sur une sorte d'autel circulaire élevé de quinze marches et entouré de six grilles d'argent à pommes dorées, se voyait un globe d'or sur lequel était accroupi un lion d'argent portant sur la tête une châsse d'or fin renfermant les reliques de la reine.

Au-dessous de l'autel et traversant toute la chambre, quatre barres d'argent supportaient quarante-trois lampes d'argent en mémoire des années que la reine avait vécu, et sept lampes d'or en mémoire des sept enfants mâles qu'elle avait mis au monde.

J'avais souvent entendu parler de l'extraordinaire magnificence des pagodes chinoises; ce que je voyais était certes fait pour m'en donner une idée surprenante; et cependant c'était peu de chose en comparaison de ce qui nous restait à voir, ainsi qu'on en va juger.

Tout autour du temple, entre six rangs concentriques de balustrades de laiton, s'alignaient des statues de bronze hautes de quinze pieds, tenant des hallebardes, des glaives ou des haches. Il y avait, à ce qu'on nous dit, douze cents de ces statues.

Dans une des enceintes on voyait vingt-quatre énormes serpents de bronze, sur chacun desquels était assise la figure d'une femme ayant une couronne d'argent sur la tête et une épée à la main. C'étaient les monuments d'autant de femmes de la cour, qui à la mort de la reine s'étaient sacrifiées afin que leur âme suivît la sienne dans l'autre monde. On les honorait du titre de reines, et cette dignité se transmettait à leurs descendants; ils en portaient les insignes dans les armoiries de leur famille.

Autour des arcades, dans une enceinte de grilles, on voyait de distance en distance, sur des colonnes de laiton, des lions rampants sur un globe, qui sont les armes des rois de la Chine. Aux quatre coins d'un carrefour se dressaient des monstres si démesurément énormes, si épouvantablement hideux, qu'on ne pouvait s'empêcher de frissonner à les voir.

Pour donner une idée de ce que l'imagination des Chinois peut produire, mais pour montrer aussi ce que doit être le génie industriel d'un peuple capable de fabriquer de pareils ouvrages, il me suffira de décrire un seul de ces monstres, celui qui est à main droite en entrant dans le carrefour.

Il représente « le Serpent Glouton de la Profonde Maison de Fumée », c'est-à-dire le diable, le même, à ce que je crois, que celui dont nous avions vu l'image, comme on s'en souvient, à la fameuse fête de Tinagoogoo. Celui-ci avait aussi la forme d'un serpent, mais d'un serpent plus gros qu'une baleine; de son estomac sortaient plusieurs dragons hérissés d'épines d'un pied au moins de longueur, couverts d'écailles vertes et noires, chacun tenant en travers de sa gueule une femme échevelée se débattant.

De la gueule du Serpent de Fumée, qui était immense, sortait un crocodile gros comme un tonneau, long de plus de trente pieds, avec les narines et les mâchoires débordant de sang jusqu'à en éclabousser tout son corps, et ce crocodile, à son tour, tenait entre ses pattes un éléphant qui sous son étreinte paraissait vomir ses entrailles.

Je ne décrirai pas les autres monstres, d'ailleurs aussi effroyables, mais je dois encore, pour amener la conclusion de cette visite trop mémorable, faire le portrait d'un autre monstre, que les Chinois appellent Turkamparoo, et qu'ils prétendent fils du Serpent de Fumée.

Sa statue, haute de cent pieds, avait une gueule grande comme une porte, et à côté de lui était la figure gigantesque d'une femme qui, au lieu d'avoir la tête sur les épaules, l'avait à la ceinture; de ses narines et de sa bouche sortait une épaisse fumée mêlée d'étincelles.

Les Chinois nous ayant dit qu'on faisait continuellement du feu dans l'intérieur de la tête pour marquer par cette fumée et ces étincelles que cette femme, nommée *Nadelgo*, était la reine de la Sphère du Feu, et qu'elle doit à la fin du monde brûler la Terre, nous ne pûmes nous empêcher de rire d'un conte aussi absurde.

Pour notre malheur, un bonze qui était là s'en aperçut ; il courut raconter la chose à trois de ses confrères, et tous, s'approchant du chef des hallebardiers qui nous conduisaient, lui dirent avec colère que s'il ne nous châtiait pas à l'instant de façon à satisfaire les dieux que nous venions d'outrager, ces dieux tourmenteraient son âme et ne la laisseraient jamais sortir de l'enfer. Épouvanté de cette menace, et sans vouloir écouter nos excuses, cet homme nous fit donner à chacun, séance tenante, plus de cent coups de corde qui nous mirent tout en sang.

Je l'ai déjà dit et c'est le cas de le répéter, les voyages forment la jeunesse. Depuis ce jour-là j'ai appris, de façon à ne l'oublier jamais, une chose dont tous les voyageurs feraient bien de se pénétrer avant de se mettre en chemin : c'est que quand on va chez des peuples étrangers pour son plaisir ou pour ses affaires, il faut se dire qu'on est leur hôte, qu'ils vous hébergent, qu'ils vous font vivre, et que rien que pour cela on leur doit respect et reconnaissance. Quand ce ne serait que pour l'honneur de son propre pays, on doit s'y montrer bien élevé, particulièrement lorsqu'ils vous admettent dans les temples où ils adorent tout ce qu'ils ont de plus cher, leurs dieux.

Si cette terrible leçon n'avait pas suffi à me faire respecter la religion sous quelque forme qu'elle apparaisse, parce qu'elle représente Dieu, ce qui devait nous arriver peu après dans la ville de Sempitay nous préparait une émotion si vive, une scène si solennelle, que je jurai là de ne l'oublier de ma vie, et qu'au souvenir du châtiment dont j'avais été frappé se joignit un vrai remords d'avoir blessé les Chinois dans leurs sentiments religieux.

Nous étions arrivés à Sempitay pour y séjourner cinq jours, parce que la femme du gardien qui nous conduisait était malade. Sous la garde de quatre *Huppes*, ainsi qu'ils appellent les gardes de police, on nous permit d'aller mendier dans les rues de la ville. On vient de voir comment cette permission, faisant pour moitié les affaires de ceux qui nous conduisaient, ne pouvait manquer de nous être accordée avec autant d'empressement qu'à Pocasser. Nous trouvâmes d'ailleurs un peuple aussi charitable et de plus, très curieux, qui tout en nous faisant généreusement l'aumône, nous pressait de questions sur notre profession, notre pays, notre roi.

Nous répondions toujours de même : que nous étions natifs du royaume de Siam; que nous avions fait naufrage en allant de Ning-Po à Nankin; que nous avions là perdu toutes nos marchandises, et que sans ce malheur ils ne nous verraient pas en un si triste équipage, car alors nous étions riches.

Là-dessus une femme, accourue comme les autres pour nous voir, prit la parole, et s'adressant aux gens qui nous entouraient :

« Il y a apparence, dit-elle, que ce que disent ces pauvres gens est vrai, car il arrive le plus souvent à ceux qui se confient à la mer d'y trouver leur tombeau; aussi, mes amis, le meilleur et le plus assuré est de rester attaché à la terre et d'en tirer sa vie par le travail, puisque la terre est la substance même dont il a plu à Dieu de nous former. »

Cela dit, elle nous donna deux *mazes*, qui valent chacune six sous et demi de notre monnaie, et nous recommanda de ne plus nous lancer dans de si longs voyages, quand Dieu nous a fait la vie si courte.

En entendant sortir de ses lèvres des paroles empreintes d'un sentiment religieux aussi élevé, je ne sais quelle émotion me saisit; et s'il n'est pas téméraire de croire que la lumière de l'âme puisse se refléter dans les yeux, j'oserai presque dire qu'avant de nous parler, nous nous étions devinés rien qu'au regard!

Elle nous considéra quelques instants avec une attention

extraordinaire, puis tout à coup, comme d'un mouvement irrésistible, elle déboutonna la manche d'une robe de soie rouge dont elle était vêtue, et nous découvrant son bras gauche, nous y fit voir l'empreinte d'une croix marquée au fer chaud, comme aux esclaves. Et alors, nous interrogeant d'un ardent regard :

« Y a-t-il parmi vous, dit-elle, quelqu'un qui connaisse ce signe, ou qui l'ait entendu nommer de son nom, qui est : croix ? »

A cette vue nous nous mîmes tous à genoux, répondant, les yeux pleins de larmes, que nous connaissions ce signe.

Alors, les bras levés, regardant le ciel :

« Notre Père qui êtes aux cieux, que votre nom soit sanctifié... », dit-elle en portugais ; et s'arrêtant parce qu'elle n'en savait pas davantage : « Êtes-vous chrétiens ? » reprit-elle.

— ... que votre règne arrive ; que votre volonté soit faite en la terre comme au ciel, répondîmes-nous tout d'une voix.

— Seigneur Jésus-Christ ! dit-elle en sanglotant, ils sont mes frères !

— ... donnez-nous aujourd'hui notre pain quotidien, pardonnez-nous nos offenses comme nous pardonnons à ceux qui nous ont offensés, et ne nous laissez pas succomber à la tentation, mais délivrez-nous du mal. Ainsi soit-il. »

Et approchant sa main de nos lèvres, nous baisâmes le signe sacré qu'elle portait au bras.

« Venez, dit-elle en nous entraînant, venez, chrétiens du bout du monde, avec celle qui est votre vraie sœur en Jésus-Christ, et peut-être parente de quelqu'un de vous, du côté de celui qui m'a fait naître en ce misérable exil. »

Voyant qu'elle allait nous mener chez elle, nos gardiens firent mine de s'y opposer, alléguant que nous avions permission d'aller mendier dans les rues de la ville, et rien de plus. Mais comme ils ne disaient cela que par intérêt, et en vue d'avoir leur moitié des aumônes que nous pourrions encore recueillir, la chrétienne leur dit :

« Je comprends, vous craignez de perdre votre part d'aumônes; comme vous n'avez pas d'autre profit, il est juste de vous en tenir compte : voilà deux taëls pour vous, et laissez-moi les emmener. »

Ils furent très satisfaits, et non seulement consentirent, mais allèrent demander à leur chef la permission, qu'il accorda, de nous laisser demeurer cinq jours chez la chrétienne.

Pendant le séjour que nous y fîmes, elle nous combla de soins et de charités. Elle nous montra son oratoire, où il y avait une croix de bois doré, des chandeliers et une lampe d'argent.

Elle nous raconta son histoire. Elle se nommait Inès de Leyria. Son père, Tomé Pirez, avait été envoyé du Portugal comme ambassadeur près de l'empereur de la Chine. Mais un capitaine portugais ayant commis à Canton des actes d'hostilité contre le gouvernement chinois, Tomé Pirez, qui se trouvait à ce moment sur la route de Pékin pour y aller remplir sa mission, avait été arrêté comme étant espion et non ambassadeur, ainsi que tous ceux de sa suite.

Cinq de ces derniers avaient été mis à la torture, et tellement déchirés de coups de fouet qu'ils en étaient morts ; les autres, déportés en divers lieux, avaient péri de misère, rongés par les poux. Néanmoins il en survivait encore un, nommé Vasco Calvo, natif d'Alcuchete en Portugal.

Tomé Pirez, lui, avait été exilé à Sempitay, où il s'était marié avec une femme qui possédait un peu de bien et qu'il avait amenée à la religion chrétienne. Pendant leur union, qui avait duré vingt-quatre ans, ils avaient converti un grand nombre de personnes, et il s'en trouvait à ce moment dans la ville plus de trois cents qui s'assemblaient tous les dimanches dans sa maison pour y faire le catéchisme.

Lui ayant demandé quelles étaient leurs prières accoutumées, elle nous dit que tout leur culte se bornait à se mettre à genoux devant la croix, les mains et les yeux levés vers le ciel, et à réciter la prière suivante :

« Seigneur Jésus-Christ, comme il est véritable que tu es le vrai Fils de Dieu, conçu par le Saint-Esprit au sein de la vierge Marie pour le salut des pécheurs, ainsi pardonne-nous nos offenses, afin que nous méritions de voir ta face en la gloire de ton royaume, où tu es assis à la droite du Très-Haut. Notre Père qui es aux cieux, sanctifié soit ton nom. Au nom du Père, et du Fils, et du Saint-Esprit. Amen.»

J'avais vu, sous les voûtes immenses de nos cathédrales, à travers tout un peuple à genoux, le Saint-Sacrement, porté sous un dais par un prêtre couvert de drap d'or, s'avancer au milieu d'un nuage d'encens et d'une pluie de feuilles de roses; du haut de la chaire de vérité, j'avais entendu la parole de Dieu tantôt gronder comme un tonnerre, tantôt roucouler comme un chant de colombe : mais ce jour-là seulement j'ai vu la puissance de cette religion qui, d'un débris de prière balbutié par une pauvre femme, peut faire une chrétienté, avec son dogme, son culte et sa foi, aussi florissante et aussi orthodoxe devant Dieu que tous les diocèses et tous les royaumes chrétiens de l'univers !

Inès nous dit que, cette prière faite, ils baisaient la croix, puis s'embrassaient les uns les autres, et retournaient chacun chez soi pour passer la journée dans l'observance du repos dominical; qu'ils vivaient dans une union parfaite, mettant en commun leurs plaisirs et leurs peines, et s'assistant comme des frères dans la maladie ou dans la pauvreté. D'ailleurs personne au monde, pas plus les autorités que le peuple, n'avait jamais manifesté contre eux la plus légère hostilité; chacun d'eux, dans sa profession, était accueilli exactement comme s'il avait été de la religion du pays.

Je tirai de là une observation que d'autres pourront faire comme moi ; c'est que le peuple chinois, et même son gouvernement, sont au fond tolérants pour tous les cultes. Il y a en effet à cela une raison décisive, c'est que les sectes y sont en nombre infini, qu'il n'y a pas de religion d'État, de sorte que si l'on se mettait à persécuter pour cause de religion, il faudrait persécuter tout le monde, personne n'étant d'accord.

Lors donc qu'il y a eu des massacres de chrétiens, des martyres de missionnaires, ce n'a été que quand leurs ennemis personnels avaient réussi à les faire passer pour ennemis de l'État ; mais ceux qui ont pu échapper à ces machinations politiques n'ont pas été inquiétés, témoin les Jésuites, qui sont restés longtemps en faveur à la cour même de Pékin ; témoin encore ces nombreuses chrétientés qui ont toujours continué à se maintenir et à se propager dans le Céleste-Empire, et qui s'y trouvent encore.

Nous eûmes le bonheur de voir réunie autour de nous toute la colonie chrétienne de Sempitay. Notre arrivée parmi eux était comme une mission, et ce fut une chose bien émouvante de voir comme ils s'empressaient autour de nous pour nous demander de leur enseigner des prières.

Inès de Leyria nous dit que son père, en mourant, lui en avait laissé plusieurs par écrit, mais que les Chinois les lui avaient dérobées.

Pendant le temps que nous étions chez elle, nous passâmes une grande partie des jours à lui écrire en plusieurs exemplaires celles que nous savions par cœur, et même Pedro Lima, qui savait écrire le chinois, lui fit en cette langue une copie du *Pater*, de l'*Ave Maria*, du *Credo*, du *Salve Regina*, des *Commandements de Dieu*, et de quelques autres prières. De plus, nous partageant ce devoir sacré, nous leur fîmes sept fois des instructions sur le catéchisme, dont ils nous furent bien reconnaissants, n'ayant connu jusque-là rien de plus en fait de dogme que ce qu'il en tenait dans le fragment de prière rapporté plus haut.

Enfin vint la séparation, qui ne fut pas moins touchante que la rencontre. Inès de Leyria nous donna en secret cinquante taëls, qui devaient nous servir par la suite à nous tirer de bien des misères et de bien des dangers, et les autres chrétiens y ajoutèrent une somme égale, à la grande joie de nos gardiens. qui en eurent la moitié.

Nous quittâmes ces frères en Jésus-Christ en leur souhaitant toute sorte de bénédictions pour leur humble église, et ils nous dirent adieu en se recommandant à nos prières.

Ayant donc repris notre route sur la rivière, nous voyageâmes au milieu d'un pays dont la fertilité semblait de plus en plus merveilleuse. Les champs étaient couverts de bestiaux; les barques, en si grand nombre, surtout aux endroits où se tenaient les foires, qu'elles formaient parfois de véritables villes flottantes.

Nous en traversâmes une entre autres, qui avait plus d'une lieue de long et trois quarts de lieue de large, et où étaient réunies plus de vingt mille barques dans lesquelles se faisaient tous les genres de commerce qu'on peut imaginer.

C'était vraiment une ville, avec ses rues, ses places, sa police, ses tribunaux ayant droit de haute et basse justice sur les marchands et les acheteurs. La nuit les rues étaient éclairées, barrées avec des chaînes, et parcourues continuellement par des bateaux portant des hommes de police chargés de surveiller et d'arrêter les malfaiteurs.

Outre des boutiques où se voyaient tous les métiers et toutes les espèces de marchandises connues, il s'y trouvait des chapelles avec des prêtres de diverses sectes, et plus loin, des navires entiers chargés d'idoles de bois doré, et de cuisses, de bras et de têtes, aussi en bois doré, pour être donnés aux pagodes en offrande ou en *ex-voto*.

Sur d'autres bateaux on vendait, moyennant une modeste somme, des billets d'entrée pour le paradis! Plus loin nous vîmes une barque pleine de têtes de morts.

On ne conçoit pas jusqu'où peut aller la crédulité de ces pauvres Chinois, et on imaginerait encore moins l'impudence de leurs prêtres, qui persuadent à ces malheureux que, sans la compagnie de ces crânes, jamais ils ne pourraient être reçus au nombre des bienheureux. « Car, disent-ils, si le portier les voit arriver tout seuls, en gens que personne ne connaît, il leur refusera la porte comme à des vagabonds ; mais s'ils se présentent escortés de plusieurs crânes, ils seront reçus avec honneur, et toutes les aumônes qu'auront faites pendant leur vie les titulaires de ces crânes leur profiteront. »

Plus loin, sur un bateau richement drapé et orné de fleurs, nous vîmes un établissement plus riant où, dans plusieurs grandes cages, étaient enfermés des oiseaux. Une jeune femme, très belle et très gracieuse, demandait au public la liberté pour ces innocents prisonniers.

« Voyez, disait-elle, ces pauvres oiseaux, qui sont des créatures de Dieu comme vous, et qui gémissent d'être esclaves ! Auriez-vous le cœur de leur refuser la liberté, quand, au prix d'une faible aumône, il ne tient qu'à vous de les délivrer ? »

Et à chaque instant une main se levait tendant une aumône, et la jeune femme lâchait un oiseau, tandis que les assistants criaient à l'heureux volatile :

« Va-t'en dire à Dieu comme nous le servons ici-bas. »

Plus loin, pour ceux qui aimaient mieux faire la charité dans l'eau qu'en l'air, il y avait sur une autre barque des poissons rouges auxquels, moyennant aumône, on rendait la liberté en leur donnant pour le bon Dieu la même commission qu'aux oiseaux.

Il faudrait un volume pour raconter tous les commerces bizarres qui se faisaient à cette foire.

On y voyait des entrepreneurs de pompes funèbres, qui mettaient en montre des pleureuses versant des larmes et hurlant de désespoir. Il y avait des bateaux de mariage, des bureaux de nourrices.

Mais le plus extraordinaire était le bateau du veuvage, où des hommes graves et des matrones respectables s'offraient à consoler les maris qui avaient perdu leurs femmes, les femmes qui avaient perdu leurs maris; ils prenaient même à l'entreprise toute espèce de chagrins quelconques, y compris la perte des enfants.

Les cabinets d'affaires, comme on peut penser, ne manquaient pas à cette foire où tant d'intérêts s'entre-choquaient à tout instant. Mais pour ceux qui, redoutant les difficultés de la chicane, préféraient une justice plus expéditive, il y avait ce qu'on pourrait appeler une « entreprise de horions et roulées » où, sur une estrade, se promenaient d'un air furieux des spadassins et des lutteurs qui, secouant les poings, frappant du pied, proférant des menaces terribles, offraient le secours de leur bras à quiconque, ayant un ennemi, désirait lui faire subir une correction manuelle, depuis la paire de gifles simple jusqu'à la volée de bois vert ou sec, suivant le prix.

Avouez qu'après ce bateau il fallait tirer l'échelle, d'autant que ces offres, qui ne tendaient à rien moins qu'à faire éreinter les citoyens, se faisaient en présence des officiers de police, sans que ceux-ci parussent s'en émouvoir autrement.

Une chose que nous ne nous lassions pas d'admirer, c'était l'étendue et la multitude des rivières et des canaux, et l'art avec lequel les eaux en étaient distribuées pour arroser les terres. Les rois, les grands seigneurs, se sont toujours fait un honneur d'en établir partout, en faisant communiquer ces ouvrages de façon à rendre navigable et arrosable toute la surface du pays.

D'innombrables ponts donnent passage à travers ces canaux ; ils sont tous construits en pierres de taille d'un superbe appareil, et il s'en trouve assez souvent, longs de quatre-vingts à cent pieds et larges de vingt, qui sont faits d'une seule dalle ; à voir ces masses énormes, on a peine à concevoir comment on a pu les tirer de la carrière et les transporter à pied d'œuvre.

Toutes les rues, tous les chemins des villages et des campagnes, sont pavés, et aux carrefours se trouvent des bancs pour que les passants puissent s'y reposer. De distance en distance sont des fontaines d'eau bonne à boire.

Par leur testament, beaucoup de personnes riches, s'inspirant d'une pensée religieuse, ont fondé des rentes, à prendre sur le revenu des biens qu'elles laissent, pour établir, dans les lieux isolés comme les landes et les bois, des maisons où l'on fait de grands feux la nuit pour guider les voyageurs et où l'on trouve de l'eau et des lits.

Ayant continuellement affaire aux gens du pays pour nous procurer les vivres et les autres choses dont nous avions besoin, nous pouvions recueillir des détails très intéressants sur les lois qui régissent, uniformément dans toute la Chine, les divers métiers et tous les genres de commerce ou d'industrie. Chacun a, non seulement un régime particulier, mais des catégories spéciales pour chaque branche de la même profession.

Par exemple, pour l'élevage des canards, l'incubation des œufs, l'engraissement, la vente de la plume, des têtes, des gésiers, des foies, forment autant de métiers distincts, et celui qui s'avise d'en exercer plus d'un est puni de trente coups de fouet, sans rémission.

Celui qui vend du poisson frais ne peut pas en vendre de salé, et comme dans certaines localités il n'y a que des marchands de poisson salé, les marchands de poisson frais l'emportent dans des bateaux à réservoirs et vont le vendre de place en place.

Les moulins, les magasins, les fabriques de salaisons, sont si nombreux le long des rives, il y a tant de bateaux chargés de légumes, de fruits, et de tout ce qui peut se manger, jusqu'à du cheval, du chien, du renard, du tigre, du rhinocéros, qu'on se croirait dans un marché, mais un marché qui n'aurait pas de fin.

Tout cela s'achète, et c'est tout juste s'il y en a assez pour la consommation, à voir la foule qui fourmille sur la rivière ou sur ses bords : car si les Chinois, à force de travail et d'énergie, n'étaient pas parvenus à arracher au sol une quantité de nourriture aussi prodigieuse, ils se seraient entre-mangés.

Au reste, malgré tout ce qu'ils savent faire, la population ne cesse d'augmenter tellement, que chaque année des centaines de mille hommes sont obligés d'émigrer pour aller tâcher de vivre dans d'autres pays.

Mais ce qu'il y a de plus extraordinaire en ce genre, ce sont les bateaux à canards. Ces bateaux, grands comme des goélettes, sont couverts d'un immense filet qui en fait de véritables cages où des milliers d'oies et de canards sont rassemblés. Le trait de génie de cette industrie, c'est qu'on n'y a rien à dépenser pour la nourriture de ces oiseaux, et on est arrivé à faire, avec des oies et des canards, de véritables troupeaux qu'on nourrit tout simplement en les faisant paître le long des bords des rivières.

Quand l'heure du repas est arrivée, le « canardier », comme on pourrait l'appeler, lève un côté du filet, met des planches à terre, et frappe trois ou quatre coups sur un tambour.

A ce signal, on voit six ou sept mille oies ou canards se précipiter sur les planches pour gagner la terre. Il en tombe à l'eau plus de la moitié, mais quand on est oie ou canard, c'est une occasion de prendre un bain agréable, et les plongeurs ont bien vite fait de rejoindre les piétons, qui, comme on sait, ne sont pas des plus lestes.

Tous se répandent sur le pâturage, qui est toujours une terre en jachère ou un marais, et là chacun cherche sa vie comme il peut, tandis que les plus aventureux ou les plus habiles fouillent les herbes et la vase, ou tâchent de happer au passage quelque poisson ou rat d'eau, sans compter les grenouilles, dont pas une ne leur échappe.

Lorsque le canardier juge qu'ils ont assez mangé, il n'a qu'à battre quelques coups de tambour, et à l'instant tous ces canards se mettent à courir et à voler à qui arrivera le premier pour rentrer dans le bateau, sans que jamais il en manque un seul, tant ils ont le sentiment de la discipline et du devoir! Voilà ce qu'on obtient des oies et des canards, de ces volatiles dont les noms sont devenus l'expression de la bêtise la plus ridicule!

Comment est-on arrivé à un pareil résultat; à faire, de ces bandes innombrables de bêtes incessamment renouvelées, un peuple aussi obéissant, et beaucoup plus obéissant même, que d'autres animaux à deux pieds, dont je ne dirai pas le nom pour ne pas les humilier, et qui pourraient trouver là plus d'une leçon de devoir civique?

J'avais essayé de me le faire expliquer par les maîtres de ce singulier peuple, mais je ne pus rien tirer d'eux, sinon que, depuis que le monde est monde, il y a eu en Chine des bateaux à canards, et que jamais aucun canard n'a eu l'idée de trouver singulier qu'on le mît dans un bateau, sous un filet, pour le faire descendre à terre à l'heure des repas. Ils sont canards de père en fils, ayant toujours mené la même vie, et leurs maîtres, qui de leur côté sont canardiers de père en fils, ne s'étonneraient que d'une chose, ce serait de cesser d'élever des canards.

Eh bien, en dépit de la physionomie un peu... comment dirai-je?... palmipède, de ce beau raisonnement, leur explication était très juste, et même aurait pu être profonde s'ils avaient su la formuler en langage de philosophe. Sans être si ambitieux, je me contenterai de dire qu'après avoir mûrement médité la réponse des canardiers, je compris qu'elle pouvait se résumer en deux mots : habitude, hérédité.

En effet, depuis des siècles que leur métier existe en Chine, comme on suit toujours dans ce pays la profession de son père, on est canardier de naissance, et on vient au monde avec un cerveau de mieux en mieux organisé pour l'éducation des canards, lesquels, de leur côté, naissent, canards d'abord, ce qui est un grand pas de fait pour leur carrière, mais arrière-petits-neveux de plusieurs millions de canards non moins canards, et de plus apprivoisés, n'ayant jamais vécu que dans un bateau, sous un filet, et convaincus que s'ils n'entendaient pas battre le tambour, ils ne pourraient jamais sortir du bateau pour aller paître sur les bords du rivage.

Je m'avisai d'une autre observation qui explique la discipline de ces oiseaux; c'est que les canards, et de même les oies, vivent en troupes. Or tous les animaux qui vivent en troupes ont un chef, et sont tellement habitués à obéir que, même si ce chef est un homme, ils se laissent conduire par lui; isolés, ils ne savent pas vivre, ils ne le pourraient pas.

C'est pour cela que l'homme a pu domestiquer le mouton, le bœuf, la chèvre, le chameau, l'éléphant, le chien, le cheval, et toutes les races comme le renne, le lama, que dans les divers climats du globe il a trouvées à sa disposition, tandis que pour les animaux vivant isolément ou par couples, il ne peut que les apprivoiser sans en tirer aucun service : il ne peut pas les faire travailler, tandis qu'il y contraint les animaux domestiques.

Au reste, si les canardiers sont obligés de renouveler de temps en temps par des achats leur peuple volatile, ils en entretiennent surtout le nombre par la ponte.

Lorsque le moment leur en paraît venu, ils mettent les canes à terre, et la ponte faite, les rappellent au bruit du tambour, puis vont ramasser les œufs, qu'on dépose dans de longues galeries hermétiquement closes, où on les laisse d'abord dans un lit de fiente fermentée; puis, quand on les juge près d'éclore, on les fait couver par des chapons plumés et écorchés sous le ventre, et qui se sentant soulagés par le contact des œufs, restent dessus. Enfin, une fois éclos, les canetons sont lâchés dehors pendant quelques jours, après quoi on les embarque dans le bateau.

Nous vîmes encore le long de la rivière des troupeaux de cerfs qu'on estropie d'un pied et qu'on parvient ainsi à retenir dans les pâturages; plus loin, des parcs remplis de gros chiens qu'on y engraisse pour les vendre aux bouchers. Leur chair, qui fait une triste nourriture à ce qu'il paraît, ne peut être digérée qu'en y mêlant de l'écorce d'orange, de sorte qu'à côté de ces parcs on voit toujours un magasin ou un bateau chargé d'écorces d'orange, à l'usage des consommateurs de cette viande rebutante. Il ne faut pas s'étonner de voir les Chinois en manger, car en fait de bêtes, ils mangent, comme je l'ai déjà dit, tout ce qui peut se mettre sous la dent; nous avons rencontré plusieurs fois des barques chargées de tortues, de rats, de grenouilles, de loutres, de couleuvres, de limaçons, de lézards, de sauterelles.

On juge si, se contentant de pareilles victuailles, les gastronomes de l'Empire du Milieu se font faute de se régaler de gibelotes de chat et de brochettes de souris ; comparés aux autres horreurs qu'ils avalent, ces gibiers, d'ailleurs presque classiques dans les faubourgs des grandes villes d'Europe, doivent représenter là-bas nos salmis de bécasses et nos ortolans à la provençale. Je n'en finirais pas si je voulais donner une idée complète de la prodigieuse abondance de ce pays, du travail et de l'industrie de son innombrable population. Jamais je n'aurais cru qu'il pût m'être donné de voir, dans ces contrées que nous traitons de barbares, le spectacle d'une puissance et d'une grandeur pareilles.

Sans doute la fertilité du sol, l'abondance des eaux, la variété du climat, sont pour beaucoup dans la prospérité de cet empire, mais la plus grande part en revient au travail du peuple chinois, à son esprit d'ordre et d'économie, à ses vertus de famille, à sa foi religieuse et, il faut absolument en convenir sous peine de fermer les yeux devant l'évidence, à son organisation politique et sociale.

L'Europe se croit à la tête de l'humanité, et cependant celui qui pourrait y réaliser la moitié du bonheur et de l'aisance que le peuple trouve en Chine, dépasserait de mille lieues tout ce qu'ont pu jamais rêver de plus hardi, de plus téméraire, les amis ou les ennemis de l'humanité.

DEUX CHAMBRES DE JUSTICE VINRENT NOUS PRENDRE.

XVII

NOUS ARRIVONS A PÉKIN. — LES TANIGORES DU SAINT-OFFICE. — UN PROCUREUR IMPÉRIAL COMME ON N'EN VOIT QU'EN CHINE. — QU'EST-CE QUE LA CHINE ? — LA POÉSIE DES CIVILISATIONS PRIMITIVES. — LE JUGEMENT. — NOTRE ARRÊT EST CASSÉ. — ON NOUS DÉLIVRE DE NOS CHAINES. — LIBRES !

Après un mois d'un voyage tellement intéressant que nous en étions venus à oublier presque notre malheur, nous arrivâmes, le mardi 9 octobre, à la ville de Pékin.

Au moment où nous l'aperçûmes à l'horizon, on pense s'il nous restait rien de ces impressions favorables, et ce fut le cœur rempli d'effroi que nous nous vîmes arrivés à la station suprême où notre sort allait se décider.

Nous n'eûmes pas longtemps à attendre pour voir par

quelles épreuves nous allions passer, car à peine avions-nous franchi le seuil de la prison où on nous conduisit, que nous reçûmes, pour commencer, trente coups de fouet, dont plusieurs de nous furent malades.

Ce qu'il y avait d'affreux, c'est que cette correction ne nous était pas infligée comme punition : par mesure générale, tout prisonnier, innocent ou coupable, devait la subir à titre de formalité d'écrou, afin de lui imprimer à toute fin une terreur salutaire de ses geôliers et de la justice.

Notre gardien ayant remis aux officiers de justice notre dossier et l'arrêt qui nous renvoyait devant eux, on nous conduisit à leur audience, où, sur un ton très menaçant, un des juges nous interrogea et nous fit lui raconter les incidents de notre procès.

Lorsque nous eûmes fini :

« Je n'ai pas besoin, dit-il, d'en entendre davantage ; il suffit que vous soyez pauvres pour que cette affaire suive une autre voie que celle où elle a été conduite jusqu'ici.

« Néanmoins, pour m'acquitter de ma charge, je vous donne cinq jours de terme, conformément aux dispositions du troisième livre de la loi, pour mettre votre cause entre les mains des procureurs qui doivent la défendre.

« Si vous voulez m'en croire, vous présenterez votre requête aux Tanigores du saint-office, afin que, portés d'un saint zèle pour l'honneur de Dieu, ils se chargent de votre bon droit et prennent pitié de votre misère. »

Ayant ainsi parlé, il nous donna un taël d'aumône, en nous disant :

« Défiez-vous des prisonniers qui sont là avec vous, car ils font métier de dérober le bien d'autrui. »

Nous fûmes très touchés de la bienveillance et de la charité de ce bon juge, mais il ne fallait pas trop s'y fier ; à l'occasion il avait la main terriblement dure, comme nous l'apprîmes bientôt, car en nous quittant il passa dans un autre quartier de la prison, où après avoir donné audience plus de trois heures, il fit exécuter à mort vingt-sept condamnés de la veille, qui moururent sous le fouet. Quand nous entendîmes le récit de cette épouvantable scène, nous faillîmes en devenir fous de terreur.

Le lendemain à la pointe du jour, on nous mit à la chaîne avec des menottes et des colliers qui nous firent souffrir cruellement. Nous étions dans ce supplice, couchés à terre et ne cessant de nous désespérer, lorsque enfin, au bout de sept jours, nous reçûmes la visite des Tanigores de la Maison de Miséricorde, qui a juridiction sur cette prison. A leur arrivée tous les prisonniers s'inclinèrent en disant :

« Béni soit le jour auquel Dieu nous visite par les mains de ses serviteurs », à quoi les Tanigores, l'air humble et les yeux baissés, répondirent :

« Que la main puissante et divine de celui qui a formé la beauté des étoiles et de la nuit, vous ait en sa garde ! »

En réponse aux questions qu'ils nous firent, nous leur présentâmes la lettre de recommandation de leurs confrères de Nankin. Après en avoir pris lecture, ils nous dirent :

« Loué soit celui qui a créé toutes choses, puisqu'il veut bien permettre à de pauvres pécheurs tels que nous de faire sur la terre quelque bien, et de mériter ainsi dans le ciel une récompense éternelle. Nous espérons, avec sa protection toute-puissante, soulager votre peine et vous tirer des dangers qui vous menacent. »

Là-dessus ils nous dirent qu'ils se chargeaient de notre défense devant la Chambre de justice des pauvres, et nous donnèrent tout ce dont nous avions besoin en fait de vivres et d'effets.

Ils revinrent encore deux autres jours, pour nous demander des explications sur divers points d'un mémoire qu'ils avaient rédigé pour notre défense, et ayant fait appeler le greffier du tribunal, dépositaire de nos pièces, lui demandèrent ce qu'il pensait de l'affaire, et ayant pris note de tout cela, se firent remettre le dossier pour l'examiner.

Avant d'aller plus loin, et pour qu'on puisse mesurer ce qui nous restait à souffrir, il faut qu'on sache que ce procès, sur un sujet si simple, où il n'y avait pas contre nous un témoignage qui eût le sens commun, où tout se réduisait en définitive à des rapports et à des jugements arbitraires, allait durer six mois et demi; pendant six mois et demi nous devions rester, les chaînes aux mains, aux pieds et au cou, n'ayant que la terre pour dormir.

Aussi, du fond de cet enfer où nous ne voyions que des chaînes et des supplices, tout ce qui avait excité notre admiration pour la Chine ne nous semblait plus qu'un vain mirage démenti par l'implacable réalité, chaque fois que les chaînes heurtaient notre chair blessée et que nous entendions les cris de douleur de nos compagnons.

Notre affaire devant passer à la chambre criminelle des douze *Conchalis*, qui sont comme nos conseillers de parlement, les deux procureurs de Miséricorde firent déclarer nulles, par une requête adressée au *Chaem*, président de cette cour, toutes les procédures faites contre nous.

Dans leur requête, ils disaient qu'il n'y avait aucun témoignage, qu'on nous avait rencontrés nus, sans armes, comme de pauvres naufragés que nous étions, et que notre misère, au lieu d'un châtiment, était faite pour n'attirer sur nous que la compassion et la charité.

Puis, s'adressant directement au Chaem, ils lui disaient « qu'il était mortel, qu'il aurait à rendre compte à Dieu de ses jugements, car il avait juré de ne juger que d'après sa conscience, et non comme on fait dans le monde, où des considérations étrangères faussent cette balance de justice que Dieu veut égale pour tous ».

Le procureur impérial, qui se portait accusateur contre nous, demanda communication de la requête, alléguant qu'il prouverait par des témoins oculaires, tant du pays qu'étrangers, que nous étions des larrons publics, accoutumés à voler le bien d'autrui, et non des marchands comme nous le prétendions.

Il ajoutait que si nous étions venus en Chine dans un but honnête et avec l'intention d'acquitter les droits de douane, nous eussions abordé dans un des ports où ces droits sont légalement perçus; mais que Dieu, qui déteste les péchés et les larcins, pour nous punir de ce que nous nous en allions d'île en île comme corsaires, avait permis que nous fissions naufrage pour tomber entre les mains des ministres de la justice et recevoir d'eux le châtiment que nous méritions, qui était la mort.

Néanmoins, au cas où la cour, s'arrêtant à des considérations indignes de sa sagesse, croirait devoir nous exempter de la peine capitale, comme nous étions à tout le moins des étrangers et des vagabonds n'ayant ni loi, ni connaissance de Dieu qui pût nous retenir de nous livrer à nos criminelles habitudes, il requérait qu'on nous condamnât à avoir les mains et les narines coupées, et à être déportés à perpétuité dans le Pong-Tsi-Lé-Taï, conformément à une jurisprudence établie par de nombreux arrêts.

En conséquence il concluait à être admis à produire, dans les délais qui lui seraient assignés, la preuve des faits qu'il articulait contre nous.

En réponse à ces conclusions, le procureur des pauvres répondit par des conclusions contraires, demandant la suppression de celles du procureur impérial, comme « tout à fait infâmes et contraires à la loi ».

Sur quoi le Chaem ordonna que le procureur impérial eût, dans les six jours, à faire preuve de ses articulations par des témoignages évidents et conformes aux lois divines, sans qu'il pût en aucun cas lui être accordé un plus long délai, « attendu que nous étions de pauvres gens que le besoin contraignait souvent de prendre le bien d'autrui, plutôt par nécessité que pour commettre aucune offense ».

Je crois intéressant de citer textuellement ces paroles assez singulières d'un juge qui, nous tenant pour des voleurs, nous excusait en considération de notre misère : mais quand on verra comment il devait traiter le procureur impérial, on comprendra que ce qu'il disait était une leçon à ce magistrat qui montrait trop d'acharnement contre nous.

En effet, le délai de six jours étant écoulé sans que celui-ci, naturellement, eût produit aucune preuve contre nous, le Chaem lui refusa un nouveau délai, et décida que, n'ayant rien pu établir, le procureur impérial serait déchu de sa demande, et qu'il allait entendre ce qu'avait à dire en notre faveur le procureur des pauvres.

Là-dessus le procureur impérial, ne gardant plus aucune mesure, se mit à déblatérer contre nous avec tant de violence et de mauvaise foi, que le Chaem s'en tint pour offensé, et lui reprochant son peu de charité, lui fit effacer à l'instant les insultes qu'il avait écrites contre nous dans sa requête.

Non content de cet acte de justice, il rendit immédiatement une ordonnance ainsi conçue :

« Avant de statuer sur cette affaire, je condamne le procureur impérial à vingt taëls d'argent au profit de ces étrangers, pour avoir articulé contre eux des accusations qu'il savait ne pas pouvoir prouver. De plus je le suspends de ses fonctions et lui interdis d'exercer sa charge jusqu'à ce que le tribunal en décide; lui faisant défense d'user à l'avenir, dans ses écrits ou ses paroles, de termes aussi extravagants, sous peine d'être châtié conformément aux édits des Chaems, acceptés en la Maison des Fils du Soleil, Lion couronné au trône du Monde. »

Si nous avions été moins abattus par la crainte et la souffrance, n'était-ce pas à se croire sauvés, quand nous voyions le juge chargé d'instruire notre procès se retourner contre notre accusateur, le réprimander, le suspendre, et le condamner à nous payer une amende !

Comparé à ce que nous connaissions de la justice d'Europe, où le magistrat chargé de l'accusation est aussi inviolable, aussi haut placé que les juges devant lesquels il exerce ses fonctions, cet incident nous paraissait prodigieux, et nous en pouvions concevoir une idée bien encourageante de la justice chinoise.

Mais nous étions trop payés, hélas ! pour savoir à quels retours il fallait s'attendre de la part de ces juges, aujourd'hui confits en charité, demain féroces comme des tigres, de sorte que quand on nous ramena à la prison, nous tremblions un peu moins, mais nous tremblions toujours.

Enfin nous eûmes du moins, le lendemain, un peu de consolation et de courage, grâce à la visite de quatre tanigores de la Maison des Pauvres qui, étant venus à l'infirmerie de la prison, nous firent appeler.

Ils nous dirent que notre affaire allait fort bien, que probablement le jugement de la cour suprême nous serait favorable. Nous nous jetâmes à leurs pieds pour les remercier, leur souhaitant que Dieu leur donnât la récompense qu'ils méritaient si bien pour nous avoir assistés dans notre malheur.

« Et vous aussi, répondit l'un d'eux, qu'il vous maintienne en la connaissance de sa loi, dont l'observance est le salaire des gens de bien. »

Là-dessus il nous fit donner deux couvertures pour la nuit, car nous souffrions cruellement du froid, l'hiver étant venu.

« N'hésitez pas, nous dit-il, à nous demander tout ce dont

vous aurez besoin, car Dieu, notre souverain Seigneur, n'a pas coutume d'être avare en ses aumônes. »

Justement, pendant qu'il parlait, le greffier arriva, nous portant les vingt taëls d'amende auxquels le Chaem avait condamné le procureur impérial. Nous voulûmes lui en faire accepter une partie, mais il refusa, nous disant que pour si peu de chose il ne voulait pas perdre le mérite qu'il pouvait avoir aux yeux de Dieu en nous servant.

Il nous lut alors la sentence du Chaem contre le procureur impérial.

Pendant douze jours nous n'entendîmes plus parler de notre procès. Enfin, les quatre tanigores étant venus visiter les malades, nous les priâmes instamment de recommander notre affaire au Chaem, qui allait bientôt nous juger.

A notre grande confusion, ils se montrèrent fort offensés de cette demande. Pourtant, depuis le premier jour de notre arrivée, comme ils n'avaient pas fait autre chose que de s'intéresser à nous, notre démarche nous semblait bien naturelle, et chaque fois que nous les avions vus, nous leur faisions une prière semblable, qu'ils accueillaient de la meilleure grâce du monde; nous n'y comprenions vraiment rien.

« Si vous étiez de ce pays au lieu d'être étrangers, nous dit l'un d'eux, cela seul suffirait pour que notre confrérie vous retirât sa protection. Nous voulons bien, en considération de votre ignorance et de votre simplicité, oublier ce que vous venez de dire, mais ne recommencez pas. »

— Mon Dieu, dit un autre, peut-être sont-ils plus excusables d'avoir dit cela, que nous, de nous fâcher : ce sont des barbares, et ils ne savent pas qu'un magistrat ne doit juger que par justice et non par faveur.

— Nous n'en doutons pas, veuillez bien le croire, lui dis-je, si nous vous avons offensés, nous vous en demandons mille pardons, mais en vérité nous ne savons en quoi nous avons pu pécher.

— Que vous nous ayez priés de faire juger votre affaire le plus tôt possible, dit-il, rien de plus juste : mais nous demander de parler au magistrat qui va vous juger, c'est donc que vous espérez qu'à notre considération il ne ferait pas son devoir? Vous ne comprenez pas que ce serait lui donner une occasion de pécher et d'aller en enfer? Et nous, quel serait notre rôle? Celui de pourvoyeurs du diable, au lieu d'être les protecteurs des pauvres. Vous me direz que la justice est de votre côté : eh bien, on le verra par le jugement.

« Qu'on cherche à abréger les griffonnages et les chicanes que la mauvaise foi multiplie pour éterniser les procès, rien de mieux; mais quant à la cause en elle-même, c'est par des preuves et des témoignages qu'il faut la recommander au juge.

« Ah! si c'est par faveur que se rend la justice de votre pays, vous devez avoir une belle peur de la justice de Dieu; car pour Dieu il n'y a point de nuit; il n'est pas, comme les juges et les rois de la terre, sujet au sommeil : il voit tout, à toute heure, toujours!

« Donc, mes amis, la seule chose que je puisse vous conseiller comme remède à vos angoisses, c'est de lever les yeux au Ciel, car c'est de là que va descendre, avec votre arrêt, votre absolution et la fin de vos misères. En quoi nous vous aiderons en bons amis, s'il plaît à Dieu nous écouter. »

Cela dit, ils nous donnèrent l'aumône habituelle, et allèrent visiter les malades pauvres, toujours nombreux dans cette infirmerie.

J'ai voulu rapporter cette scène dans tous ses détails, avec les propres termes de la conversation, parce que c'est une de celles dont le souvenir me revient le plus souvent quand je songe à tant d'événements extraordinaires qui me sont arrivés dans ce voyage à travers la Chine.

D'après tout ce que j'en ai déjà raconté, je ne doute pas que le lecteur n'en ait ressenti comme moi, outre ce plaisir de curiosité qu'on trouve aux récits de voyages, outre l'admiration que doit inspirer la prospérité de ce pays et l'ordre moral qui y règne, un sentiment plus intime et plus élevé.

Tous ceux qui ont visité la Chine sérieusement : non pas la Chine de sac et de corde qui grouille parmi la population interlope des comptoirs et des ports de mer, mais la vraie Chine, celle de l'intérieur, où tout le monde travaille, ont éprouvé ce sentiment, saint François-Xavier en tête, ainsi que nous l'avons rappelé.

Ce n'est pas seulement une sympathie irrésistible, en dépit des énormités, des monstruosités, auxquelles on se heurte à chaque pas, c'est un je ne sais quoi qui tient, ou de l'idéal ou du merveilleux, et qui vous saisit, vous émeut, sans qu'on puisse savoir si c'est par la tête ou par le cœur.

Revenu à Marseille, je suis resté là-dessus assez longtemps sans m'expliquer comment je pouvais trouver tant de charme à me souvenir de ces pays barbares où j'avais souffert tout ce qu'on peut souffrir.

Or, un jour le hasard ayant fait tomber dans mes mains un vieux livre, et m'étant amusé à le feuilleter, j'y trouvai des histoires merveilleuses de guerre, de tempêtes, de naufrages; des descriptions de fêtes, de cérémonies; le titre du livre avait été arraché, de sorte que je ne sus ni le nom de l'auteur, ni le sujet de l'ouvrage, ni le pays où l'histoire se passait.

Mais je lus tout, jusqu'à la dernière ligne, et il me sembla que je me revoyais, à plusieurs années de distance, au milieu des étranges contrées de l'Extrême-Orient. Ce n'étaient ni les mêmes hommes ni le même temps, et cependant il me semblait les reconnaître.

Tout rempli de cette idée, j'en parlai à un de mes amis, qui était maître de latin au collège des Pères de Marseille. Au premier coup d'œil il reconnut le livre.

« Ce que vous venez de lire là, me dit-il, c'est tout simplement l'*Iliade* d'Homère, et je vais vous expliquer d'un mot pourquoi il vous rappelle l'Orient : c'est que c'est un poème.

— Un poème? répondis-je d'un air un peu confus, vous savez bien que je ne suis qu'un pauvre marchand de salaisons devenu aventurier, que je n'ai reçu aucune instruction : je ne sais même pas ce que c'est que la poésie.

— La poésie, mon ami, c'est tout ce qui va au cœur sans que la raison puisse toujours dire pourquoi. Peut-être est-ce leur éloignement qui donne à ces peuples orientaux un air de prestige; mais moi, qui ai vécu comme vous dans ces pays-là, je crois que ce qui les rend si intéressants pour nous-autres vieux blasés de la civilisation, c'est que ce sont des hommes simples : or ce qu'il y a de plus beau en ce monde, c'est la simplicité. Voilà pourquoi, en lisant l'histoire des héros d'Homère, vous croyiez vous retrouver en Orient. »

Il y avait neuf jours que nous attendions notre arrêt, lorsqu'un samedi matin, deux *Chumbins* de justice, qui sont comme nos huissiers, vinrent nous prendre pour nous conduire devant nos juges.

Ils étaient accompagnés de vingt gardes qu'on appelle *Huppes*, armés de hallebardes, de sabres, d'épieux, la tête et le corps couverts d'une cotte de mailles, et dont le seul aspect inspirait l'effroi.

Nous ayant attachés à une longue chaîne, ils nous menèrent au *Caladigan*, qui était le lieu où se donnaient les audiences et où se faisait l'exécution des condamnés.

Par où nous passâmes pour arriver là, c'est ce que je serais bien embarrassé de dire, car nous étions hors de nous-mêmes, et tout ce que nous pouvions faire était de balbutier des prières et de nous jeter de temps en temps à genoux en nous embrassant et en demandant pardon à Dieu de nos péchés, au grand étonnement des Chinois qui nous voyaient faire.

A travers les huées de la foule dont la salle était remplie, nous arrivâmes dans une immense antichambre où, avec un grand nombre de plaideurs venus là pour leurs affaires, se tenaient debout les vingt-quatre bourreaux qu'ils nomment les *Ministres du Bras de Justice*.

Nous demeurâmes là pendant un fort long temps au bout duquel, une cloche ayant retenti, on ouvrit des portes, et nous

nous trouvâmes devant une arcade richement sculptée et couverte d'un grand nombre de figures en relief.

Au sommet on voyait un monstrueux lion d'argent monté sur un globe du même métal, et qui figure, comme je l'ai déjà dit ailleurs, les armes de la Chine. Les portes étant ouvertes, tout le monde entra dans une vaste salle ressemblant à la nef d'une église, et dont les murs étaient peints de tableaux représentant diverses sortes de supplices effroyables tels qu'on les inflige selon la nature du crime. Au bas de chaque tableau était une inscription portant le nom du patient et la cause de sa condamnation.

Au milieu de la salle s'élevait une tribune où l'on montait par sept marches bordées de trois rangs de balustres de fer, laiton et bois d'ébène, dont les pilastres étaient marquetés de nacre de perle. Au-dessus était un dais de damas blanc frangé d'or et de soie verte, avec de larges crépines du même.

Sous ce dais, le Chaem était assis sur un fauteuil d'argent, avec une petite table devant lui. Trois enfants richement vêtus et parés de chaînes d'or se tenaient à genoux à ses côtés.

L'un, celui du milieu, était pour lui tendre la plume chaque fois qu'il avait à donner une signature, tandis que les deux autres recevaient les requêtes des mains d'un huissier et les lui présentaient.

A la droite du Chaem, et placé presque aussi haut que lui, se tenait debout un jeune garçon âgé de dix à onze ans, vêtu d'une riche robe de satin blanc où se voyaient en broderie des roses d'or; il avait au cou trois rangs de perles, les cheveux aussi longs qu'une femme, tressés d'un lacet d'or et de

AU MILIEU DE LA SALLE S'ÉLEVAIT UNE TRIBUNE.

soie rouge, avec une garniture de perles d'un grand prix; il était chaussé de sandales d'or émaillées de vert et brodées de perles.

Comme marques de ce qu'il représentait, il tenait en main un petit rameau de roses faites de soie, de perles et de fil d'or, et s'appuyait du bras sur le siège du Chaem : il figurait la Miséricorde.

Du côté opposé était debout un autre enfant du même âge, non moins beau et vêtu d'une robe de satin incarnat semé de roses d'or.

Il avait le bras droit retroussé et teint en rouge de sang, et de la main droite tenait un cimeterre nu, enrichi d'or et de pierreries, qui paraissait ensanglanté. Sa coiffure était une espèce de mitre hérissée de lames d'acier semblables à la lancette des chirurgiens. Aussi, malgré sa beauté et la richesse de son costume, son aspect était pour inspirer la terreur. Il figurait la Justice.

Par ces deux personnages allégoriques, on voulait montrer que le juge, représentant le roi, lequel représente lui-même Dieu, doit posséder la justice et la miséricorde, sans lesquelles il ne serait qu'un tyran violant toutes les lois divines et humaines, un usurpateur des fonctions qu'il exerce.

Le Chaem était habillé d'une robe de satin violet très ample, frangée d'or et de soie verte, avec un large collier auquel était suspendue une plaque d'or, portant gravée la balance de la justice tenue par une main. Autour de cette plaque était l'inscription suivante :

« La nature du Très Haut Seigneur est d'observer en sa

JUSTICE LE POIDS, LA MESURE ET LE COMPTE : C'EST POURQUOI REGARDE A CE QUE TU FAIS, CAR SI TU VIENS A PÉCHER, TU EN PAYERAS LA PEINE A JAMAIS. »

Sa coiffure consistait en une calotte entourée de petites verges d'or émaillées de vert et de violet et surmontée du lion et du globe, emblèmes de l'empire chinois. Il avait à la main droite une courte baguette d'ivoire.

Sur les trois premières marches du tribunal se tenaient six huissiers appuyés sur des masses d'argent, et au bas des degrés, soixante hallebardiers mogols, un genou en terre. En arrière d'eux, des gardes d'une taille gigantesque, très richement armés, formaient la haie.

De chaque côté du tribunal, mais au niveau du plancher, à deux longues tables étaient assis douze magistrats, ceux de droite pour le civil, ceux de gauche pour le criminel. Il y avait à chacune quatre juges, deux greffiers, deux solliciteurs, et deux conchalis ou conseillers de parlement.

Tous étaient revêtus de robes de satin blanc à larges manches, pour symboliser « la largesse et la pureté de la justice ».

Leurs tables étaient couvertes d'un tapis de damas violet à grande bordure dorée.

La table du Chaem, étant d'argent, n'avait point de couverture; il ne s'y trouvait qu'un petit coussin de brocart supportant une écritoire et une boîte à poussière pour sécher l'écriture.

Au fond de la salle, raides et immobiles comme des statues, les vingt-quatre bourreaux, la hache d'une main, l'épée de l'autre, leurs instruments de supplice accrochés à la ceinture, étaient rangés sur deux files.

Enfin, aux portes de la salle, il y avait six huppes de mine non moins effrayante.

Dans l'assistance, tous les hommes étaient debout, toutes les femmes, assises sur des bancs le long des murs.

Bien que j'en aie donné tous les détails, on ne peut pas se faire une idée de l'épouvante, de l'admiration et du respect, dont on était comme écrasé devant cet appareil vraiment extraordinaire.

J'ai vu depuis, à leurs audiences solennelles, nos cours du parlement, avec leurs simarres de velours noir, leurs robes de soie écarlate, leurs manteaux d'hermine, leurs mortiers galonnés d'or, siéger dans des salles immenses drapées d'azur aux fleurs de lis ; c'était la justice dans toute sa majesté : mais je ne l'ai pas retrouvée terrifiante, effroyable, comme je la vis ce jour-là dans l'enceinte de la cour criminelle de Pékin.

Il peut paraître singulier que, dans l'état d'affolement où je me trouvais, j'aie pu observer et retenir avec tant de précision les détails innombrables d'une scène aussi compliquée : mais quiconque a passé par quelque grand danger n'ignore pas que les sens et l'imagination prennent, sous l'ébranlement de ces sortes de secousses, une acuité et une puissance qui centuplent nos perceptions et les font entrer comme un fer chaud dans les replis où se gravent les souvenirs de la douleur.

Il y a d'ailleurs, à ce que je pense, une autre raison à la puissance d'effet de toutes ces cérémonies religieuses ou judiciaires, de ces fêtes publiques, et même de ces batailles, auxquelles j'ai assisté dans ces pays d'Extrême-Orient, et qui toutes, quel qu'en fût le sujet, m'ont laissé des souvenirs d'une intensité inconcevable; car enfin, des cérémonies, des fêtes et des batailles, on en voit dans tous les pays du monde.

Mais ce qui fait la différence, ce doit être l'art et la poésie que ces Orientaux mettent, sans s'en rendre compte, à toutes les choses de la vie.

Depuis la moindre pièce de leurs costumes jusqu'aux girouettes de leurs pagodes, depuis les locutions les plus populaires jusqu'aux prières les plus sublimes, chez eux tout est symbolique; les idées, les sentiments, sont représentés sous une forme sensible ; tout ce qui se peut ou se doit penser, on le voit, on le touche, de sorte que le monde réel s'y double de tout un monde idéal et surnaturel rendu aussi vivant, aussi présent, que le monde réel lui-même.

Une cloche sonna quatre fois : c'était le signal de la lecture de l'arrêt. Un des douze conchalis se leva, et après avoir salué profondément le Chaem, dit d'une voix retentissante :

« Que tous se taisent, et qu'ils écoutent avec respect, sous peine d'encourir le châtiment prononcé par les lois contre ceux qui troubleraient le silence de la sainte justice! »

Il se rassit, et un autre conchalis, gravissant les degrés du tribunal, alla se placer à côté du Chaem, et recevant les sentences de la main du greffier, les lut les unes après les autres.

Quand il arriva à notre arrêt, on nous fit mettre à genoux, le visage en terre et les mains levées au ciel, pour marquer notre humilité.

Ce qui nous passa par la tête et par le cœur pendant cette lecture, où, haletants d'angoisse, nous attendions chaque mot avec autant de terreur que d'espérance, non, je ne saurais le dire!

Cette lecture dura une demi-heure, et ce temps me parut plus long à lui seul que toute mon existence passée; nous étions au bord d'un abîme, comme suspendus au souffle des paroles du lecteur, et c'était à peine si, à travers le grondement monotone des longues phrases de l'arrêt, nous pouvions en saisir le sens.

Toute l'affaire y était racontée au long, dans ses moindres détails, avec ce qui avait été dit, répondu, répliqué et statué, par chacun des avocats, des témoins, de nous-mêmes et des juges, et pendant un siècle, nous entendions passer le récit des faits, glacial comme tous les protocoles de jugement, sans que rien y pût laisser deviner ce que le juge en avait pensé et la conclusion qu'il en allait tirer.

Enfin, à un changement de ton du lecteur, nous comprîmes qu'il arrivait à la partie décisive de l'arrêt, celle où nous allions apprendre si nous étions des morts ou des vivants!

A la première phrase de ce passage, nous comprîmes.

C'était le salut!

Le Chaem nous déclarait innocents, cassait, comme ne reposant sur aucune preuve, l'arrêt qui nous avait condamnés, et ordonnait qu'on nous mît immédiatement en liberté; de plus, pour réparer dans la mesure du possible l'iniquité dont nous avions été victimes, il prescrivait à tous agents de l'autorité publique de nous donner des passeports et des sauf-conduits, avec les secours d'argent et d'effets nécessaires pour gagner un port et retourner dans notre pays.

La lecture achevée, nous tendîmes les bras vers le Chaem, et nous lui adressâmes cette phrase, par laquelle il est d'usage en Chine que les accusés renvoyés des poursuites remercient leur juge :

« La sentence de ton clair jugement est confirmée en nous, de même que la pureté de ton cœur est agréable au Fils du Soleil ! »

Alors, un des conchalis s'étant levé et ayant fait plusieurs saluts au Chaem, répéta par cinq fois, au peuple qui formait l'assistance :

« Y a-t-il quelqu'un en cette chambre, en cette ville ou en ce royaume, qui se veuille opposer à cet arrêt ou à la délivrance de ces prisonniers ? »

Aucune voix ne s'étant élevée, les deux jeunes garçons qui représentaient la Justice et la Miséricorde firent toucher ensemble les insignes qu'ils tenaient en main, et dirent à haute voix :

« Qu'ils soient renvoyés libres et absous, en vertu de la juste sentence qui vient d'être rendue en leur faveur ! »

Ainsi, dans ce pays qu'on prétend barbare, il nous était donné de voir mis en pratique un principe d'une grandeur vraiment sublime, par cet appel au peuple, comme pour le constituer juge en dernier ressort de la vie, de l'honneur et du droit de tous les citoyens.

De sorte qu'il n'y a pas en Chine un procès au civil ou au criminel où ne soit rappelée cette vérité, sans laquelle le droit serait un vain mot : que toute justice émane de la nation et non pas des gouvernements.

Un gouvernement peut et doit imposer à un peuple des devoirs, et les faire observer par l'autorité et par la force : mais quant au droit, qui est pour chaque citoyen une propriété individuelle et inviolable, le gouvernement ne le confère pas, il le déclare et le maintient. C'est pour cela qu'on dit : rendre la justice, et non pas : donner la justice.

A peine les deux enfants avaient-ils fini de parler qu'une cloche sonna, et à l'instant un des huissiers qui nous avaient amenés à l'audience nous ôta la chaîne, le collier, les menottes et les entraves, et nous sortîmes libres comme l'air et légers comme des oiseaux.

———

Eh bien ! que dites-vous de mon histoire ? Car elle est finie, et il était temps, convenez-en, de souffler un peu et de s'essuyer le front.

Je pourrais vous en dire bien long encore pour vous raconter comment nous revînmes à Nankin ; comment nous y trouvâmes à point nommé un bâtiment portugais qui nous ramena à Malacca ; comment, étant resté là six mois à faire tranquillement du commerce, j'y gagnai de quoi payer comptant la moitié d'une cargaison de soie et d'épices ; comment, étant arrivé à Lisbonne et l'ayant vendue trois fois ce qu'elle m'avait coûté, je me trouvai riche comme je n'avais jamais rêvé de l'être. Mais qu'est-ce que ça pourrait vous faire ?

C'est malheureux, mais il n'y a que les choses tristes qui

intéressent. Si je vous racontais qu'à partir de notre délivrance, tout se fit pour nous comme par enchantement; que dans tout le trajet de Pékin, nous trouvâmes partout protection des autorités et bon conseil des gens du pays; qu'à bord du navire portugais nous fûmes reçus à bras ouverts; qu'une fois en mer nous n'eûmes pas de typhon à essuyer, ne fûmes ni attaqués par des pirates ni emmenés comme esclaves; que nous ne fîmes pas naufrage ; et ainsi de suite jusqu'à Gratte-Semelle, banlieue de Marseille, où vous voyez bien que j'ai pu arriver sans encombre puisque m'y voilà : ah! vous me feriez taire, vous me diriez que je vous ennuie!

Et vous auriez raison, car j'en serais ennuyé moi-même.

Moi-même, lorsque je rappelle mes souvenirs, tant qu'il s'agit des événements affreux où j'ai tant souffert, où j'ai failli vingt fois laisser mes os, je ne me lasse pas d'entendre ma mémoire me raconter, absolument comme une personne qui parlerait, tant d'histoires merveilleuses ; c'est pour moi comme un conte de fées, au point qu'il m'arrive parfois, quand c'est trop curieux ou trop navrant, comme à Tanigoogoo ou à Ciaca par exemple, de me lever, d'aller me planter devant mon miroir à barbe, et de me dire, en levant les deux bras :

« Comment! Lazare Poban mon ami, c'est à toi que pareille chose est arrivée?

— Hé oui! que c'est à toi : tu le sais aussi bien que moi!

— Pas possible! je lui dis.

— C'est-il toi qui es là devant moi, ou un autre?

— Ce n'est pas un autre, c'est moi.

— Tu vois bien ! »

Et je continue à me raconter mon histoire.

Mais quand j'arrive au procès de Pékin et à notre délivrance, bonsoir. Je me dis :

« C'est bon, nous savons ça. »

Et je vais faire un tour en pensant à autre chose.

Il en est pour le bonheur comme pour la vertu : je ne dis pas que ce soit ennuyeux, mais que voulez-vous ? ça ne peut amuser que ceux qui en jouissent ; les autres, il ne leur en revient rien, c'est autant qui leur passe devant le nez. Mais si, au lieu de ces histoires fades, on fait passer devant nos yeux des dangers ou des souffrances dont le seul récit nous fait frémir, oh ! alors, nous ouvrons les yeux, nous dressons les oreilles, parce que nous voyons là le sort d'un de nos semblables aux prises avec la fortune, et qu'autant aurait pu nous en arriver si nous avions été à sa place.

Et puis, au fond, tout au fond, dans le coin honteux où se cachent les petites vilenies du cœur, tandis que, dans le bonheur d'autrui, nous ne pouvons nous empêcher de voir passer un bien qui aurait pu être à nous, dans les malheurs qui le frappent nous voyons autant de maux qui auraient pu tomber sur nous et auxquels nous avons échappé....

Mais heureusement, si nous ne sommes pas des anges, les misères de notre cœur ne lui font rien perdre de ce trésor qui rachète tout, la pitié : et c'est là, pour les braves gens, le vrai ressort de l'émotion qui nous saisit à lire ces récits de voyages et d'aventures où, à travers les travaux et les périls, nous voyons un homme traverser quelqu'un de ces champs inconnus de la vie où tout est nouveau, imprévu, hors de proportion avec le monde où nous vivons nous-mêmes.

L'intérêt y est au comble si par son intelligence, son énergie, son courage, sa persévérance indomptable, le héros de ces histoires a pu nous inspirer, avec la pitié, l'admiration. Pour moi, pauvre petit marchand de salaisons devenu aventurier malgré moi, je n'ai pas à prétendre à tant d'honneur ; je ne cherchais là-bas ni la gloire du conquérant ni l'orgueil de l'opulence; mes visées n'allaient pas si haut : je ne demandais à la fortune que juste ce qu'il me fallait pour acheter ma bastide, et quoique cette capricieuse déesse me l'ait fait payer un peu cher, comme vous avez pu voir, je crois que, tout bien considéré, je ne regrette pas ma peine.

Mais je conviens que je ne suis pas un héros, et sous ce rapport vous me trouverez peut-être insuffisant pour faire figure au milieu d'événements si terribles et dans ces pays formidables. Tout ce que j'ai vu, il fallait bien le voir, me direz-vous, tout ce qui m'est arrivé, il fallait bien le subir.

Pourtant, à force d'y penser, je me suis dit que peut-être vous découvrirez en moi quelque chose qui suppléera, par le petit mérite d'une humble qualité, à l'éclat dont je manque pour vous éblouir : c'est ma bonne humeur, c'est cette espérance incorrigible qui m'a toujours soutenu dans le péril, consolé dans la peine, relevé après chaque infortune, et qui me montrant toujours l'arc-en-ciel au-dessus de l'orage, m'a donné la force de résister jusqu'au bout.

Somme toute, quoique j'aie figuré là-bas parmi les puissants du monde, j'y ai trop souffert d'humiliations pour ne pas reconnaître que, là comme ici, je n'ai jamais été rien de plus qu'un pauvre homme : et voilà pourquoi je ne puis vous donner, pour moralité de mon histoire, que ce que donnent les pauvres gens : la résignation, l'humilité, et l'espérance en Dieu.

Vous me direz que tout ça ne sert pas à grand'chose et ne donne au malheureux ni un sou ni une bouchée de pain : mais si jamais il vous arrive un chagrin, vous verrez que ces trois choses-là sont un trésor !

TABLE DES MATIÈRES

AVERTISSEMENT I

CHAPITRE I

Modestes commencements. — Mon parapluie philosophique. — Ce qu'on risquait, en l'an de grâce 1545, à aller dîner dans une bastide de la banlieue de Marseille. — Des convives inattendus. — Ils emportent le couvert, l'argenterie, le linge, et les habitants! — Ils nous font embarquer avec eux et mettent à la voile. 1

CHAPITRE II

A bord du corsaire. — L'enfer de la chiourme. — Un vieux compagnon de misère. — Complot d'évasion. — Les enfants ont faim. — Scène de sauvagerie. — La pâtée du galérien. — Le supplice de la rame. — Nous sommes sauvés!. 15

CHAPITRE III

Une ambassade vénitienne. — Les joyeusetés de papa Pierrugues. — Relâches à Palma, à Carthagène, Algésiras, Cadix. — Arrivée à Lisbonne. — Rêves de gloire et de fortune. — Un Français! — Joel Kerbabu. — Bons conseils d'un chat échaudé. — Naturellement, je ne les suis pas. — Kerbabu me procure une commission pour les Indes Orientales. 43

CHAPITRE IV

L'arrivée à Malacca. — Pedro de Faria m'envoie en ambassade près le roi de Siam. — Lançarot Guerreyra. — L'île de Pinsanduré. — Cadavres et trésors. — L'île de Poulo Hinnor. — Le roitelet déguenillé. — Un bon mouvement. — Nous partons pour la gloire. 61

CHAPITRE V

Victoire microscopique. — Les bienfaits de la conquête. — Une embarcation en vue. — Nouvelles de Guerreyra et de la flotte turque. — Conseil de guerre. — Nous décidons d'aller retrouver Guerreyra à Poulo Hinnor. 81

CHAPITRE VI

Nous envoyons le roi chercher à Tenassérim des nouvelles de la flotte d'Héreddin. — Prise de deux navires de cette flotte. — Prise de deux autres. — Nous décidons de lui envoyer un défi que je suis chargé de rédiger. 101

CHAPITRE VII

L'expédition du roi de Poulo Hinnor. — La remise d'un billet doux à un tigre. — Inconvénients d'un service de confiance. — Un secrétaire qui perd la tête. — Navires au vent ! 117

CHAPITRE VIII

Arrivée de Héreddin Méhémet. — Le lion mourant. — Le butin la vraie humanité. — Un roi reconnaissant. — L'orgie de la victoire. — Qu'allons-nous faire ? — La sagesse du Turc. — Départ de Tenassérim. — Le roi de Siam. — Le traité d'alliance. — Lançarot Guerreyra retourne à Malacca 120

CHAPITRE IX

Les titres du roi des éléphants blancs et de l'univers. — Départ pour Tanigoogoo. — Une procession de quarante mille prêtres. — Les chars de sacrifice. — Les fous furieux. — Les avaleurs d'ordure. — Quelques explications indispensables. — La mort du Serpent Glouton de la Maison de fumée 155

CHAPITRE X

Le pesage des consciences. — La monnaie des péchés. — Brebis tondues. — Un décapité de bronze. — Les mangeurs de scorpions. — Tout le monde est fait comme notre famille. — Le triomphe d'un buveur. — Le prestige de l'ivrognerie. — Émotion bien concevable du triomphateur, suivie d'un doux sommeil. — Puissance de la philosophie. 193

CHAPITRE XI

Les gentillesses du roi de Siam. — Arrivée de l'armée ennemie devant la capitale. — Le pouvoir des minorités. — Le ridicule dans la tragédie. — La capitulation. — L'entrée du roi de Pégu. — Pitié d'abord, justice après. — La clémence du vainqueur. — Un tour de force inouï. 213

CHAPITRE XII

Le sacre du bourreau par la victime. — La clémence d'un mort. — Gonçalo Falcan nous dénonce au nouveau roi. — On nous met à la torture. — Jean Cayeyro nous fait relâcher. — On nous embarque sur le fleuve Ménam. — Sur une île déserte. — La faim et la soif. — L'oseille de mer. — Une voile. — Des sauveurs judicieux. 235

CHAPITRE XIII

Un nid de paresseux dans la boue. — Tant qu'il y a vie, il y a espoir. — Mendiants ! — La compassion du bon mahométan. — Comment le cœur donne de l'esprit. — Nos maîtres nous vendent à notre sauveur. — Les revenants. — Le marchand qui nous a ramenés est récompensé magnifiquement 265

CHAPITRE XIV

Pedro de Faria me donne une mission pour Ning-Po. — Les Japonais et leur caractère. — Départ de Ning-Po. — Tempête. — Naufrage. — Traversée des lagunes. — La faim. 295

CHAPITRE XV

Les charbonniers. — L'hospice des voyageurs. — Le prêtre. — Un village de braves gens. — La maison des Tanigores. — La charité des gens de Suzoangance. — Le jeune gentilhomme. — Un château chinois 309

CHAPITRE XVI

On nous arrête comme vagabonds. — Nous sommes renvoyés par-devant la cour criminelle de Nankin. — La prison. — Les avocats des pauvres. — Nous partons pour Pékin. — La campagne chinoise. — La charité. — La femme chrétienne. — Le trésor de la prière. — Sur la rivière. — Une ville flottante. — Les bateaux à canards 321

CHAPITRE XVII

Nous arrivons à Pékin. — Les Tanigores du saint-office. — Un procureur impérial comme on n'en voit qu'en Chine. — Qu'est-ce que la Chine ? — La poésie des civilisations primitives. — Le jugement. — Notre arrêt est cassé. — On nous délivre de nos chaînes. — Libres !. 559

Épilogue 581

FIN DE LA TABLE DES MATIÈRES.

26909. — PARIS, IMPRIMERIE LAHURE
9, RUE DE FLEURUS, 9

LIBRAIRIE HACHETTE ET Cie, 79, Boulevard Saint-Germain, Paris

COLLECTION IN-8 A L'USAGE DE LA JEUNESSE
1re Série, format in 8 jésus

ABOUT (Ed.) : **Le Roman d'un brave homme.** 1 vol. illustré de 52 compositions par Adrien Marie.
— **L'Homme à l'oreille cassée.** 1 vol. illustré de 61 compositions par Eug. Courboin.

CAHUN (L.) : **Les Aventures du Capitaine Magon.** 1 vol. illustré de 72 grav. d'après Philippoteaux.
— **La Bannière bleue.** 1 vol. illustré de 75 gravures d'après Lix.

DESLYS (Charles) : **L'Héritage de Charlemagne.** 1 vol. illustré de 129 grav. d'après Zier.

DILLAYE (Fr.) : **Les Jeux de la Jeunesse.** 1 vol. illustré de 205 gravures.

DU CAMP (Maxime) : **La Vertu en France.** 1 vol. illustré de 57 gravures d'après Duez, Myrbach, Toryai et E. Zier.
— **Bons Cœurs et Braves Gens.** Ouvrage illustré de 55 gravures d'après F. de Myrbach et O. Toryai.

FLEURIOT (Mlle Zénaïde) : **Cœur muet.** 1 vol. illustré de 57 gravures d'après Adrien Marie.
— **Papillonne.** 1 volume illustré de 50 gravures d'après E. Zier.

GUILLEMIN (Amédée) : **La Pesanteur et la Gravitation universelle. — Le Son.** 1 vol. contenant 5 planches en couleur, 25 planches en noir et 445 figures dans le texte.
— **La Lumière.** 1 volume contenant 15 planches en couleur, 14 planches en noir et 565 figures dans le texte.
— **Le Magnétisme et l'Électricité.** 1 volume contenant 5 planches en couleur, 15 planches en noir et 357 figures dans le texte.
— **La Chaleur.** 1 volume contenant 1 planche en couleur, 8 planches en noir et 524 gravures dans le texte.
— **La Météorologie, la Physique moléculaire.** 1 vol. contenant 9 planches en couleur, 20 planches en noir et 545 gravures dans le texte.

LA VILLE DE MIRMONT (H. de) : **Contes Mythologiques.** 1 volume illustré de 50 gravures.

MANZONI : **Les Fiancés.** Édition abrégée par Mme J. Colomb. 1 volume illustré de 57 gravures.

MOUTON (Eug.) : **Vie et Aventures du Capitaine Marius Cougourdan.** 1 vol. illustré de 60 gravures d'après E. Zier.

ROUSSELET (Louis) : **Nos grandes Écoles militaires et civiles.** 1 vol. illustré de 169 gravures d'après A. Lemaistre, Fr. Régamey et P. Renouard.

WITT (Mme de), née Guizot : **Les Femmes dans l'histoire.** 1 vol. illustré de 80 gravures.
— **La charité en France à travers les siècles.** 1 vol. illustré de 81 grav.

PRIX DU VOLUME : BROCHÉ, **7** fr. ; CARTONNÉ, TRANCHES DORÉES, **10** fr.

26909. — Paris. Imprimerie Lahure, 9, rue de Fleurus. — 8-93

www.ingramcontent.com/pod-product-compliance
Lightning Source LLC
Chambersburg PA
CBHW052044230426
43671CB00011B/1784